Ignacio Ramonet · Liebesgrüße aus Hollywood

Ignacio Ramonet

Liebesgrüße aus Hollywood

Die versteckten Botschaften
der bewegten Bilder

Aus dem Französischen
von Bodo Schulze

Rotpunktverlag

Die Originalausgabe erschien unter dem Titel »Propagandes silencieuses. Masses, télévision, cinéma« bei Éditions Galilée, Paris.

Die Übersetzung wurde unterstützt vom französischen Kulturministerium – Centre National du Livre.

Die Deutsche Bibliothek – CIP-Einheitsaufnahme

Ramonet, Ignacio:
Liebesgrüße aus Hollywood : Die versteckten
Botschaften der bewegten Bilder / Ignacio Ramonet.
Übers.: Bodo Schulze. – Zürich : Rotpunktverl., 2002
Einheitssacht.: Propagandes silencieuses <dt.>
ISBN 3-85869-235-2

Druck und Bindung: freiburger graphische betriebe · www.fgb.de

ISBN: 3-85869-235-2
1. Auflage

Inhalt

Truggestalten

Ich mag Marshall McLuhans Definition des Films als einer
»Geisterstadt, bevölkert von Truggestalten«. Die letztlich ba-
nale Idee von Täuschung, Vorspiegelung falscher Tatsachen und
Propaganda entfaltet sich im Hell-Dunkel des Films mit so viel
Poesie und Treffsicherheit, dass sich hinter den »Truggestalten«
auf filigrane Weise zu erkennen gibt, worum es eigentlich geht:
um Ideologie natürlich.

Mitunter spiegeln die Geisterstädte wider, was sich in der
Realität unserer Städte zuträgt, faszinieren durch das, was »in
der Luft liegt«. Das vorliegende Buch erzählt von einigen Reisen durch den Archipel dieser Geisterstädte. Tastend, wie es
solcher Erkundung eignet, beschreibt es die diskrete Konfigu-
ration und die wahrscheinlichen Ambitionen der Truggestalten,
die uns dort begegnen. Mit anderen Worten, es versucht darzustellen, inwiefern sich besagte Ambitionen mit den Bestrebun-
gen der Menschen überschneiden, sie manchmal auch wider-
spiegeln – leben wir doch in einer Welt, in der die Bilder (aus
Film und vor allem Fernsehen) nach allgemeinem Dafürhalten
das Leben zusehends überwuchern: das öffentliche Leben natürlich – also das, was »in der Luft liegt« –, folglich aber auch
unser alltägliches, persönliches, privates Leben.

Insbesondere möchten wir (mit der gebotenen Vorsicht)
herausarbeiten, wie Film und Fernsehen zu wichtigen politi-

schen Fragen und in entscheidenden historischen Augenblicken eine spezifische, ideologischen Zwecken dienende Bilderwelt in Umlauf bringen, dazu bestimmt, die kollektive Wahrnehmung durch eine Art symbolischer Prothesen aufzurüsten – seis durch die Dramatisierung allgemein geteilter Sorgen, seis durch die Euphorisierung der aktuellen Konjunktur.

Die Bilder der audiovisuellen Massenmedien sind Wiederkäumaschinen, in denen großartig und dumm Stereotypen sich entfalten und triumphieren. Die Angst, die diese Bilder hervorrufen, erwächst aus ihrem schieren Übermaß, ihrem penetranten Charakter als Waren, von der Kulturindustrie *ad nauseam* produziert und vervielfältigt. Welches Bedrohungspotenzial sich hierin verbrigt, ist seit den dreißiger Jahren, seit den Arbeiten von Bertolt Brecht und den Denkern der Frankfurter Schule – Adorno, Benjamin, Marcuse –, kein Geheimnis mehr.

Das Misstrauen gegenüber der Kulturindustrie und ihrer Propaganda beruht grundsätzlich auf folgenden drei Befürchtungen:

Erstens reduziere die Kulturindustrie die Menschen auf Massenwesen und verhindere damit die Entwicklung emanzipierter, zu eigenem Urteil und freier Entscheidung fähiger Individuen;

zweitens lasse sie das legitime Streben der Bürger nach Selbstbestimmung und bewusstem Handeln in regressivem Konformismus und bedrohlicher Passivität untergehen;

drittens verhelfe sie der Anschauung zum Durchbruch, die Menschen wünschten nichts sehnlicher, als fasziniert, abgelenkt und getäuscht zu werden, in der Hoffnung, eine Art hypnotischer Befriedigung lasse sie einen Augenblick lang die Absurdität, Grausamkeit und Tragik der Welt, in der sie leben, vergessen.

In Anbetracht der digitalen Revolution und des weltumspannenden Internets erscheinen dieses Misstrauen und diese Befürchtungen heute mehr denn je gerechtfertigt, insbesondere mit Blick auf die Bilder von Film und Fernsehen. Jeder weiß, dass die audiovisuellen Massenmedien von wenigen Unternehmensgruppen kontrolliert werden, deren weltweit operierende Tochtergesellschaften in allen Bereichen – Internet, Telekommunikation, Datenverarbeitung, Werbung, Sport, Bankgeschäfte usw. – ihre Finger im Spiel haben. Die heutigen Multimediakonzerne gingen und gehen aus Megafusionen hervor, wie zuletzt am Zusammenschluss von America Online mit Time-Warner-CNN-EMI oder Vivendi mit Havas-Canal Plus und Universal-Seagram deutlich wurde.

Diese Megagruppen produzieren nicht nur Filme und Fernsehsendungen, sie bringen auch Bücher, Zeitungen und Zeitschriften, CDs, Videokassetten, Videospiele, DVDs und dergleichen mehr heraus. Sie begnügen sich nicht mehr, nur ein Medium oder einen Sektor der Kulturindustrie zu kontrollieren. Sie führen alle möglichen Dienstleistungen im Angebot: Bestellservice, Bank- und Börseninformationen, Wetterberichte, Reisen, Enzyklopädien. Und sie besitzen gleichzeitig überall auf der Welt Telefonlizenzen, Plattenlabels, Fernsehsender, Fußball- oder Basketballmannschaften, Filmstudios, Internet-Portale, Werbeagenturen, Verlagshäuser, Radiosender und so weiter und so fort.[1]

Die planetaren Ausmaße und die aggressiven Werbemethoden dieses aus der »New Economy« hervorgegangenen Kom-

---

1 Vgl. dazu Ignacio Ramonet, *Die Kommunikationsfalle: Macht und Mythen der Medien*, Rotpunktverlag, Zürich 1999.

plexes haben den Kino- und Fernsehfilm in seiner innersten Struktur radikal verändert. Die neuen Giga-Konglomerate der Kulturindustrie verfügen über kolossale Marketing- und Marktforschungsressourcen, die es ihnen mithilfe der ebenfalls in ihrer Hand liegenden Special-effect-Technologien erlauben, den Massenmarkt mit exakt kalibrierten Bildern zu beliefern. Aufgrund dieses Präzisions-Marketings sind die neuen Mediengiganten in der Lage, kulturelle Produkte zu erzeugen, die die herrschenden Bedürfnisse befriedigen und die entsprechende Nachfrage zusätzlich stimulieren beziehungsweise auf optimalem Niveau halten. (Die Vereinigten Staaten produzieren bekanntlich nur 5 Prozent aller Filme, streichen aber 50 Prozent der weltweiten Filmeinnahmen ein.)

Die Orientierung an einer Hand voll kultureller Kriterien und psychosoziologischer Mechanismen erlaubt es den neuen Megakonzernen der Kulturindustrie, den Akzeptanzgrad ihrer Produkte auf dem Weltmarkt vorab zu bestimmen.

Notwendige Voraussetzung dieser Art von Filmproduktion ist, dass sich die Filmschaffenden, zumal die Drehbuchautoren und Regisseure, den Entscheidungen der Verkaufsmanager unterordnen. Das Produktprofil bestimmt sich nach rein bürokratischen Kriterien, die den Gesetzen von Markt und Marketing folgen. »Wacklige« Kandidaten, die nur für einen beschränkten Zuschauerkreis geeignet scheinen, fallen erbarmungslos durch den Raster.

Sofern experimentelle Filme überhaupt noch den Weg in die großen Kinos finden, stoßen sie beim Massenpublikum deshalb meist auf Unverständnis und Ablehnung. So sehr haben die rhetorischen Gesetze des Massenfilms die Wahrnehmungsfähigkeit des Publikums bereits deformiert, dass originelle, einzigartige Filmsprachen nur noch Befremden, Unverständnis und Widerwillen hervorrufen. Filme, die zu originell oder zu persönlich sind, dürfen nicht mit Zustimmung rechnen. Vielmehr stimulieren die neuen Mediengiganten eine gewisse Durchschnittssensibilität, die den traditionellen (ethischen, moralischen, narrativen, rhetorischen, erzählerischen, dramaturgischen) Werten unhinterfragt verhaftet bleibt. Endlos wird wiederholt, was alle widerstandslos akzeptieren.

Inhaltlich kreist der Publikumsfilm um Themen von allgemeinem Interesse, das heißt, er wurzelt vielfach in keiner spezifischen Kultur im eigentlichen Sinn. Unumstritten ist, dass nicht wenige der jüngeren amerikanischen Filmerfolge – *Mars attacks!* von Tim Burton, *Armageddon* von Michael Bay, *Men in Black* von Barry Sonnenfield, *Godzilla* von Roland Emmerich, *Star Trek: Der Aufstand* von Jonathan Frakes, *eXistanZ* von David Cronenberg, *Mission Impossible 2* von James Woo, *Der Sturm* von Wolfgang Petersen, *Hollow Man – Unsichtbare Gefahr* von Paul Verhoeven – entweder mit den dramaturgischen Mitteln des Thrillers und der Angst arbeiten oder einem irrealen, fantastischen Science-Fiction-Plot folgen. Formal und stylistisch gehorchen sie den Kriterien größtmöglicher Lesbarkeit: Klarheit, Einfachheit, nichts Unerwartetes, bruchlose Linearität, Konventionalität, Klischees. Bei allen Unterschieden funktionieren sie nach ein und demselben Schema, unterwerfen sie sich ein und derselben Struktur. Roland Barthes bemerkte, dass »die Bastardform Massenkultur schändliche Wiederholung« sei; die Inhalte, die ideologischen Schemata, die Ausradierung von Widersprüchen wiederholten sich ständig, die Formen an der Oberfläche variierten: »Immer wieder neue

Bücher, neue Sendungen, neue Filme, diverse Geschichtchen, aber immer wieder derselbe Sinn.«

Insofern reproduzieren die meisten zeitgenössischen Filmerzählungen die visuelle und narrative Struktur von Werbespots. Letztere fungieren gewissermaßen als Versuchslaboratorien, in denen die neuesten Produkte der Kulturtechnologie entwickelt und getestet werden. Die »Modernität« dieser Hervorbringungen ist allgemein anerkannt und fasziniert noch die kreativsten, individuellsten Filmemacher. »Wo ist Eisenstein heute?«, fragte beispielsweise Jean-Luc Godard, und seine Antwort lautete: »Er steckt in Dim-Strümpfen!«

Kurze Großaufnahmen, knallige Schnitttechnik, starke Typen, ausgefeilte Kommentare, überwältigende Musikschnipsel: Der moderne Werbespot sucht die unmittelbare Kommunikation und vermittelt Sinn im Nu. Die meisten Spots profilieren sich als »Mikro-Fictions«. Sie gehorchen den konventionellen Gesetzen linearer Erzählung, mit einem Anfang, einem Mittelteil und einem Ende, und bieten als Inhaltsersatz den Erfolgs- und Fun-Kult der Leistungsgesellschaft.

Die Handschrift der Werbespots – ihre dichte Erzählstruktur, ihr effizientes Kommunikationsmuster, vielfach auch ihr Witz – prägt noch jeden Fernsehfilm. Vor allem die amerikanischen Serien haben sich auf regelmäßige Unterbrechungen eingestellt, eine Art narrativen Schluckauf, der in jeder 52-minütigen Folge zwei- bis dreimal eine Salve von Werbespots ankündigt. Letztere geben ein Tempo vor, hinter dem der Film nicht zurückstehen darf, will er nicht als lahm, fad oder verweichlicht durchfallen.

So beschleunigen die Werbespots das allgemeine Tempo der filmischen Erzählung. Immer deutlicher bestimmen sie den Stil der amerikanischen Fernsehserien, die diesen Stil ihrerseits dem Rest der Welt aufzwingen. Mit alljährlich über 200 000 Sendestunden bestreiten die Vereinigten Staaten rund 75 Prozent des Weltexportvolumens.

Die prägende Wirkung von Stil und Rhythmus des Werbespots lässt auch den Kinofilm nicht ungeschoren. Die amerikanischen Blockbuster, die weltweit die Kassen klingeln lassen – und weltweite Verbreitung finden ja nur amerikanische Kinofilme –, sind Fleisch vom Fleische der Fernsehwerbung und Fernsehserien. Die innere Struktur der Bilder selbst treibt die Amerikanisierung voran.

So weit ist die Amerikanisierung unserer Köpfe bereits fortgeschritten, dass Kritik daran manchen Leuten zunehmend unerträglich scheint. Wer sich davon distanzieren wollte, müsste auf eine ganze Reihe kultureller Praktiken verzichten – im Bereich von Kleidung, Sport, Spiel, Unterhaltung, Sprache, Nahrung –, Praktiken, die uns seit unserer Kindheit vertraut und ein Teil unserer selbst geworden sind. Nicht wenige Bürger Europas haben sich gewissermaßen zu »Transkulturellen« entwickelt, Mischwesen aus unversöhnlichen Versatzstücken, in denen unter einer europäischen Haut ein amerikanischer Geist lebt.

Der Kinofilm hat hierzu bekanntlich nicht wenig beigetragen. Bereits 1917 notierte der Schriftsteller Upton Sinclair: »Der Kinofilm eint und vereinheitlicht die Welt, das heißt: er amerikanisiert sie.« Und Marshall McLuhan präzisierte in den sechziger Jahren: »Als das Kino aufkam, sah man das ganze amerikanische Leben auf der Leinwand als Dauerreklame. Was irgendein Schauspieler oder eine Schauspielerin gerade trug, verwendete oder aß, war Werbung, wie man sie sich nie erträumt hätte. [...] Der amerikanische Lebensstil wurde in Konserven in alle Länder der Welt exportiert. Die Welt stand begeistert Schlange, um Konserventräume zu kaufen. Der Film begleitete nicht nur das erste große Konsumentenjahrhundert, sondern schuf auch Anreize für die Werbung und wurde selbst eines der wichtigsten Konsumgüter.«[2]

Mit den neuen Informations- und Kommunikationstechnologien stehen der Amerikanisierung durchs Bild noch weit bedrohlichere Mittel zur Verfügung. Insbesondere das Satellitenfernsehen erleichtert die allgemeine Verbreitung der von den USA ausgestrahlten Bilder in ungeahnter Weise. Sie stimulieren die symbolischen Gewaltapparate, denen viele Kulturen nicht widerstehen können. Mehr denn je ist der berühmte Ausspruch des amerikanischen Essayisten Herbert I. Schiller zu bedenken: »Eine Nation, deren Massenmedien vom Ausland dominiert sind, ist keine Nation.«

Die Amerikanisierung dringt durch die Augen in uns ein – mit der bedrohlichen Effektivität stiller Propaganda. Dringend geboten erscheint daher, dass wir es lernen, den iterativen, ständig sich wiederholenden Bildern zu misstrauen, jenen Süßigkeiten für den Kopf und visuellen Chewinggums, die Film und Fernsehen uns gewöhnlich zum Kauen und Wiederkäuen vorwerfen. Von Diderot stammt der Spruch: »Ich bin mir meines Urteils gewisser als meiner Augen.« Ähnlicher Argwohn beseelte uns, als wir – bisweilen erregt – die Geisterstädte besuchten, die wir im Folgenden beschreiben.

---

2   Marshall McLuhan, *Die magischen Kanäle (»Understanding Media«)*. Econ-Verlag, Düsseldorf/Wien 1968.

Die Massen manipulieren

Was hat sich mit Blick auf die Manipulation der Massen seit sagen wir zwanzig Jahren verändert? Im Wesentlichen zwei Dinge: die blitzartige Ausbreitung des Internets und die neue Kulturoffensive der Vereinigten Staaten. Noch vor kaum zehn Jahren völlig unbekannt, ist das Internet drauf und dran, nicht nur das gesamte Feld der Kommunikation, sondern auch der Wirtschaft von Grund auf umzukrempeln, was sich nach und nach zweifellos in weiten Bereichen unserer Gesellschaften bemerkbar machen wird.[1] François Caron, emerierter Professor für Geschichte an der Sorbonne, geht denn auch so weit, das Internet als dritte industrielle Revolution zu bezeichnen: »Eine industrielle Revolution erschöpft sich nicht in der Entwicklung einer weiteren Technologie, sie besteht in einer grundlegenden Umwälzung unserer Produktions- und Konsumweise. Zwei solcher Revolutionen hat die Welt bereits erlebt. Die erste, die mit der Erfindung der Dampfmaschine durch James Watt im Jahr 1776 in England begann, dauerte bis 1840 [...]. Mit der Eröffnung des ersten Elektrizitätswerks durch Thomas Edison im Jahr 1882 setzte in den Vereinigten Staaten die zweite Revolution ein [...]. Die dritte,

---

1 Dazu Ignacio Ramonet (Hg.), *Internet, el mundo que llega*, Alianza editorial, Madrid 1998.

in deren Mittelpunkt die Elektronik steht, brauchte eine lange Anlaufphase, bis sie die Gesamtheit des Techniksystems erobert hatte und in die Datenverarbeitung, die Robotertechnologie, das Internet und ähnliche Netze mündete.«[2]

Keine Technik ist neutral, so effizient und ausgefeilt sie auch sein mag. An der Erkenntnis, dass sie stets mit einem Programm für gesellschaftlichen Wandel auftritt, führt kein Weg vorbei. Und schwerlich lässt sich bestreiten, dass technologische Umwälzungen im Bereich der Kommunikation überaus ideologiebeladen sind. Das Internet macht hier keine Ausnahme.

Megafusion

Wenn es hierfür noch eines Beweises bedurfte, so lieferte ihn die am 10. Januar 2000 verkündete Megafusion des weltweit führenden Internet-Providers America Online (AOL) mit dem Medienkonglomerat Time-Warner-CNN-EMI. Time-Warner ist der weltgrößte Kommunikationskonzern, AOL (das zuvor Netscape aufgekauft hatte) mit 22 Millionen zahlenden Mitgliedern das bedeutendste Unternehmen der Internet-Galaxie. Die Fusion veranschaulicht aufs Trefflichste die seltsamen Auswüchse der so genannten »New Economy« (Sammelbegriff für die Kommunikations-, Informations- und Gentechnikbranche) – zumindest bis zum Einbruch des Nasdaq-Index im April 2000.

Angesichts der unterschiedlichen Statur der beiden Unternehmen hätte man eigentlich erwarten sollen, dass Time-Warner AOL übernimmt. Schließlich bedient Time-Warner mit

---

2 Sabine Delanglade im Gespräch mit François Caron, *Express,* Paris, 27. April 2000.

dem Nachrichtensender CNN und der Kinokette HBO über eine Milliarde Zuschauer. Das Tochterunternehmen Time-Warner Cable beliefert 13 Millionen Haushalte mit Kabelfernsehen und ist in den Vereinigten Staaten damit Branchenzweiter. Die Zeitschriften und Magazine des Konzerns – darunter *Time, People, Fortune, Life, Sports, Illustrated* – zählen 120 Millionen Abonnenten. Warner Books, Time-Life und der Book-of-the-Month Club verkauften 1998 insgesamt über eine Milliarde Bücher. Warner Bros, einer der Pfeiler Hollywoods, hält die Rechte an 5700 Filmen und 135 000 Zeichentrickfilmen. Und über tausend Künstler sind bei der Warner Music Group unter Vertrag, darunter Madonna, Cher und Eric Clapton.

Im Übrigen zeigten auch die betriebswirtschaftlichen Daten ein erdrückendes Übergewicht von Time-Warner: beim Umsatz (26,6 Mrd. Dollar gegenüber 5,2 Mrd. Dollar), beim Ertrag (1,2 Mrd. Dollar gegenüber 0,5 Mrd. Dollar), bei der Anzahl von Beschäftigten (70 000 gegenüber 12 000). Dennoch machte bekanntlich AOL das Rennen, und zwar einfach deshalb, weil die Börse den Internet-Provider unter Leitung von Steve Case höher bewertete als den Mediengiganten (165 Mrd. Dollar gegenüber 111 Mrd. Dollar).

Die Fusion war ein wichtiger Meilenstein auf dem Weg des bisher relativ unabhängigen Internets zum integralen Bestandteil des Mediensystems. Umgekehrt entwickelt sich das Netz der Netze damit zur ernsten Gefahr für die traditionellen Medien, da es als universelle Plattform in der Lage ist, den Rest mehr und mehr an sich zu binden und aufzusaugen: Film und Fernsehen, Printmedien, Musik, Videospiele, Information, Börsen-, Sport- und Wetternachrichten, E-Banking, Reservierungssysteme, E-Mail, Datenbanken.

Mit der neuen Breitbandtechnik wird das Hochgeschwindigkeits-Internet auch Bild, Ton und Telefon in die Haushalte bringen. Damit wird AOL-Time-Warner als erstes Unternehmen rund um die Uhr und in Echtzeit im Stande sein, Informationen, Wissen, Unterhaltung, Freizeitvergnügen, Dienstleistungen und elektronisches Shopping anzubieten. Der Zusammenschluss AOL-Time-Warner verleiht der Verkaufsfunktion der Massenmedien einen ungeheuren Schub. Verkaufen wird zum zentralen Zweck, das Internet zum weltumspannenden Megastore.

Überwachen, werben, verkaufen

Die Soziologen schreiben dem Fernsehen drei Funktionen zu: informieren, bilden, unterhalten. Ihre Kritik am Fernsehen als Massenmedium konzentriert sich im Wesentlichen auf die Unterhaltungsfunktion, die auch im Mittelpunkt des vorliegenden Buchs steht. Unterhaltung kann in Entfremdung, Verdummung und Abstumpfung münden, zur Domestizierung der Seelen, Konditionierung der Massen und Manipulation der Köpfe führen.

Nun aber steht zu befürchten, dass das neue kybernetische Medium, wiewohl noch nicht dominant geworden, drei neue Hauptfunktionen aufs Tapet bringt: überwachen, werben, verkaufen.

Überwachen, weil jede Bewegung im Netz Spuren hinterlässt. Ohne es zu wissen, gibt der Surfer nach und nach seine Interessenschwerpunkte preis. Ist das Selbstporträt fertig, wissen die Herren des Internets, was er am liebsten liest, hört, sieht, trinkt, isst, anzieht usw. – und können ihn nach Belieben manipulieren.

Werben, weil die Netzwirtschaft wesentlich Werbewirtschaft ist. Nur deshalb sind die Internet-Angebote kostenlos, weil die Werbenden die Betriebskosten des Systems übernehmen und über den Verkaufspreis ihrer Waren doch wieder den Surfern aufhalsen.

Verkaufen, weil darin eben das Hauptziel des Mediums Internet besteht. Zwar bezweckte schon die Reklame der traditionellen Medien nichts anderes, nur konnte man damit nicht unmittelbar einkaufen. Wenn ich in einer Zeitung eine Anzeige für ein Produkt oder eine Dienstleistung sehe, kann ich die Zeitung gleichwohl nicht dazu verwenden, dieses Produkt oder diese Dienstleistung zu erwerben. Vielmehr muss ich ein anderes Kommunikationsmittel zu Hilfe nehmen: das Telefon, ein Faxgerät, die gelbe Post, oder ich muss in ein Geschäft gehen. Anders mit dem Internet; dieselbe Maschine, mit der ich »durchs Netz surfe« und mit der Werbung in Kontakt komme, erlaubt mir unmittelbar, meine Wahl zu treffen, das Produkt oder die Dienstleistung zu bestellen und zu bezahlen, mit einem Wort: zu kaufen.

Der Preis kostenloser Angebote

Von größter Bedeutung ist die Zahl der Nutzer eines Mediums beziehungsweise die Zahl der Surfer, die das Netz via eines der zahlreichen Portale betreten. Sie, die Zahl der (zahlenden oder nicht zahlenden) Treuen, gilt fortan als der wahre Reichtum eines Mediums, nicht der Inhalt oder das Team, das ihn produziert. Auch darin besteht die kopernikanische Wende des Internets. Bislang verkauften die Medien Informationen (oder Unterhaltung) an Bürgerinnen und Bürger. Nun verkaufen sie via Internet Verbraucher an Werbende. Je höher die Zahl der

Verbraucher, desto teurer die Anzeigen – und desto höher der Börsenwert des Medienunternehmens.

Nur deshalb können Informationen nun kostenlos angeboten werden und fungieren gewissermaßen als Zugpferd fürs »Eigentliche«, die Reklamefunktion. Über 3000 Zeitungen – von den Radio- und Fernsehsendern zu schweigen – sind im Internet derzeit kostenlos zugänglich.

Wenn die Medien Informationen aber kostenlos anbieten, warum sollten sie für die Informationsbeschaffung dann viel Geld ausgeben? Ein Produkt, das man verschleudern oder verschenken will, soll möglichst billig sein. Aus diesem Grund begnügen sich die Medien mehr und mehr mit Informationen zweiter Wahl, deren Qualität in den vergangenen Jahren ständig gesunken ist. Das Qualitätsdefizit hat noch andere Gründe, insbesondere die Reduktion von Information aufs Spektakel, die Suche nach Sensationsnachrichten. Die Information wird zurechtgebogen, gefälscht, im Extremfall erlogen, um die gewünschte psychologische Wirkung zu erzielen.[3]

Die Medien wenden sich inzwischen nicht mehr mit dem Ziel an uns, objektive Informationen zu vermitteln, sondern um unsere Köpfe zu erobern. Frei nach Goebbels: »Wir sprechen nicht, um etwas zu sagen, sondern um eine bestimmte Wirkung zu erzielen.«

Unbemerkte Überredung

Die Kolonisierten der Dritten Welt wissen wie ihre Unterdrücker, dass Herrschaft nicht nur auf militärischer Überlegenheit

---

3 Siehe auch Ignacio Ramonet, *Die Kommunikationsfalle: Macht und Mythen der Medien*, Rotpunktverlag, Zürich 1999.

beruht. Nach vollendeter Eroberung steht die Kontrolle der Köpfe auf der Tagesordnung. Herrschaft funktioniert umso effektiver, je weniger der Beherrschte um seine Beherrschung weiß. Deshalb ist die Kunst der unbemerkten Überredung und heimlichen Propaganda so außerordentlich wichtig. Jedes Reich, das an seinem eigenen Überdauern interessiert ist, muss daher die größte Aufmerksamkeit darauf verwenden, die Seelen der Menschen zu domestizieren, sie sich gefügig zu machen, schließlich zu unterwerfen.

Aldous Huxley ahnte bereits in den 1940er-Jahren, dass »ein wirklich leistungsfähiger totalitärer Staat [einer wäre], worin die allmächtige Exekutive politischer Machthaber und ihre Armee von Managern eine Bevölkerung von Zwangsarbeitern beherrschen, die gar nicht gezwungen zu werden brauchen, weil sie ihre Sklaverei lieben. Ihnen die Liebe zu ihr beizubringen, ist in heutigen totalitären Staaten die den Propagandaministern, den Zeitungsredakteuren und Schullehrern zugewiesene Aufgabe.«[4]

Maximierung der Macht durch klammheimliche Unterwerfung von Gruppen und Individuen lautet die Absicht jeder Propaganda. Schon der amerikanische Psychologe und Politologe Harold D. Lasswell definierte Propaganda in den 1920er-Jahren als »Ausdruck von Meinungen und Handlungen, die von Individuen oder Gruppen mit dem erklärten Ziel realisiert werden, andere Individuen oder Gruppen zu beeinflussen, und dies mit Bezug auf vordefinierte Zwecke und mittels psychologischer Manipulationen«.[5]

4   Aldous Huxley, *Wackere neue Welt,* Vorwort, Zürich 1950. Dt. Neuausgabe unter dem Titel *Schöne neue Welt,* Piper Verlag, München 1976.
5   Harold D. Lasswell, *Propaganda Technique in the World War,* 1927, zit. n. Jacques Ellul, *Propagandes,* Economica, Paris 1990.

In unseren »freiheitlichen Demokratien« müssen solche psychologischen Manipulationen gleichzeitig auf den Einzelnen und auf die Massen zielen. Sie mobilisieren daher notwendigerweise alle Ressourcen der modernen Wissenschaften vom Menschen. Jacques Ellul schreibt hierzu: »Ausgehend von den sozial- und tiefenpsychologischen Erkenntnissen über den Menschen, über seine Triebe, Wünsche und Bedürfnisse, seine psychischen Mechanismen und Automatismen legt sich der Propagandist seine Techniken zurecht. Ausgehend von den Erkenntnissen über die Funktionsweise von Gruppen, über die Gesetzmäßigkeiten ihrer Formierung und Deformierung, über Massenbeeinflussung und Milieugrenzen modelliert der Propagandist sein Handlungsarsenal.«[6]

Die Vereinigten Staaten waren die erste »freiheitlich-demokratische Gesellschaft«, in der das Zusammenspiel aller modernen mentalen Beeinflussungstechniken – Fernsehen, Radio, Presse, Kino, Werbung, Plakate usw. – in den fünfziger und sechziger Jahren entwickelt wurde. Kein Aspekt des geistigen und emotionalen Lebens wurde in Ruhe gelassen, der Mensch allseits umzingelt. Kritische Intellektuelle wie Herbert Marcuse, die die propagandistische Macht des Nationalsozialismus erfahren hatten, denunzierten darin die »repressive Macht der Konsumgesellschaft« und die Kontrolle der Bedürfnisse. Marcuse schreibt: »Es ist der kennzeichnende Zug der fortgeschrittenen Industriegesellschaft, dass sie diejenigen Bedürfnisse wirksam drunten hält, die nach Befreiung verlangen [...], während sie die zerstörerische Macht und unterdrückende Funktion der Gesellschaft ›im Überfluss‹ unterstützt und freispricht.

6   Ebd.

22

[…] Unter der Herrschaft eines repressiven Ganzen lässt Freiheit sich in ein mächtiges Herrschaftsinstrument verwandeln. […] Freie Auswahl unter einer breiten Mannigfaltigkeit von Gütern und Dienstleistungen bedeutet keine Freiheit, wenn diese Güter und Dienstleistungen die soziale Kontrolle über ein Leben von Mühe und Arbeit aufrechterhalten – das heißt die Entfremdung. Und die spontane Reproduktion aufgenötigter Bedürfnisse durch das Individuum stellt keine Autonomie her; sie bezeugt nur die Wirksamkeit der Kontrolle.«[7]

Neue Hegemonie

Nachdem die Vereinigten Staaten einst die Indianer ausgerottet, die Schwarzen Afrikas versklavt, den Mexikanern Land geraubt und die Puertoricaner kolonisiert hatten, lernten sie, dass man in anderen Zeiten mit anderen Methoden weiter kommt, und sind nunmehr bestrebt, sich auf friedliche Weise in den Köpfen aller Nichtamerikaner festzusetzen und ihre Seelen zu verführen. Dem geringsten Widerstand begegnet dieses imperiale Projekt merkwürdigerweise in Westeuropa. Zum einen aus politischen Gründen: Die Vereinigten Staaten gingen aus der ersten demokratischen Revolution 1776 hervor, die 13 Jahre vor der Französischen Revolution stattfand. Zum anderen aus historischen Gründen: Mit Ausnahme Englands im 18. Jahrhundert und Spaniens Ende des 19. Jahrhunderts hatte kein europäischer Staat die USA in einem bilateralen Konflikt zum Feind. Als »Land der Freiheit« nahmen die Vereinigten Staaten vielmehr Millionen europäischer Flüchtlinge und Emigranten auf,

---

7   Herbert Marcuse, *Der eindimensionale Mensch,* Luchterhand Verlag, Neuwied und Berlin 1967.

und sie verhielten sich in den beiden Weltkriegen als Freund des Alten Kontinents, als sie zu Gunsten der Freiheit gegen militaristische beziehungsweise faschistische Mächte intervenierten. In den Jahren 1989–1991 gewann Amerika den Kalten Krieg gegen die Sowjetunion, was den Fall der Berliner Mauer und die wie immer mit Schwierigkeiten gepflasterte Demokratisierung Mittelosteuropas nach sich zog. Geopolitisch verfügen die Vereinigten Staaten über eine Vormachtstellung wie noch kein Land zuvor.[8] Ihr militärisches Übergewicht ist erdrückend. Als führende Atom-, Raumfahrt- und Seemacht sind sie das einzige Land, das in allen Weltmeeren Flottenverbände unterhält und auf allen Kontinenten Militär-, Nachschub- und Abhörstationen besitzt.

Das Pentagon wendet allein für militärische Forschungen rund 31 Milliarden Dollar im Jahr auf, was der Höhe des französischen Verteidigungsbudgets insgesamt entspricht. Was die militärische Ausrüstung betrifft, besitzen die Vereinigten Staaten einen Vorsprung von mehreren Waffengenerationen. Ihre Streitkräfte (1,4 Mio. Soldaten) können alles identifizieren, alles verfolgen, alles mithören, egal, in welchem Milieu, in der Luft, zu Land, unter Wasser. Sie können fast alles sehen, ohne gesehen zu werden, und beliebige Ziele bei Tag und Nacht mit außerordentlicher Präzision zerstören, ohne sich selbst in Gefahr zu bringen.[9]

Darüber hinaus besitzt Washington ein beeindruckendes Arsenal an Nachrichtendiensten – Central Intelligence Service

---

8 Siehe auch Ignacio Ramonet, *Die neuen Herren der Welt,* Rotpunktverlag, Zürich 1998, insbesondere das Kapitel »Die neue Hegemonie der Vereinigten Staaten«.
9 *Le Nouvel Observateur,* Paris, 3. Juni 1999.

(CIA), National Security Agency (NSA), National Reconnaissance Office (NRO), Defense Intelligence Agency (DIA) –, die insgesamt über 100 000 Mitarbeiter beschäftigen und über ein Jahresbudget von über 23 Milliarden Dollar verfügen. Washingtons Spione sind überall und ständig aktiv, beim Freund wie beim Feind. Sie beschaffen nicht nur diplomatische und militärische Geheimnisse, sondern seit 1989 verstärkt auch technologische, wissenschaftliche und Industriegeheimnisse.

An der außenpolitischen Front stellt die Hypermacht Amerika die Weichen der internationalen Politik. Sie hat ein Auge auf sämtliche Krisen in allen Kontinenten, denn ihre Interessensphäre erstreckt sich über den ganzen Globus. Ob im Nahen Osten oder im Kosovo, in Timor oder Thailand, am Hindukusch oder im Kaukasus, im Kongo oder in Angola, in Kuba oder Kolumbien – kein Krisenherd, bei dem die Vereinigten Staaten nicht mitmischen würden.

Auch in den multilateralen Institutionen, die den Gang der Welt bestimmen – die Organisation der Vereinten Nationen (UNO), die Gruppe der führenden Industriestaaten G8, der Internationale Währungsfonds (IWF), die Weltbank, die Welthandelsorganisation (WTO), die Organisation für Zusammenarbeit und Entwicklung (OECD), die Organisation des Nordatlantikpakts (NATO) –, gibt die Stimme Washingtons den Ausschlag.

Führende Cybermacht

Da sich die Vorrangstellung einer Weltmacht heute nicht mehr nur an ihrem militärischen und diplomatischen Potenzial bemisst, sicherte sich Amerika auch im wissenschaftlichen Bereich eine dominante Position. Jahr für Jahr vereinnahmt es

Zehntausende der besten Köpfe (Studenten, Professoren, Forscher, Hochschulabgänger) aus der ganzen Welt und lässt sie in ihren Universitäten, Laboratorien und Unternehmen arbeiten. Nur deshalb war es in der Lage, in den vergangenen zehn Jahren 19 von 26 Nobelpreisen für Physik, 17 von 24 für Medizin und 13 von 22 für Chemie einzuheimsen.

Auch wirtschaftlich stehen die Vereinigten Staaten unbestritten an der Spitze. Ihr Bruttoinlandprodukt lag mit 8708,8 Milliarden Dollar 1999 mehr als viermal so hoch wie das deutsche (2081,2 Mrd. Dollar) und mehr als sechsmal so hoch wie das französische (1410,3 Mrd. Dollar). Führende Währung ist nach wie vor der Dollar; er ist an 83 Prozent aller Devisentransaktionen beteiligt.[10] Die New Yorker Börse fungiert als allgemeines Finanzbarometer. Verschluckt sie sich, wie etwa beim Einbruch des Nasdaq im April 2000, zittert der ganze Planet. Und die Schlagkraft der US-Pensionsfonds, jener Giganten der Finanzmärkte, schüchtert sämtliche weltwirtschaftlichen Akteure ein.

Amerika ist auch die führende Cybermacht. Das Land beherrscht die technologischen Innovationen, die Computerindustrien, die (materiellen und immateriellen) Anwendungen und Projektionen aller Art. Amerika ist das Land des Web, der Datenautobahnen, der »New Economy«, der Informatikgiganten (Microsoft, IBM, Intel), der Internet-Champions (Yahoo, Amazon, America Online).

Angesichts dieser militärischen, diplomatischen, wirtschaftlichen und technologischen Vormachtstellung der USA fragt sich, weshalb hier nicht mehr Kritik laut wird, warum sich

---

10 Siehe Peter Gowan, »Le régime dollar-Wall Street d'hégémonie mondiale«, *Actuel Marx*, Nr. 27 (zur amerikanischen Hegemonie), PUF, Paris, 1. Halbjahr 2000.

nicht mehr Widerstand regt. Weil Amerika überdies die kulturelle und ideologische Hegemonie innehat. Amerika kontrolliert das Feld des Symbolischen und übt damit aus, was Max Weber als »charismatische Herrschaft« bezeichnet hat.

Wohlmeinende Despotie

In vielen Bereichen hat sich Amerika die Kontrolle über den Wortschatz und die Begriffe, über Sinn und Bedeutung gesichert. Die USA nötigen dazu, die Probleme, die sie schaffen, mit den Worten, die sie in die Welt setzen, auszusprechen. Sie liefern die Codes, mit denen sich die Rätsel, die sie vorgeben, entschlüsseln lassen. Und sie unterhalten zu diesem Zweck zahlreiche Forschungsinsitute und Denkfabriken mit Tausenden von Wissenschaftlern und Experten, die zu rechtlichen, sozialen und wirtschaftlichen Fragen Informationen ganz im Sinn der neoliberalen Thesen, der Globalisierung und der Geschäftswelt produzieren. Die mit großzügigen Forschungsgeldern finanzierten Arbeiten werden in aller Welt verbreitet und finden in den Medien ein willkommenes Echo.[11]

Die Hauptfabrikanten dieser heimlichen Propaganda – das Manhattan Institute, die Brookings Institution, die Heritage Foundation, das American Enterprise Institute und das Cato Institute – lassen sich nicht lumpen, zu ihren Seminaren und Tagungen zahlreiche Journalisten, Professoren, hohe Beamte und Führungspersönlichkeiten einzuladen, die sich die insgeheime Überzeugungsarbeit gerne gefallen lassen, um das Gelernte anschließend in die Welt hinaus zu tragen.

---

11 Dazu Herbert I. Schiller, »Tendenzen des US-Imperialismus«, *Le Monde diplomatique/WoZ/taz*, Zürich/Berlin, August 1998.

Gestützt auf die Macht der Information, des Wissens und der Technologien, verbreiten die Vereinigten Staaten die »frohe Botschaft« und etablieren auf diese Weise – mit dem stillschweigenden Einverständnis der Beherrschten –, was man als liebenswürdige Unterdrückung oder wohlmeinende Despotie bezeichnen könnte. Und dies umso mehr, als sich diese Macht durch die Kontrolle über die Kulturindustrien und die Herrschaft über unsere Vorstellungswelt zusätzlich verdoppelt.

Die Vorstellungswelt beherrschen

Amerika bevölkert unsere Träume mit einer Unmenge medialer Helden, die sich als Trojanische Pferde des Unterdrückers im Innersten unseres Hirns breit machen. 1999 zum Beispiel, als 9 Millionen Zuschauer in Frankreich *Asterix* sahen, entfielen weniger als 30 Prozent der Besucherzahlen auf die 600 französischen Kinofilme, die in diesem Jahr herauskamen; der Rest ging überwiegend in Hollywood-Produktionen. Damit liegt der Anteil der französischen Filme nur knapp über der magischen Grenze von 25 Prozent, unterhalb deren von einer nationalen Filmproduktion nicht mehr die Rede sein kann.

Nach Angaben der Europäischen Audiovisuellen Informationsstelle verzeichnete der EU-Außenhandel mit audiovisuellen Produkten und Kinofilmen 1998 ein Defizit von 6,6 Milliarden Dollar gegenüber Nordamerika (1997: 5,89 Mrd. Dollar, 1996: 5,64 Mrd. Dollar). Im selben Zeitraum exportierten die USA Kinofilme im Wert von 1,5 Milliarden Dollar nach Europa, Fernsehsendungen im Wert von 2,8 Milliarden Dollar sowie Videos und DVDs im Wert von 2,38 Milliarden Dollar. Demgegenüber beliefen sich die britischen Kino- und Fernsehfilmexporte in die USA auf kaum 550 Millionen Dollar, während die übrigen 14 EU-Mitgliedstaaten auf weniger als 156 Millionen Dollar kamen. Insgesamt exportierte die EU mit rund 706 Milliarden Dollar also nur knapp ein Zehntel dessen, was die USA in die EU ausführten.

Während die Vereinigten Staaten nur 1 Prozent der in amerikanischen Kinos gezeigten Filme im Ausland einkaufen, überschwemmen sie den internationalen Markt mit Hollywood-Produktionen. »Machten amerikanische Filme 1982 nur 33 Prozent ihres Umsatzes im Ausland, kletterte dieser Anteil im Jahr 1997 auf 55 Prozent und dürfte zur Jahrhundertwende 80 Prozent erreichen. Wie die Audiovisuelle Informationsstelle beobachtet hat, werden etwa dreimal so viele amerikanische wie französische Filme mit hohen Kopienzahlen auf den französischen Markt geworfen, wird ein Hollywood-Film durchschnittlich in doppelt so vielen Sälen gezeigt wie ein französischer.«[12]

Diese Dominanz des US-Films nimmt mit dem Aufschwung des Digitalfernsehens weiter zu. In Frankreich schlug der »Digitalkampf« zwischen den Sendern Canal Satellite und TPS der amerikanischen Filmproduktion eine breite Gasse. Der Krieg »begann gleich nach der Gründung der beiden Gesellschaften im Jahr 1997. Die erste Schlacht wurde auf dem Feld der stärksten Zugpferde – das heißt der US-Filme – geschlagen. Um ihr Programm auszufüllen, verhandelten die neuen Sender mit den führenden Hollywood-Gesellschaften. Ein harter Schlag für TPS war, als Canal Satellite Exklusivverträge mit fünf amerikanischen Filmstudios abschloss – Fox, Columbia,

---

12 Carlos Pardo, »Eine Hochzeit und ein Todesfall«, *Le Monde diplomatique/ WoZ/taz*, Zürich/Berlin, Mai 1998.

Disney, Warner, MCA/Universal. Demgegenüber wurde TPS zunächst nur mit Paramount und Metro Goldwyn Mayer (MGM) handelseinig. Unternehmensintern geriet die führende Rolle von TF 1 zunehmend unter Druck. Neben den öffentlich-rechtlichen Aktionären – France Télévision ist mit 8 Prozent beteiligt, France Télécom mit 17 Prozent – wollten auch die Privataktionäre ein Wörtchen mitreden: Suez Lyonnaise des Eaux und der Sender M 6 halten jeweils 25 Prozent der Anteile, wobei Suez zudem einer der Hauptaktionäre von M 6 ist.«[13]

Mit der Einführung zusätzlicher Digitalsender, die von 80 Prozent der Zuschauer mit einer herkömmlichen Fernsehantenne empfangen werden können, wird sich diese Situation weiter verschlimmern. Für 2002 ist der Start von 40 neuen Sendern vorgesehen, die ihr Angebot größtenteils unverschlüsselt und kostenlos ausstrahlen werden. So wird es für die Vereinigten Staaten immer leichter, ihre Fersehfilme, Serien, Zeichentrickfilme, Video-Clips, Comics, Quizsendungen, Sportübertragungen, Werbespots und so weiter in unser Wohnzimmer zu zaubern und unsere Vorstellungswelt mit Beschlag zu belegen. Dass sie damit auch beeinflussen, wie wir uns kleiden, was wir essen und wie wir unsere Städte gestalten, bedarf wohl keiner Erwähnung.

Tempel der neuen Freiheiten

Der Tempel, der heilige Ort, an dem der Kult der neuen Ikonen zelebriert wird, ist die *mall*, das Einkaufszentrum – jene Kathedralen, zum Ruhm des modernen Konsums errichtet. Dort, in

13 Carlos Pardo, »La guerre des deux bouquets«, *Le Monde diplomatique*, Mai 1999.

den neuen Stätten der Inbrunst, die uns die Werbung als »Erlebniswelt« vorgaukelt, arbeiten Logos, Stars, Musik, Idole, Marken, Waren, Plakate und Feste (vgl. den enormen Erfolg von Halloween in Frankreich) an der Hervorbringung einer weltweit einheitlichen Wahrnehmung.

»Das Einkaufszentrum ist eine amerikanische Erfindung«, schreibt der Soziologe Jeremy Rifkin.[14] Das erste seiner Art, der Country Club Plaza, wurde 1924 von J. C. Nichols in Kansas City entworfen. An diesem Vorbild orientierten sich die zahllosen Klone, die nach dem Zweiten Weltkrieg entstanden, mit ihrer mediterranen Architektur, ihren gekachelten Brunnen, ihren Geländern aus geschmiedetem Stahl. In Edina am Stadtrand von Minneapolis baute der Architekt Victor Green 1956 die erste überdachte Einkaufslandschaft Southdale. Mit einer gigantischen Klimaanlage, die das ganze Jahr über für gleichbleibende Temperaturen sorgte, schuf Green ein nach außen hin fast hermetisch abgedichtetes Mikroklima, einen Ort, an dem die Menschen die Außenwelt vergessen können.

Mehr als 43 000 Einkaufszentren – darunter 1800 vollständig überdachte – gibt es in den Vereinigten Staaten. 85 Prozent aller USA-Reisenden geben an, vor allem zum »Shopping« nach Amerika zu reisen. Das landesweit größte Einkaufszentrum »America« in Minneapolis zieht alljährlich mehr Besucher an als Disneyland, Graceland (Elvis-Presley-Museum) und der Grand Canyon in Colorado zusammen.

Das US-Modell fand in der ganzen Welt Nachahmung und wurde in einigen Fällen, wie etwa in Kanada oder Japan, sogar

---

14 Jeremy Rifkin, *Access – das Verschwinden des Eigentums: Warum wir weniger besitzen und mehr ausgeben werden*, Campus, Frankfurt a. M. 2000.

übertroffen. Aus den Einkaufszentren wurden nach und nach »Vergnügungs- und Erlebniszentren«, die sich mit der verführerischen Rhetorik von freier Wahl und Verbrauchersouveränität schmücken und unbeschwertes Einkaufen mit Kreditkarten versprechen. Allgegenwärtige Werbung hämmert, was der Verbraucher glauben soll – allein in den Vereinigten Staaten wendet die Wirtschaft Jahr für Jahr über 200 Milliarden Dollar für Reklame auf –, und diese Botschaft bezieht sich mindestens ebenso sehr auf die Symbole der Warenwelt wie auf die Waren selbst.[15] Mehr noch: Modernes Marketing appelliert nicht nur ans Markenbewußtsein der Käufer, sondern verspricht Identität, verkauft nicht nur Statuszeichen, sondern Persönlichkeit. Ganz nach dem alten Credo des Individualismus: Haben ist Sein.

Leckereien fürs Auge

Die digitale Revolution verschafft diesen »Techniken zur Irreführung der Öffentlichkeit« einen ungeheuren Schub. Eine umso erschreckendere Entwicklung, als die neuen Herren der Symbolik und Könige der Manipulation inzwischen im verführerischen Gewand liebenswürdiger Magier daherkommen. Ununterbrochenes Spaßvergnügen verheißen sie uns, Ablenkung ohne Ende, Leckereien fürs Auge. Mit dem einzigen Zweck, uns glückselig und euphorisch zu stimmen.

Genau deshalb scheint es an der Zeit, dass wir uns erinnern, wovor Aldous Huxley bereits 1931 in seinem Roman *Schöne neue Welt* warnte. In einer hoch technologisierten Welt, so

---

15 Dazu Benjamin R. Barber, »Culture McWorld contre démocratie«, *Le Monde diplomatique,* August 1998.

Huxley, verfüge die stille Propaganda über tausenderlei ausge-
buffte Möglichkeiten, uns zu beeinflussen. Die größte Gefahr
drohe dem freien Gedanken, der Kultur und dem Geist daher
nicht von einem schrecken- und hasserregenden Gegner, sondern von einem Feind, der sein Ansinnen hinter süßem Lächeln
zu verbergen weiß.

Zu befürchten steht daher, dass die Unterwerfung unserer
Gedanken und die Kontrolle über unsere Köpfe auf dem Weg
der Verführung, nicht der Gewalt erfolgt, nicht auf Befehl, sondern weil wir selbst es wünschen, nicht durch Strafandrohung,
sondern aufgrund unserer eigenen Vergnügungssucht.

Werbespots

Vierundsechzigtausend Wiederholungen ergeben die Wahrheit.
ALDOUS HUXLEY

Entgegen einer landläufigen Annahme gibt es kaum zuverlässige Erkenntnisse über die verkaufsfördernde Wirkung von Werbung. Die wenigen seriösen Untersuchungen zu diesem Thema zeigen, dass selbst nachhaltige Reklameanstrengungen nicht immer zu höheren Verkaufszahlen führen.[1] Verständlich, wenn man bedenkt, dass das System der Massenkommunikation unter der selbst erzeugten Kommunikationsmasse zu ersticken droht und an chronischen Verstopfungserscheinungen leidet. Die französischen Fernsehsender zum Beispiel strahlten 1999 insgesamt über 500 000 Werbespots aus. Unter diesen Bedingungen hat eine Werbebotschaft recht geringe Chancen, überhaupt wahrgenommen zu werden. Deshalb suchen die Werbenden ihre Message immer attraktiver zu gestalten, um die Aufmerksamkeit des Publikums, das unter der Werbeflut zunehmend die Orientierung verliert, mit Nochniedagewesenem in Bann zu schlagen.

Um das Interesse des Publikums zu wecken, seine Sympathie zu gewinnen, seine Begehrlichkeit anzustacheln und wennmöglich den entsprechenden Kaufreflex auszulösen, ist der Werbefilm in Kino und Fernsehen noch immer die geeignetste, wirkungsvollste Waffe im Arsenal der Verkaufsstrategen.

1 Joaquim Marcus-Steiff, »À propos des effets de la publicité sur les ventes«, *Communications*, Nr. 17, Le Seuil, Paris 1971.

Wirkt Werbung überhaupt?

Schätzungen zufolge wird in den Industrieländern jeder Mensch täglich mit 1500 Reklamebotschaften bombardiert, wovon kaum 1 Prozent bewusst wahrgenommen wird. Eine Untersuchung der Harvard-Universität in den Vereinigten Staaten bestätigt, dass 85 Prozent der Werbebotschaften ihre Zielgruppe zwar erreichen, aber ins Leere gehen. Von den verbleibenden 15 Prozent sind 5 Prozent kontraproduktiv und bewirken das genaue Gegenteil des beabsichtigten Effekts (Bumerangeffekt). Im Prinzip erzielen daher nur 10 Prozent die erwünschte Wirkung. Die Vergesslichkeit der Menschen reduziert diesen Anteil nach 24 Stunden abermals um die Hälfte. Im Endeffekt ergibt sich damit eine Verlustquote von 95 Prozent.

Deutlich wird daran, dass sich die Wirkung einer einzelnen Werbung nur schwer quantifizieren lässt. Trotz eingehender Marktstudien[2] im Vorfeld werden neun von zehn Werbebotschaften überhaupt nicht wahrgenommen, während vier von fünf neuen Marken bereits bei der Markteinführung scheitern und genauso schnell verschwinden, wie sie auftauchen.

In Frankreich führt das Institut de Recherches et d'Études Publicitaires (IREP) laufend sehr detaillierte Studien durch, um herauszufinden, warum manche Werbungen funktionieren, andere hingegen nicht. Dabei ergab sich, dass Reklame den Verkauf mitunter in beeindruckendem Maß fördert[3], in anderen

---

2   Das *Marketing* entstand in den Vereinigten Staaten im Gefolge der Krise von 1929. Bis zu diesem Zeitpunkt produzierten die Fabrikanten, ohne sich um die Nachfrage zu kümmern, doch nun wurde ihnen bewusst, dass sie nur mehr Produkte mit hohen Verkaufschancen auf den Markt werfen durften.

3   Bei bestimmten Produkten stiegen die Verkaufszahlen nach einer effektiven Werbekampagne um 20 bis 40 Prozent. Dazu Catherine Colombat, »Les ressorts des pubs qui marchent«, *L'Essentiel du management,* Juli 1999.

Fällen halten sich Werbekosten und Gewinnzuwachs die Waage, und in wieder anderen fällt die Bilanz negativ aus. Aus diesem Grund sollte man sich davor hüten, die Macht der Werbung und ihrer Kaufanreize paranoisch zu überschätzen. Wenn die Feinde der Werbung behaupten, Reklame sei stets und überall in der Lage, uns gegen unseren Willen alles Mögliche unterzujubeln, so irren sie.

Genauso wenig erwiesen ist die wachstumsfördernde Wirkung von Werbung. Wäre Reklame tatsächlich so effektiv wie behauptet, so müsste sie in Zeiten der Wirtschaftskrise im Stande sein, die Konsumnachfrage aus eigener Kraft anzukurbeln und die Wirtschaft erneut auf Wachstumskurs zu bringen. Mit anderen Worten: Sie wäre schlechterdings unverzichtbar. Nun zeigt sich aber, dass die meisten Unternehmen in der Rezession als Erstes ihre Werbeausgaben reduzieren. Gilles Miroudot, Leiter einer Werbefilm-Agentur, schreibt:»Die allgemeine Wirtschaftskrise im Gefolge des Ölpreisschocks 1973 traf in erster Linie die Werbebudgets. Wenn die Werbenden Kosten reduzieren müssen, sparen sie zuerst bei der Werbung.«[4]

Die Werbeagenturen gehören also merkwürdigerweise zu den ersten Opfern einer Wirtschaftskrise. 1974 zum Beispiel, ein Jahr nach Beginn der so genannten Ölkrise, sanken die Werbeausgaben in Frankreich um 12 Prozent, und die 50 führenden französischen Agenturen entließen 15 Prozent ihrer Belegschaft. Die Produktion von Werbefilmen brach gegenüber den Vorkrisenjahren 1971 und 1972 um 40 Prozent ein.

4 *La Revue du cinéma*, Nr. 330, Juli–August 1978.

Geil auf Werbung

All dies beweist eine gewisse Gleichgültigkeit des Publikums gegenüber der kommerziellen Botschaft von Werbung. Dem spielerischen Inhalt hingegen stehen die Zuschauer nicht unbedingt ablehnend gegenüber, vor allem was die Werbefilme im Kino anbelangt. Nach einer Umfrage des Institut Dourdin in Frankreich sprachen sich schon 1958 70 Prozent der Kinobesucher für Werbefilme im Vorprogramm aus, und eine neuere Untersuchung zeigt, dass 86 Prozent der Kinobesucher durchaus Gefallen an den Reklamestreifen finden.

Großen Zuspruch finden auch die »Nächte der Werbungsfresser« *(Nuits des Publivores)*, zu denen eine Reihe von Kinos in Paris und anderswo die Liebhaber von Werbespots regelmäßig einladen. Bei diesen Events flimmern von Mitternacht bis acht Uhr morgens Hunderte von Werbefilmen aus allen möglichen Ländern und Epochen über die Leinwand. Es gibt Sammler, die über 60 000 Werbespots archiviert haben.[5] In vielen Städten existieren Museen der Werbung mit eigener Cinemathek, wo man sich Werbefilme aus den vergangenen Jahrzehnten anschauen kann.

Und schließlich gibt es angesehene Filmfestivals, die ausschließlich den Kreationen der Werbeindustrie gewidmet sind. So fand vom 19.–24. Juni 2000 in Cannes das 47. Festival der Werbung statt. 9000 Werbeprofis aus allen fünf Kontinenten waren gekommen, ihre Werbespots zu zeigen. Wie bei den anspruchsvollen Festivals des Kinofilms wurden die besten Kreationen von einer internationalen Jury mit rund einhundert goldenen, silbernen und bronzenen Löwen ausgezeichnet. Im

---

5   Siehe das Inteview mit Jean-Marie Boursicot in *Libération*, 11. Mai 1984.

Laufe der Filmvorführungen zeigte sich, dass die Werbebranche vor allem auf die Gefühle des Publikums zielt. »Man muss Geschichten erzählen, die nicht so sehr den Kopf oder den Verstand ansprechen, sondern versuchen, mit der ganzen Gefühlspalette in Resonanz zu treten«, meinte einer der Werbeprofis. Und eine Journalistin notierte: »In erster Linie wird Sex eingesetzt, um Lust auf ein Produkt zu machen [...]. Individualität steht erneut im Mittelpunkt [...].«[6]

Weitaus kritischer stehen die Zuschauer der Fernsehwerbung gegenüber. So häufig sind die Werbeunterbrechungen auf den großen kostenlosen Kanälen inzwischen, dass sich das Publikum buchstäblich attackiert fühlt. Als 1967 bei den beiden französischen Staatssendern – den einzigen, die es damals gab – die Einführung von Werbesendungen zur Debatte stand, erklärten sich in Umfragen nur 17 Prozent der Franzosen und Französinnen einverstanden, während 41 Prozent weiterhin ein werbefreies Fernsehen wünschten. Was die staatliche Fernsehgesellschaft ORTF ein Jahr später indes nicht hinderte, die Ausstrahlung von Werbung zu genehmigen.

Jahr für Jahr investieren die Werbeagenturen und ihre Auftraggeber Hunderte von Millionen Francs in die Produktion von mehreren tausend Werbespots. Rund ein Drittel ihres Umsatzes erwirtschaften die Filmstudios durch Reklame. Ungefähr 3000 Rollen sind dabei zu besetzen, was über 30 Prozent der gesamten Schauspielerhonorare entspricht, während für die Techniker und Arbeiter der Filmindustrie über 50 000 Arbeitstage anfallen.

6   Florence Amalou, »La création publicitaire est désormais universelle«, *Le Monde*, 27. Juni 2000.

Die meisten Werbefilme dauern zwischen 20 und 30 Sekunden. Darüber hinaus werden alljährlich Hunderte von Acht-Sekunden-Spots gedreht. Es ist in Mode gekommen, solche Kurzspots zwischen zwei oder mehreren anderen Werbefilmchen einzublenden – im Kino wie im Fernsehen.

Im Übrigen ist eine zunehmende Annäherung zwischen Kino- und Fernsehreklame festzustellen. Seit einigen Jahren erobern Fernseh-Werbespots die Filmpausen im Kino, obwohl sie nicht für die Leinwand konzipiert wurden.

Schon die Gebrüder Lumière

Der Werbefilm entstand praktisch gleichzeitig mit dem Kino. Die Gebrüder Lumière höchstpersönlich drehten 1904 zum Beispiel einen Spot für die Champagner-Marke Moët & Chandon. Der geniale Georges Méliès hatte bereits 1898 das verkaufsfördernde Potenzial der siebten Kunst entdeckt: »Was für ein wunderbares Propagandamittel für alle möglichen Produkte das Kino doch ist! Man bräuchte nur eine originelle Idee, um die Aufmerksamkeit des Publikums zu fesseln, und inmitten des Streifens würde man den Namen des betreffenden Produkts fallen lassen.«[7]

Méliès stieß mit seiner Idee bei zahlreichen Handelsfirmen auf großes Interesse und drehte eine Reihe von Sketchs, in denen der Markenname erst am Ende der Erzählung auftauchte, nachdem die Handlung das Publikum in Bann geschlagen hatte. Für die Pariser Fußgänger projizierte Méliès diese Filme kostenlos auf eine Leinwand, die über dem Eingang zu seinem Theater Robert-Houdin (8, Boulevard des Italiens) angebracht war.

---

7   Madeleine Malthète-Méliès, *Méliès l'Enchanteur,* Ex-Libris, Lausanne 1974.

So drehte Georges Méliès Werbespots für eine Reihe bekannter Produkte seiner Zeit: die Baby-Fläschchen von Robert, den Aperitif Picon, die Hüte von Delion, die Menier-Schokolade, die Schuhcreme der Witwe Brunot, den John-Dewar-Whisky, den Senf von Bornibus, die Poulain-Schokolade, das Bockbier von Orbec, die Korsetts von Mystère, die Babynahrung Phosphatine von Fallières, die Lotion Xour, das Moritz-Bier, Nestlé-Mehl und vieles andere. Die Schauspielerin Jehanne d'Alcy erinnert sich: »Es gab auch einen Film über ein Haarwuchsmittelchen. Der Schauspieler rieb sich damit aber nicht den Kopf ein, sondern kippte es sich über die Füße, und auf einmal wuchsen Haare aus seinen Schuhen.«[8]

Nicht wenige bekannte Persönlichkeiten der Filmbranche begannen ihre Karriere mit Werbespots. Der berühmte amerikanische Regisseur King Vidor drehte 1915 Reklamefilme für die Ford Motor Company, bevor er sich in Hollywood einen Namen machte. Die schwedische Schauspielerin Greta Garbo debütierte 1920 in Stockholm in zwei Werbestreifen von Ragnar Ring, der eine für Mäntel, der andere für Kuchen. Marilyn Monroe drehte Ende der 1940er-Jahre einen Spot für Union Oil, und Kim Novak debütierte 1953 mit Kühlschrankwerbung.

Marcel Carné erinnert sich

In den dreißiger Jahren begannen in Frankreich solch bedeutende Filmemacher wie Henri-Georges Clouzot und Marcel Carné ihre Karriere mit der Inszenierung von Reklamefilmen. In seinen Lebenserinnerungen schildert Marcel Carné, der un-

8 Ebd., S. 213.

ter anderem *Quai des Brumes* und *Les Enfants du Paradis* gedreht hat, diese Phase seiner Schaffenszeit mit viel Sympathie:

»Ich begegnete Charles Peignot, der damals diese wunderbare Werbezeitschrift *Arts et Métiers graphiques* leitete. Er hatte die Idee, Werbefilme zu produzieren, die in Kinosälen während der Pause gezeigt werden sollten. Die Mannschaft, die er engagiert hatte, umfasste bereits Jean Aurenche und Paul Grimault. Er fragte mich, ob ich mich ihnen anschließen wolle. Ich sagte zu, wie man sich denken kann.

Ich glaube, ich habe mich mein Lebtag nicht so amüsiert. Aurenche schrieb die surrealistisch angehauchten Drehbücher. Paul Grimault komponierte die Kulissen und die Kostüme – und was für Kulissen und was für Kostüme! – oder spielte, wenn Not am Mann war, eine oder mehrere Rollen in verschiedener Verkleidung. Was mich betrifft, so führte ich Regie und drehte den Film mit der Kamera, die ich von *Nogent*[9] behalten hatte.

In einer Woche stellten wir einen Autounfall für Sécurit-Scheiben nach; oder Grimault baute eine Kulisse aus Treppen, deren Stufen aus Windschutzscheiben bestanden, die sich unter dem Gewicht eines Körpers durchbogen.

In der nächsten Woche filmten wir auf der Seine eine Geschichte von Schiffbrüchigen auf einem Floß. Wir durften nur Aufnahmen aus der Vogel- oder Froschperspektive machen, damit die Türme von Notre-Dame und die Mauern der Préfecture de Police nicht ins Blickfeld gerieten.

Ich erinnere mich, dass das schlecht gebaute Floß plötzlich voll Wasser lief. Unmerklich versanken wir in dem Fluss, unter

---

9 *Nogent, Eldorado du dimanche,* Kurzfilm von Marcel Carné von 1929.

den Blicken von 200 Schaulustigen, die sich vor Lachen den Bauch hielten, weil sie glaubten, der Untergang des Floßes sei Teil des Drehbuchs. Natürlich konnte keiner von uns schwimmen. Einer dieser Filme, *Une élection à l'Académie*, bereitete dem Produzenten Unannehmlichkeiten. Die Szene stellte die Fassade des Institut dar. Vor einer der Türen standen einige Schaulustige Schlange. Plötzlich sah man, wie ein hochgewachsenes hageres Mitglied der Akademie [gespielt von Jean Aurenche, d. A.[10]] völlig aufgelöst herauskommt, mit wallendem Gewand, den Zweispitz wichtigtuerisch auf dem Kopf, das Schwert an der Seite. Er stürzte von dannen, gefolgt von einem Amtsdiener, der sich in inständigsten Bitten erging: ›Maître, maître [...] Kommen Sie doch zurück!‹ Nachdem der Akademiker zwei oder drei Passanten angerempelt und die Staffelei eines Malers über den Haufen gerannt hatte, drehte er sich zu dem Amtsdiener um und versetzte hochmütig: ›Man hatte mir einen Sitz (fauteuil) in der Akademie versprochen [...] Aber ich glaube, es sei ein Lévitan-Fauteuil!‹

Die Gebrüder Nathan, die damals die Kinokette Pathé leiteten, lehnten den Film ab. Er war, so scheint es, ›unehrerbietig‹!«[11]

Der von Marcel Carné erwähnte Trickfilmer Paul Grimault, der vor allem durch seine Zeichentrickfilme *La Bergère et le*

---

10 Siehe die Schilderung von Jean Aurenche in Jean-Pierre Pagliano, *Paul Grimault,* Dreamland Éditeur, Paris 1996, S. 170. Aurenche schrieb das Drehbuch zu zahlreichen berühmten Filmen, darunter *Stürmische Jugend* (1946), *Die rote Herberge* (1951), *Verbotene Spiele* (1951), *Zwei Mann, ein Schwein und die Nacht von Paris* (1956), *Mit den Waffen einer Frau* (1958).
11 Marcel Carné, *La Vie à pleines dents,* Éditions Jean-Pierre Ollivier, Paris 1975.

Ramoneur (1950) und *Der König und der Vogel* (1979) bekannt wurde, hat lange Zeit ausschließlich Werbefilme gedreht. 1936 gründete er gemeinsam mit André Sarrut die Firma Les Gémeaux, die in den folgenden drei Jahren Auftragsarbeiten für L'Oréal *(Une histoire naturelle)*, die Huileries du Nord *(Embarquement pour Locane)*, den Grammophon-Hersteller Ducretet-Thompson *(Symphonie achevée)*, das Kaufhaus Galeries Barbès *(Au petit jour à Mexico, on va fusiller un homme)*, den Textilhersteller Noveltex *(L'enchanteur est enchanté)*, den Lampenhersteller Mazda *(Le Messager de la lumière)* und viele andere ausführte.

Auch andere bedeutende Trickfilmer, wie etwa der Erfinder des Nadelschirms Alexander Alexejew, und herausragende Drehbuchautoren wie Jacques Prévert und Jean Aurenche haben sich oft bereit gefunden, Auftragsarbeiten für die Industrie zu übernehmen.

Die Aufmerksamkeit fesseln

An den Reklametechniken des Werbefilms hat sich seit Méliès wenig geändert. Noch heute beginnen Werbespots vielfach mit komischen, dramatischen oder dokumentarischen Szenen, die mit der schließlichen Werbebotschaft in keinerlei vorhersehbarem Zusammenhang stehen. Bei den meisten Fernsehsendern rund um den Globus platzen diese Spots mitten in die eigentliche Sendung, während sich der Zuschauer auf das Geschehen konzentriert. Ein Teil der Zuschauerschaft fühlt sich durch solche Kurzwerbungen zwar gestört und reagiert ungehalten, aber die Werbedesigner sind nun einmal der Ansicht, dass sich die Message bei gefesselter Aufmerksamkeit besser ins Gedächtnis gräbt.

Diese Praktiken führten mitunter zu recht drolligen Situationen. Vor allem vor der Erfindung des Videorecorders wurden Werbespots im amerikanischen Fernsehen live vorgetragen. Mitten in der Sendung platzte ein Schauspieler herein und pries irgendwelche Produkte an, die mit dem Inhalt der Sendung oft nicht das Geringste zu tun hatten.

Der französische Schauspieler Jean-Pierre Aumont, der lange Zeit in den Vereinigten Staaten arbeitete, kann von diesen Unterbrechungen ein Lied singen. »Ich spielte in einer amerikanischen Fernsehbearbeitung von Dostojewskijs *Schuld und Sühne* den Raskolnikov. Als ich im Begriff stand, die alte Wucherin zu töten, zerrte mich plötzlich jemand am Ärmel. Ich musste einem Herrn Platz machen, der mit dem breitesten Lächeln ungefähr Folgendes in die Kamera sagte: ›Meine lieben Zuschauer, Sie fragen sich vielleicht, warum Raskolnikov so nervös ist. Die Erklärung ist ganz einfach: Er kannte den Machotin-Kaugummi noch nicht, der die Nerven beruhigt.‹ Viermal musste ich in diesen zwanzig Minuten der beruhigenden Wirkung des Kaugummis das Feld räumen.«[12]

Charly Chaplin hat das Groteske an diesen Werbesendungen, die gegen Ende der 1940er-Jahre in Mode kamen, in seinem berühmten Film *Ein König in New York* (1957) durch den Kakao gezogen.

Festzuhalten bleibt, dass in dieser Zeit Ende der vierziger-, Anfang der fünfziger Jahre eine Fülle von Reklametechniken erfunden wurden, die zwar oft ein wenig sonderbar anmuten, teilweise aber von bemerkenswerter Effektivität waren. Der amerikanische Filmemacher John Huston erwähnt in seiner

12 André Brincourt, *La Télévision et ses promesses,* La Table Ronde, Paris 1960.

Autobiografie den Produzenten David Selznick und dessen merkwürdige Werbemethoden: Bevor 1946 King Vidors Film *Duell in der Sonne* herauskam, habe sich das »Reklamegenie« Selznick die Namen aller Barkeeper in den Vereinigten Staaten verschafft und ihnen eine Postkarte geschickt, in der er – handschriftlich – den Film und die Sinnlichkeit der Hauptdarstellerin Jennifer Jones pries. Unterschrift: Joe. Daraufhin versuchten alle Barkeeper mithilfe ihrer Stammgäste, von denen jeder zwei, drei Joes kannte, herauszufinden, von wem diese Karte wohl stammte. Als kurz danach Plakate mit einer erotisch posierenden Jennifer Jones für den Film warben, hörte man überall in den Bars den Ausruf: »Das ist der Film, von dem Joe erzählt hat!«

Laut Huston orderte Selznick, der an der Qualität des Spielfilms so seine Zweifel hatte, dreimal so viele Kopien wie sonst und brachte ihn gleichzeitig in alle großen Kinos des Landes, um möglichst viel Gewinn zu machen, bevor das Publikum seiner überdrüssig wurde. *Duell in der Sonne* firmierte lange Zeit unter den zehn größten Erfolgen Hollywoods.[13]

Meinungen vorgeben

Ebenfalls 1947 tauchten in den Vereinigten Staaten erstmals Werbespots im Fernsehen auf. Seither hat sich das Genre rasant weiterentwickelt, die Techniken wurden verfeinert und die Dauer drastisch verkürzt. Der Preis hängt von der Länge des Werbespots ab. Nach Auffassung von Experten muss ein Werbespot mindestens achtmal ausgestrahlt werden, um Wirkung zu zeigen; das Optimum liege bei zwanzigmal. Zu guter Sen-

---

13 Carlos Pardo, »Eine Hochzeit und ein Todesfall«, *Le Monde diplomatique/ WoZ/taz*, Zürich/Berlin, Mai 1998.

dezeit, beispielsweise um 20 Uhr 40, kostet die einmalige Ausstrahlung eines zwanzig Sekunden dauernden Spots im Ersten Französischen Fernsehen rund 70 000 Euro.[14] Der Sender hat unter Verweis auf die in Großbritannien üblichen Tarife angekündigt, seine Preise in den kommenden zwei Jahren um 30 Prozent anzuheben. In den Vereinigten Staaten berechnete ABC für einen halbminütigen Spot während der letzten Episode der Reality-Show »Survivor« am 23. August 2000 (51 Mio. Zuschauer) 600 000 Dollar.[15]

Bei solchen Tarifen bleibt den Werbenden nichts anderes übrig, als ihre Spots möglichst kurz zu halten, ohne in Bezug auf semantische Bedeutung, Ausdruck und Verkaufseffekt Abstriche zu machen. Möglichst viel in möglichst kurzer Zeit »rüberzubringen«, lautet daher die Devise der Reklamestrategen. Ihre Aufgabe ist es, im Nu Kommunikation herzustellen, um ihre Message zu Gehör und Verstand zu bringen, und dies mit genügend Durchschlagskraft, um die Haltung und Meinung der Empfänger zu beeinflussen, das Verhalten der Zielgruppe in die gewünschte Richtung zu lenken.

Denn die Reklame hegt hochfliegende Ambitionen; schließlich ist sie ein Abkömmling der vornehmsten und höchsten aller Künste: der Politik und Menschenführung. »Wir führen einen Scheinkrieg gegen Raketen und H-Bomben, unter dessen

---

14 Die Tarife für Fernsehwerbung werden in Schritten von Hundertstelstunden berechnet. Sie ändern sich ständig und schwanken ganz erheblich je nach Sendetag und -zeit. Die Preisliste des französischen Kanals TF 1 beispielsweise unterteilt das Sendejahr in 15 000 Tarife. Der detaillierte Tarifkatalog umfasst über 1000 Seiten. Ähnlich verfährt »France Télévision Publicité«, die Werbeabteilung der staatlichen Fernsehsender. Siehe Hervé Martin, »Parfum d'escroquerie dans la pub télévisée«, *Le Canard enchaîné*, 9. August 2000.
15 *Le Monde,* 26. August 2000.

Oberfläche der wahre, der schleichende Kampf um den Besitz des menschlichen Geistes tobt«[16], schreibt Ernest Dichter, einer der bedeutendsten Theoretiker der Werbung. Und diese Mission ist von kapitaler Wichtigkeit. Für manche kommt sie einem Krieg gleich, weshalb viele Werbefachleute gerne Begriffe aus dem Militärischen entleihen, um ihr Tun zu beschreiben. Da ist von »Strategien« die Rede, von »Werbefeldzug« und »Offensive«, von »Zielgruppe«, »Abwehr« und »Flucht«. Der Marketing-Theoretiker Georges Chetochine beispielsweise formuliert pointiert: »Der Kunde ist unser Feind! Um ihn an uns zu binden, müssen wir erstens ihn entwaffnen, zweitens ihn gefangen nehmen und drittens die Initiative behalten.«[17]

Subliminale Wahrnehmung

Wer werben will, muss frontal angreifen, zuschlagen, seine Message kurz und bündig formulieren. Ein Blick in die Geschichte des Werbespots lehrt, dass dieses Ziel erreicht wurde. Gegen Ende der fünfziger Jahre dauerte eine Kinowerbung durchschnittlich ein bis drei Minuten; die heutigen Fernsehspots haben eine Länge von acht bis dreißig Sekunden.

Einige Werbeprofis haben sich eine Methode einfallen lassen, die die Botschaft auf ein einziges, aber hoch wirksames Bild beschränkt. Dieses Verfahren, das mit »subliminalen« Bildern arbeitet, macht die Werbung buchstäblich unsichtbar. In

---

16 Ernest Dichter, *Strategie im Reich der Wünsche,* Econ-Verlag, Düsseldorf 1961.
17 Einführungsbroschüre zum Fortbildungslehrgung »Changement de comportement pour la fidélisation«, Georges Chetochine Conseil SA, Rueil-Malmaison, 2000.

die rasche Bildfolge eines Films eingeblendet, der im Kino mit 24, im Fernsehen mit 25 Bildern pro Sekunde am Auge vorbeihuscht, hinterlässt das werbende Bild keine Spuren auf der Netzhaut. Das Auge sieht zwar die Information und das Gehirn speichert sie auch, aber unterhalb der Wahrnehmungsschwelle. Daher die Bezeichnung »subliminales« Bild, abgeleitet vom Lateinischen »*sub limen*«: unter der Grenze.

Seit über hundert Jahren versuchen Spezialisten herauszufinden, inwiefern ein flüchtiges Bild in der Lage ist, das Urteilsvermögen zu beeinflussen. Bereits 1898 konnte Boris Sidis von der Harvard-Universität zeigen, dass Versuchspersonen, die auf Tafeln, die in einiger Entfernung aufgestellt waren, nur einen »verschwommenen Punkt« erkennen können, gleichwohl in der Lage sind, den betreffenden Buchstaben mit einer signifikant höheren Trefferquote als der Zufallswahrscheinlichkeit zu benennen.[18]

1957 experimentierte James Vicary in einem Kino in New Jersey mit »unsichtbarer Werbung«. Er streute in den Film »Picnic« (1955) von Joshua Logan – mit Kim Novak und William Holden in den Hauptrollen – sechs Bilder von wenigen Zehntelsekunden Dauer ein, die die Zuschauer zum Konsum von Popcorn und Coca-Cola animieren sollten. Angeblich sei der Verkauf dadurch um 57,7 bzw. 18,1 Prozent gestiegen, doch später räumte Vicary ein, dass er die Untersuchung gefälscht habe.

Wie real ist nun die Gefahr solch klammheimlicher Einflussnahme? Wie zahlreiche Versuchsreihen belegen, kann diese Art von stiller Propaganda höchstens allgemeine Bedürfnisse

---

18 Hervé Morin, »Chercheurs, industriels et charlatans sur les traces de la perception subliminale«, *Le Monde*, 2. September 2000.

stimulieren (trinken, essen, rauchen, sich erfrischen), in keinem Fall aber Lust auf eine bestimmte Marke machen. Professor Philip Merikle von der kanadischen Waterloo-Universität meint kategorisch:»Es gibt keinen Beweis dafür, dass subliminale Wahrnehmungen das Handeln beeinflussen.«[19] Andere halten die Wirkung hingegen für erwiesen, doch auch sie müssen einräumen, dass der subliminale Effekt von äußerst kurzer Dauer ist. Professor Juan Segui, Leiter des Laboratoriums für experimentelle Psychologie in Boulogne-Billancourt (CNRS-Paris V), gibt zu bedenken:»Die Wirkung erlischt bereits nach 200 Millisekunden. Man müsste also schon mit Lichtgeschwindigkeit zum nächsten Supermarkt hasten, um seine Coca-Cola zu kaufen.«[20]

Obwohl der Einsatz subliminaler Bilder heute als Rechtsverstoß gilt, machen sich viele Bürger deswegen Sorgen. Nach dem Wahlsieg von François Mitterrand im Jahr 1988 warf die Tageszeitung *Le Quotidien de Paris* dem wiedergewählten Staatspräsidenten Wählerbeeinflussung durch subliminale Bilder vor, die im Vorspann der Nachrichtensendung von »Antenne 2« auftauchten. Gegen die Sendeleitung wurde ein Prozess wegen »Wählermanipulation« angestrengt, den die Kläger verloren. Dessen ungeachtet beschloss die Vorgängerorganisation des heutigen »Höheren Rats für audiovisuelle Medien« (CSA), derartige Methoden generell zu verbieten.

In den Vereinigten Staaten trat im Mai 2000 eine Bürgervereinigung mit der Behauptung an die Öffentlichkeit, der Film »Battlefield Earth« nach einem Roman von Scientology-Grün-

19 Ebd.
20 Ebd.

der Ron L. Hubbard, mit John Travolta in der Hauptrolle, enthalte subliminale Bilder, die den Zuschauer motivieren sollen, der Organisation beizutreten.[21]

Im September desselben Jahres musste der republikanische Präsidentschaftskandidat George W. Bush einräumen, dass einer seiner Wahlkampfspots ein subliminales Bild enthielt. Der Spot attackierte das Programm seines Gegners Al Gore. Über dem Konterfei des demokratischen Kandidaten erschien zunächst der Satz: »The Gore Prescription Plan: Bureaucrats Decide« (»Der goresche Plan für Arzneimittel-Rezepte bedeutet: Die Bürokraten entscheiden«). Anschließend lösten sich die letzten vier Buchstaben von »Bureaucrats« aus dem Wort und füllten in Großbuchstaben das gesamte Bild: Eine dreißigstel Sekunde lang erschien auf schwarzem Hintergrund der Schriftzug »RATS«.[22]

Die Wahlkampfwerbung war in 33 Städten insgesamt über 4000-mal ausgestrahlt worden, ohne dass die heimliche Botschaft irgendjemandem aufgefallen wäre. Aber dann wurde sie von einem Zuschauer aus Seattle entdeckt. Der Luxäugige zeichnete den Spot auf und denunzierte die Wählermanipulation, die die Demokraten nicht nur mit Bürokraten gleichsetzte, sondern mit Ratten. Der Skandal war groß, doch Spotproduzent Alex Castellanos und Bushs Medienberater Mark McKinnon bestritten, die inkriminierten Ratten in die Bilderfolge eingebaut zu haben. Die Medien ließen nicht locker, und so blieb Bush trotz der hohen Investitionskosten von schätzungsweise 2,5 Millionen Dollar keine andere Wahl, als den

21 *Le Monde*, 20. Mai 2000.
22 *International Herald Tribune*, 13. September 2000.

Spot zurückzuziehen, obwohl subliminale Bilder in den Vereinigten Staaten nicht ausdrücklich verboten sind. Klammheimliche Werbung nistet nicht nur in Werbefilmen, sondern steckt auch in manch einem Groschenroman. In den Heften von Gérard Villiers, die mit einer Auflage von jeweils 300 000 Exemplaren herauskommen, reist die Hauptfigur »SAS« (Son Altesse Sérénissime, Seine Durchlaucht CIA-Agent Malko Linge) mit Air France oder Scandinavian Airlines, er trägt eine Armbanduhr der Marke Breitling, raucht Gauloises blondes, die er sich mit einem Zippo-Feuerzeug anzündet, er trinkt Taittinger-Champagner, Defender-Whisky oder Otard-Cognac. Als Dankeschön überweisen die Hersteller der genannten Marken dem Autor jährlich gut 30 000 Euro.[23]

Mit achtzehn Jahren 350 000 Spots konsumiert

Durch die Perfektionierung der Spots entwickelten sich die Werbebotschaften zu klipp und klar formulierten, ultrakurzen Mitteilungen, deren Zahl buchstäblich ins Unendliche wächst. Die privaten US-Sender feuern ungefähr alle 12 Minuten eine Reklamesalve ab, und die Fernsehserien sind vorab so konzipiert, dass sich Werbesequenzen nahtlos integrieren lassen. Dass sich dadurch der dramaturgische Aufbau der Episoden verändert, liegt auf der Hand (siehe das Kapitel über die amerikanischen Krimiserien *Kojak* und *Columbo*).

Der US-Sender NBC zum Beispiel strahlt jedes Jahr über 40 000 verschiedene Spots aus, nicht mitgerechnet die Reklamefilmchen, die turnusmäßig immer wieder gesendet werden.

23 François Genthial, »SAS, champion de la pub clandestine«, *Capital,* Paris, April 1999.

Angesichts dieses Dauerbeschusses gelangte der amerikanische Soziologe Michael Hakawa zu dem Ergebnis, dass ein in New York lebender Achtzehnjähriger seit seiner Geburt rund 350 000 Werbespots gesehen haben muss.[24]

In Frankreich führte Télé-Monte-Carlo 1961 die ersten Werbespots ein – Sendezeit: 19.30–19.45. Auf den beiden großen Fernsehkanälen TF 1 und Antenne 2 (wie France 2 damals hieß) nahm die Werbezeit in regelmäßigen Abständen zu. 1968 lag sie bei nur zwei Minuten täglich. Im Januar 1969 wurde sie auf vier Minuten erhöht, im September 1969 auf sechs Minuten, im Januar 1970 auf acht Minuten, im Dezember 1970 auf zehn Minuten, im Dezember 1971 auf dreizehn Minuten, im Jahr 1975 auf fünfzehn Minuten und Anfang der achtziger Jahre auf zwanzig Minuten. Seit der Privatisierung von TF 1 und dem Auftreten der Privatsender Mitte der achtziger Jahre hat sich diese Entwicklung noch beschleunigt.

Im Jahr 2000 wurde die maximale Werbezeit für France 2 und die anderen öffentlichen Sender auf zehn Minuten pro Stunde festgelegt; für die Privatsender galt eine Obergrenze von zwölf Minuten. Zu lang, wie der »Höhere Rat für audiovisuelle Medien« neuerdings meint, der daher beschloss, die zulässige Reklamezeit ab 2001 auf allen Sendern um zwei Minuten herabzusetzen.

Die Kunst der Überredung

Da sich die Werbung als »Kunst der Überredung« versteht, ist jede ihrer Botschaften bis ins Letzte durchdacht. Von Jean-Luc Godard stammt der Ausspruch: »Werbespots sind die einzigen

---

24 Eulalio Ferrer, »La crisis de la publicidad«, *Communicación*, Nr. 36, Barcelona 1978.

Filme, die Wirkung zeigen und gut gemacht sind.«[25] Ein erheblicher Aufwand an Forschung, Meinungsumfragen und Untersuchungen wird hier betrieben, an dem Spezialisten der unterschiedlichsten Fachrichtungen beteiligt sind: Soziologen, Psychologen, Semiologen, Linguisten, Grafiker, Dekorateure, Musiker, die eigentlichen Filmemacher nicht zu vergessen.

Angesichts dieses versammelten Sachverstands kommentierte Marshall McLuhan: »Eine Gruppe von Soziologen kann nur schwer so viele brauchbare soziologische Daten sammeln und verarbeiten wie ein Team von Werbefachleuten. Die Werbeteams müssen jährlich Milliarden ausgeben, um die Reaktion zu erforschen und zu testen, und ihre Ergebnisse sind großartige Materialsammlungen von gemeinsamen Erfahrungen und Empfindungen der Gesellschaft.«[26]

Die Dreharbeiten für einen zwanzigsekündigen Werbespot dauern mindestens fünf Tage. Jede noch so kurze Einstellung erfordert viele Wiederholungen. Zusätzliche Zeit beanspruchen der Schnitt, die Synchronisation von Bild und Ton (Geräusche, Musik, Kommentar), das Hinzufügen von Text. Nach jedem Schritt wird das Ergebnis dem Auftraggeber oder einem Testpublikum vorgeführt.

Vor allem der Blick der Verbraucher interessiert die Werbemanager. Manchmal wird die Wirkung des werbenden Bildmaterials daher mit der so genannten Augenkamera getestet. Dabei hält ein hauchdünner auf das Auge der Testpersonen gerichteter Lichtstrahl die Pupillen- und Augenbewegung fest. Nach einer Reihe solcher Tests lässt sich statistisch ermitteln, welchen Weg

25 Interview mit Jean-Luc Godard, *Ça-Cinéma,* Nr. 19.
26 Marshall McLuhan, *Die magischen Kanäle (»Understanding Media«).* Econ-Verlag, Düsseldorf/Wien 1968.

das Auge bei jeder Kameraeinstellung beschreibt, was es als Erstes wahrnimmt und was es übersieht. Anhand dieser Ergebnisse lassen sich die einzelnen Einstellungen dann verändern, verlängern oder verkürzen, bis an die äußerste Grenze der Lesbarkeit, wobei als Regel gilt, dass eine Einstellung umso näher heran zu gehen hat, je kürzer sie ist.

Dass die Produktionskosten deshalb mitunter in exorbitante Höhen klettern, wird kaum verwundern. Als Beispiel sei der Werbespot für Évian aus dem Jahr 1998 genannt, in dem nicht weniger als siebzig Babys zu dem Song »Bye-bye Baby« aus dem Film »Blondinen bevorzugt« (1953) ein Wasserballet aufführten – Kostenpunkt umgerechnet 1 143 000 Euro.

Ein diskretes Genre

Der Werbefilm ist ein diskretes Genre. Im Kino wird er nicht angekündigt, im Fernsehprogramm findet er kaum Erwähnung. Diese Diskretion, die der beharrlichen Suche nach Effizienz zuwiderzulaufen scheint, offenbart sich aus Akzeptanzgründen als durchaus notwendig. Sie ist der Preis, den der Werbefilm für seine Legitimität zu zahlen hat, denn er ist stille Propaganda im Wortsinn. Zurückhaltung erlaubt es dem Werbespot, sich im Dickicht der Sendungen zu verstecken und sich darin zuhause zu fühlen wie der Fisch im Wasser. »Die Werbung will als Teil des Fernsehens erscheinen, nicht als eigenständige Sendung wahrgenommen werden«, notiert Patrick Bezenval.[27]

27 Patrick Bezenval, *La Télévision,* Larousse, Paris 1978, S. 43. Bezeichnenderweise enthält das voluminöse historische Lexikon über das französische Radio und Fernsehen, das unter dem Titel *L'Écho du siècle* (hg. von Jean-Noël Jenneney) 1999 im Pariser Verlag Hachette erschien, kein Stichwort, keinen Beitrag, keinen einzigen Gedanken zur Werbung.

In Frankreich ist die Fernsehwerbung durch Anfangs- und Endmarken umgeben, begrenzt, eingekästelt, in Klammern gesetzt. Auf TF 1 war es lange Zeit so, dass vor dem Hintergrund des RFP-Sigels (Régie française de publicité) eine Kennmelodie aus drei Noten den Beginn einer Werbesequenz ankündigte. Ende der siebziger, Anfang der achtziger Jahre endete die Werbung mit einem kurzen, ständig wechselnden Zeichentrickfilm, mit einem Stofflöwen als Hauptfigur und einem wortlosen Gag als Handlung.

Auf Antenne 2 zeigte die einen Werbeblock einleitende Zeichentricksequenz einen Apfel, der sich in eine Blume verwandelt; das abschließende Pendant machte die Verwandlung rückgängig: die Blume wurde wieder zum Apfel.

Derartige Motive – zumal das von Antenne 2 – sind wohl nicht ganz ohne Bedeutung, denn Apfel und Blume symbolisieren bekanntlich Versuchung und Lust beziehungsweise Schönheit, Jugend und Frische. Insofern enthalten diese Symbole als Abbreviatur den ganzen Sinn und Zweck der Werbung: Sie soll durch das Versprechen von ewiger Jugend und Schönheit Lust auf das beworbene Produkt machen.

Der kleine Löwe von TF 1 animierte paradoxerweise eher zu Skepsis und Misstrauen. Das dreißig Zentimeter große Raubtierchen aus Holz, Aluminium und Filz hörte auf den Namen Loeki und wurde 1974 von dem niederländischen Trickfilmer Joop Geesinck kreiert. Seine vier Sekunden dauernden »Abenteuer« wurden auch in Großbritannien, den Niederlanden, Südafrika und den Vereinigten Staaten ausgestrahlt.

In Geesincks Minisketchs schlug sich Loeki stets mit der Tücke des Objekts herum. Anstatt Loekis Wünsche oder auch nur ihre normale Funktion zu erfüllen, leisteten die wechselnden Gegenstände Widerstand und enttäuschten seine naive Erwartung. Ob der Sender den allzu arglosen Verbraucher warnen wollte? Durchaus möglich, vor allem wenn man sich vor Augen hält, dass die Gags stets demselben Schema folgten und die von der Werbung angepriesenen Dinge oft völlig nutzlos sind (wovon der kleine Löwe ein Lied singen konnte).

In Frankreich erscheint zwischen den einzelnen Werbespots, was das Lexikon *Le Petit Larousse* mit gewohnter Präzision als »Spot« definiert: »Ein auf eine Leinwand oder einen Bildschirm projizierter Lichtfleck.« Die Farbe dieser Lichtflecke wechselt mit dem Sender, bedeutungslos ist sie jedoch in keinem Fall.

Auf TF 1 ist sie seit jeher blau, um Assoziationen an Himmel und Meer zu wecken, an unendliche Weite, Stille, Sanftheit, Respekt. Auf France 2 war sie lange Zeit grün, spielte also auf Wald und Wiese an, auf Natur, Ökologie, Hoffnung, Ruhe, Frische. Heute ist sie wie auf France 3 weiß wie das Unbefleckte, das Reine und Unschuldige. Auf Canal Plus ist sie merkwürdigerweise schwarz wie die Nacht, wie Gewissensbisse oder Gedächtnisverlust.

Diese Lichtflecke bieten dem Auge einen flüchtigen Ruhepunkt, eine kurze Erholpause und fördern somit vor jeder Werbung die Aufnahmebereitschaft des Zuschauers.

Fiktion und Kommerz

Strukturell lassen sich in jedem Werbefilm zwei Elemente unterscheiden: der fiktionale Träger und die kommerzielle Botschaft.

Das erste Moment des Spots, die Mikro-Erzählung, stellt vielfach eine filmische Glanzleistung von herausragender Virtuosität dar, die man unabhängig von der kommerziellen Botschaft schätzen kann. Letztere findet sich im Allgemeinen ans Ende des Films verbannt – tritt mitunter nur in Form einer Off-Stimme in Erscheinung –, ist sozusagen nur im Anhang gegenwärtig und lässt sich daher leicht abtrennen und für sich betrachten.

Ein Werbefilm kann in wenigen Sekunden ebenso viele Ausdrucksweisen ins Spiel bringen wie ein kommerzieller Spielfilm. Dieser Ausdrucksreichtum fasziniert und mystifiziert, denn die Form, der Stil des Spots, bildet die visuelle Hülle des beworbenen Produkts. Wie die Verpackung, die einen Gegenstand zur Geltung bringt, gehört auch die Inszenierung des Werbespots zur Aufmachung.

Doch der Formenreichtum trügt. Untersucht man die Fernsehwerbung unter formalen Gesichtspunkten, so zeigt sich, dass sie filmsprachlich fast ausschließlich von Nahaufnahmen lebt. Kamerabewegungen, Panoramaaufnahmen und Travelling sind selten; der Eindruck von Bewegung entsteht allein durch extrem kurze und grelle Zoomtechniken, die der Nahaufnahme zu gesteigerter Geltung verhelfen sollen.

Eine Großaufnahme jagt die nächste – was Tony Garnett, Produzent der Filme von Ken Loach und Regisseur von *Prostitute* (1981), vor einigen Jahren zu der Bemerkung veranlasste: »Der britische Fernsehfilm glänzt immer weniger durch Kühnheit, orientiert sich an der Ästhetik des US-Werbefilms und der US-Serie, wo keine Einstellung länger als zweieinhalb beziehungsweise drei Sekunden dauert.«[28]

Seither hat sich die Frequenz weiter erhöht und liegt derzeit bei durchschnittlich rund zwei Einstellungen pro Sekunde. Im

28 Zit. n. Louis Marcorelles, »Les ambiguïtés du modèle britannique«, *Le Monde,* 28. Januar 1981.

Vergleich dazu liegt die Bildfolge bei den US-Fernsehserien bei nur 0,7 Einstellungen pro Sekunde, eine Geschwindigkeit, die vor allem den eingebauten Werbesequenzen geschuldet ist, die ja ein weit höheres Tempo vorlegen als die eigentliche Filmhandlung.

Hypnose

Der rasche Bildwechsel, der an Maschinengewehrfeuer erinnert, wirkt als visuelle Stimulation. Sein atemloses Tempo fixiert den Blick im Lichtgewitter. So geschwind ziehen die Einstellungen vorüber, dass man mindestens eine verpasst, wenn man den Blick kurz abwendet, und sei es nur für den Bruchteil einer Sekunde. Diese Geschwindigkeit bezweckt also, den Blick einzufangen und einen Hypnoseeffekt zu erzeugen.

Die Sendezeit der Werbespots (vor allem der um 20 Uhr und um 20.30 Uhr) sowie der Ort des Fernsehkonsums (im Allgemeinen das Wohnzimmer) begünstigen diese hypnotische Wirkung. Nach dem ermüdenden Alltag, wenn sich der Zuschauer in der gedämpften Atmosphäre seines Wohnzimmers ausstreckt und entspannt, wenn Stille einkehrt und möglicherweise ein alkoholhaltiges Getränk im Spiel ist, entsteht ein leichter Trancezustand, der die Konzentration und Aufmerksamkeit ans Fernsehgeschehen fesselt.

Unter diesen Bedingungen büßt der Zuschauer, eingelullt von der Hintergrundmusik der Werbung, einen Teil seiner bewussten Persönlichkeit ein. Sein Widerstand lässt nach. Sein Wille und seine Urteilskraft schwinden. Er wird empfänglicher für Suggestionen – suggerieren heißt wortlos vermitteln –, vor allem wenn diese Suggestionen unmittelbar die Affekte ansprechen. Die Werbespots provozieren eine Art Dämmerzustand.

Gleichschaltung des Films

Die Häufigkeit von Nahaufnahmen und ihre kurze Dauer begründen den grundsätzlich elliptischen Charakter der Werbespots. Die Filmsprache der Werbung erscheint als konzentriert, dynamisch, direkt, ohne alle horizontale oder vertikale Struktur. Und eben diese Grundbestimmungen des Werbefilms greifen nun auch auf den Kinofilm über.

Marshall McLuhan schrieb bereits 1967 – doch seine Bemerkung blieb weitgehend unbeachtet –, dass Filme wie *Yeah! Yeah! Yeah!* und *Der gewisse Kniff* von Richard Lester oder *Was gibt's Neues, Pussy* von Clive Donner ihren Erfolg dem Umstand verdanken, »dass das Publikum durch die Fernsehwerbung für schnelle Szenenwechsel, elliptische Dialoge, unterbrochene Erzählung und unvermittelte Schnitte konditioniert worden ist«[29].

Die ins schier Unendliche wachsende Zahl von Werbefilmen führt folglich nicht nur zu einer Verarmung der Filmsprache, sondern auch zu einer Vereinheitlichung der ästhetischen Strukturen und Formen. Und eben diese Standardisierung der filmsprachlichen Ausdrucksmittel macht viele Spiel- und Fernsehfilme so monoton, lässt sie als Wiederholung des immer Gleichen erscheinen und erleichtert damit freilich auch das Verständnis und die Rezeption der filmischen Erzählungen. Am Ende sieht ein Film aus wie der andere.

Standardisierung

Der Prozess der Standardisierung begann Mitte der fünfziger Jahre, als eine neue Generation amerikanischer und britischer

29 Marshall McLuhan, *Das Medium ist Massage.* Ullstein Verlag, Frankfurt am Main/Berlin 1969.

Filmemacher aus dem Fernsehbereich die stilistische An-
spruchslosigkeit der Seifenopern, Serien, Fernsehfilme und
Show-Sendungen auf den Kinofilm übertrug.

Zu dieser Generation gehörten zum Beispiel NBC-Regis-
seur Delbert Mann, der 1955 den mit vier Oscars und der Goldenen Palme von Cannes ausgezeichneten Film *Marty* heraus-
brachte; Sidney Lumet von CBS, der in *Die 12 Geschworenen*
(1957) Regie führte; Robert Mulligan, vormals bei NBC tätig,
John Frankenheimer von CBS, John Schlesinger von BBC-TV,
Norman Jewison von CBS, Martin Ritt, Arthur Penn, Ralph
Nelson, Stuart Rosenberg, Tom Gries, Arthur Hiller und viele
andere.

Auch die nächste Generation von Hollywood-Regisseuren
verdiente sich ihre Sporen beim Fernsehen, darunter Robert
Altman, Bob Raffelson, Michael Ritchie, Alan J. Pakula, Larry
Peerce, John Boorman, Sidney Pollack.

Leute wie Francis Ford Coppola, George Lucas, Steven
Spielberg, William Friedkin, Martin Scorsese, Brian de Palma
und John Badham schließlich haben sich den Stil der Fernsehserien völlig zu Eigen gemacht – manche von ihnen erlernten
ihn an der Universität – und reproduzieren ihn mit einem Maximum an Effizienz. Dass ihre Film im Allgemeinen positive
Aufnahme finden, erklärt sich aus dem Umstand, dass das Publikum endlich eine ganze TV-Serie am Stück konsumieren
kann, ohne die ständigen Werbeunterbrechungen. Überspitzt
könnte man sagen, dass die Leute heutzutage ins Kino gehen,
um endlich in Ruhe fernsehen zu können.

Richard Brooks, Regisseur von *Elmer Gantry* (1961) und
Auf der Suche nach Mr. Goodbar (1976) kommentiert: »Das
Fernsehen hat die Köpfe dermaßen konditioniert, dass die

Leute jetzt ins Kino gehen, um dasselbe zu sehen wie zuhause. Sonst fühlen sie sich desorientiert. Und da diejenigen, die die Filme herstellen (die Produzenten und Regisseure) vom Fernsehen kommen, wo sie Werbefilme drehten oder Serien ...«[30]

Steven Spielberg, Regisseur von *Der weiße Hai* (1974), *Jurassic Park* (1997) und *Der Soldat James Ryan* (1998), verglich die Filme seiner Generation einmal mit den Werken von Howard Hawks, John Ford, Ernst Lubitsch und Alfred Hitchcock. Er gelangte zu folgendem Schluss:»Die Ästhetik unserer Kinofilme ist die Ästhetik der Werbung.«[31]

Der Stil der Werbespots, der sich zunächst im Fernsehen durchsetzte, prägte sich schließlich auch den »künstlerischen« Spielfilmen ein, sodass es immer schwieriger wird, die Werke verschiedener Regisseure an formalen Kriterien zu unterscheiden.

Spielfilm – Werbefilm

Das Ineinander von Werbe- und Spielfilm treibt bisweilen seltsame Blüten. Als die 20th Century Fox einen groß angelegten Science-Fiction-Film produzieren wollte, der im Weltraum spielte, wandte sich die Firma an einen britischen Werbefilmer, der mit über 3000 Spots die Berühmtheitsskala anführt: Ridley Scott. Der ließ sich nicht lange bitten und drehte mit *Alien* einen Welterfolg. 1982 folgte *Blade Runner*, 2000 *Gladiator*.

Doch auch der umgekehrte Fall ist möglich. Als die Hollywood-Macher 1977 den Oscar für den besten künstlerischen

---

30 »Un moraliste américain«, Richard Brooks im Gespräch mit Ignacio Ramonet, *Libération*, 11. Juli 1980.

31 Interview mit Steven Spielberg, von Alain Rémond, *Télérama*, 25. Februar 1978.

Film aus dem Ausland zu verleihen hatten, fiel ihre Wahl auf den französischen Spielfilm *Noirs et Blancs en couleurs* von Jean-Jacques Annaud, der in Frankreich kaum Aufsehen erregt hatte (weitere Filme: *La Guerre du feu* und *L'Ours*). Der talentierteste und fruchtbarste unter Frankreichs Werbefilmern wurde für seinen Spot *Keltin, le train* 1979 mit dem damals höchsten Preis des Werbefilms – der Platin-Minerva – ausgezeichnet. Zu seinen Auftraggebern gehörten der Reifenhersteller Uniroyal, die Getränkemarke Orangina und das Mineralwasser Perrier.

Allem Anschein nach führt der Königsweg zum Spielfilm über die Produktion von Werbefilmen, und so nimmt es nicht wunder, dass nicht wenige französische Filmemacher diese Schule absolvierten, darunter Christian Gion *(C'est dur pour tout le monde, Le Pion, Le Gagnant)* und Robin Davis *(Der Polizeikrieg)*. Umgekehrt drehen zahlreiche Filmemacher von Rang ab und zu auch Werbefilme: Claude Chabrol (Winston-Zigaretten), Jean Becker (Ricorée, Épéda, Miko), Jean-Jacques Beneix (Dulux Valentine), Luc Besson (Crédit Lyonnais, Danone, Évian, Chanel n° 5, Club Internet), Bertrand Blier (Yop, Camembert Président), Étienne Chatilier (Eram, La Française des jeux, Lion de Nestlé), Alain Corneau (Citroën ZX, Chrysler Jeep, UAP), Raymond Depardon (Samsonite, Pampers, Volvic), Jean-Luc Godard (Schick), Patrice Leconte (Crunch, Peugeot 106, Elf), Claude Lelouch (Peugeot 306), Claude Miller (Mikado, McDonald's, Kaffee Grand-Mère), William Klein (Air France), Georges Lautner (La Samaritaine), Robert Enrico (Uncle Ben's), Jacques Demy (Roja), Dusan Makavejev (Pathé-Marconi), Sergio Leone (Gervais), Bertrand Tavernier (PTT), Gérard Pirès (Samsonite, Wonder), Yves Boisset (Renault), Claude Pinoteau (Menier-Schokolade), Maurice Dugowson

(Vigor), Joël Séria (Scotch-Brite), Walerian Borowczyk (Boursin) und viele andere.[32]

Auch in den Vereinigten Staaten sind angesehene Regisseure sich nicht zu schade, Werbespots zu drehen. John Woo *(Operation: Broken Arrow, Mission Impossible 2)* arbeitete für Nike, Tim Burton *(Mars Attacks!)* für Hollywood-Kaugummi, und Ford Coppola, David Lynch und Wim Wenders drehten im Jahr 2000 Werbespots für den Außenwerbe-Multi Jean-Claude Decaux.

Diese Durchmischung von Werbe- und Kinofilmemachern bestätigt die Vereinheitlichung der Filmsprache. Der Semiologe Jean-Paul Simon schreibt: »Werbefilm und Spielfilm erscheinen als zwei Spielarten des kommerziellen Diskurses; der Spielfilm verkauft einen Lebensstil, ohne einzelne Produkte zu nennen, der Werbefilm füllt die Lücke. *Tommy* von Ken Russel ist in dieser Hinsicht ein Grenzfall. Der Film ist als eine Serie von Werbespots konzipiert, wo man nicht mehr recht weiß, ob der Film den Verkauf der Platte fördern soll oder umgekehrt.«[33]

Der Werbespot ist also zuallererst ein Spektakel. Er ist nach Art eines Sketches aufgebaut und verwendet fast ausschließlich eine Figur der Komödie: den Gag. Er integriert das Produkt, dessen Vorzüge er preist, in eine dramatische Handlung, die unweigerlich mit einem Happy End endet, will sagen: der Entdeckung des Glück verheißenden Wundermittels.

Der Spot blüht an den Rändern der ernsthaften, der Realität zugewandten filmischen Diskurse (vor und nach dem Kino-

---

32 Mitteilung der Maison de la Pub, 7, Boulevard Bourdon, 75004 Paris.
33 Jean-Paul Simon, »Le discours marchand«, *Le Monde diplomatique,* November 1975.

oder Fernsehfilm), weshalb er häufig einen humorigen, spaßigen, verantwortungslosen Ton anschlägt. Er tritt das Erbe eines verschwundenen Genres an: des Intermezzos oder Zwischenspiels, jener lustigen Einlagen, die auf dem Theater des 17. Jahrhunderts die einzelnen Akte einer Tragödie trennten.

Das Spektakelhafte ist es zweifellos, was die Kinder am Spot so anzieht. Kinder können von Werbespots bekanntlich nie genug kriegen. Sie fühlen sich vor allem durch die Form und den Rhythmus der Spots angesprochen, weniger durch ihren Verkaufszweck. Aber sie merken sich die Slogans und Reime, tragen sie weiter, wiederholen sie unzählige Male, fungieren als Echo, durch das die registrierten Werbeformeln wie in einer Endlosschleife ständig reproduziert werden. Im Kaufhaus sind sie die Stimme der Werbung im Ohr der Eltern.

Kinder sind eine bevorzugte Zielgruppe der Werbung. Nach Schätzungen des französischen Verbands der Fernsehwerbung gab die Wirtschaft 1999 über eine Milliarde Francs (167 Mio. Euro) für Werbespots aus, die sich an Kinder unter 14 Jahren richten. Das »Institut de l'Enfant« schätzt, dass rund 45 Prozent der Konsumausgaben von Familien mehr oder weniger unmittelbar durch die Wünsche der Kinder beeinflusst sind – eine Summe von jährlich 83 bis 100 Milliarden Euro. Institutspräsident Joël-Yves Le Bigot: »Die Meinung der Vier- bis Zehnjährigen gibt vor allem bei Lebensmitteln, Süßigkeiten, Kleidung und Spielzeug den Ausschlag, sie beeinflusst zu 18 Prozent aber auch den Autokauf und zu 40 Prozent die Wahl des Urlaubsorts.«[34]

34 Dazu Juliette Bénabent, »Les enfants, cibles des publicitaires«, *Télérama,* 12. April 2000.

Nach einer Umfrage unter 6800 Zwei- bis Neunzehnjährigen, die das Meinungsforschungsinstitut Socodip Anfang 2000 im Auftrag von Conso-juniors durchführte, erhalten zwei Drittel der Kinder und Jugendlichen Taschengeld in Höhe von jährlich insgesamt 200 Millionen Euro. Die Umfrage zeigt, dass die Werbung großen Einfluss auf diese Altersgruppe ausübt: Über ein Viertel der Achtzehnjährigen räumt ein, die Fernsehwerbung für ein Produkt zu nutzen, um die Eltern zum Kauf zu bewegen. 42 Prozent sind der Meinung, dass die Werbung »Lust macht, einen Haufen Sachen zu kaufen«, und 26 Prozent geben an, dass sie »hilft, die Eltern zu überreden«.[35]

Die Kunst des Pastiche

Der Werbespot versucht oft, den Zuschauer zum Lachen zu bringen, er weiß, dass Lachen das Maximum an Kommunikation darstellt und dass er zu diesem Zweck die Sprache der umworbenen Kundschaft, zumindest aber einen gemeinsamen Code sprechen muss. Aus diesem Grund knüpft der Gag oft an einem vertrauten kulturellen Kontext (vor allem aus der Filmwelt) an.

Die häufige Verwendung von Trick- und Retouchiertechniken, von Zeichentrickelementen und Special Effects offenbart eine gewisse Faszination für die historische Magie des Films, Reminiszenzen an die Kunst eines Méliès.

Der Pastiche zumal ruft Erinnerungen wach und verlängert den Spot über seine sehr kurze Dauer hinaus. Durch symbiotische Annäherung an und Analogiebildung mit anderen Fernsehsendungen sucht der Spot seinen Werbecharakter zu verber-

35 Ebd.

gen. Er weiß, dass er seine (subliminale) Wirkung umso besser entfalten kann, je mehr wir ihn vergessen. Der Pastiche begünstigt dieses Vergessen, indem er das Filmoriginal heraufbeschwört. Er erleichtert das Verständnis, da der von ihm transportierte Code (des Referenzfilms) immer schon bekannt ist. Jacques Zimmer notiert:»Kein anderes Genre arbeitet so intensiv mit der Technik des Off-Films.«[36] So entgeht der Spot dem stets drohenden Sinnverlust.

Es gibt zahllose Beispiele für Werbespots, die auf populäre Filmgenres oder einzelne Blockbuster Bezug nehmen. Wahllos werden parodiert: das Musical (Évian), der Slapstick (Peugeot, Quality-Street-Bonbons, Letztere eine Parodie auf Charly Chaplins Kurzfilm *Easy Street)*, der Western (Gervais, Bic-Rasierer, Sodebo-Pizza), der Film Noir (Winston), der Kriminalfilm[37], das Märchen (Bergères de France-Wolle), der Wetterbericht der Fernsehnachrichten (Calmodine-Pastillen), der Filmvorspann (Téfal-Pfannen), die Quizsendung (Auchan parodiert»Le juste prix«) und sogar der Werbefilm selbst (Dunlopillo karikiert die Werbung für Hundenahrung).

Auch vor berühmten Spielfilmen macht der Pastiche nicht Halt. Einige Beispiele: *Titanic* (Citroën Saxo), *Mission Impossible* (Enthaarungscreme Veet), *Die Vögel* (Panier-Jogurt von Yoplait), *Mikrokosmos* (Bledilait), *King Kong* (Kaufhaus La Samaritaine), *West Side Story* (Wrangler), *Vom Winde verweht* (Gold Tea), *Begegnung der dritten Art* (Levi's), *Lawrence von Arabien* (Dash-Waschmittel), *Die Rückkehr der Untoten* (Twix), *Little Buddha* (Bayson), *Fourmiz* (Badoit).

36 *La Revue du cinéma,* Nr. 330, Juli–August 1978.
37 Dazu François Brune, »Spots policiers«, *Le Monde,* 27. Januar 1980.

Der augenzwinkernde Verweis auf allbekannte Filme lockt die Erinnerung in eine Falle und befördert die Verinnerlichung der Markennamen. Nach einer Ipsos-Umfrage vom Frühjahr 1999 beispielsweise erinnerten sich 73 Prozent der befragten Franzosen und Französinnen an den Yoplait-Spot für Panier-Jogurt, der Anleihen bei Alfred Hitchcocks *Die Vögel* macht.

Typologie der Werbespots

Nach einer Typologie von Gilles Miroudot[38] lassen sich die Werbespots stilistisch in vier Gruppen unterteilen:

1. Die *Komödien.* Aus der Werkstatt angesehener Filmemacher (Claude Chabrol, Georges Lautner) stammend, preisen sie die Vorzüge von Produkten, die sich auf dem Markt bereits weitgehend etabliert haben. Solche Spots machen ausgiebigen Gebrauch von den Mitteln des Kinofilms: Schauspieler, Aufbauten, Tricktechniken.

2. Die *»Zeugenaussagen«.* In gestellten Alltagsszenen berichten Menschen wie du und ich, von welch hervorragender Qualität das fragliche Produkt sei. In diese Rubrik fallen die einst berühmte »Mutter Denis« der Waschmittelreklame und der auch im wirklichen Leben im Kundendienst arbeitende Handwerker Guy Norture der Calgon-Werbung. Mitunter werfen sich bekannte Persönlichkeiten für ein Produkt in die Bresche, so Carole Bouquet für Chanel, Arielle Dombasle für Diamant-Zahnpasta, Claudia Schiffer für Citroën, Véronique Genest für Madrange-Schinken, Bixente Lizarazu für die Paille-d'Or-Kekse von LU oder Zinédine Zidane für Volvic.

38 Interview mit Gilles Miroudot, von Jacques Zimmer, *La Revue du cinéma* Nr. 330, Juli–August 1978.

Auch Persönlichkeiten des öffentlichen Lebens leisten ihren Beitrag zur Werbung. In einem amerikanischen Spot trat einmal die Präsidentengattin Roosevelt auf, um den vorzüglichen Geschmack von Good-Luck-Margarine zu loben. Andererseits müssen die Werbespezialisten aufpassen, dass der von ihnen bemühte Star das Produkt nicht zum Verschwinden bringt und als einzige Botschaft übrig bleibt. Elie Ohayon, Generaldirektor der Werbeagentur Young & Rubicam in Paris, warnt: »Es reicht nicht, nur zu sagen: Seht mal, wie schön meine Stars sind; nehmt dasselbe Produkt, und ihr werdet so sein wie sie. Der Verbraucher will auch wissen, was das Produkt ihm selbst bringt.«[39]

3. Die *Waschmittelreklame.* Sie sucht den Verbraucher mit wissenschaftlichen Argumenten zum Kauf zu animieren. Oft werden diese Spots zunächst in den Vereinigten Staaten optimiert und getestet – nach dem Motto: Was tut der »Fachmann« oder die »Fachfrau«? –, bevor sie auf den europäischen Markt kommen. Umfragen zufolge bleiben sie am besten im Gedächtnis haften: Wer kennt nicht Ariel und wie sie alle heißen.

4. Der *ästhetische Werbefilm.* Sie werden von großen Fotografen gedreht, die ausgesuchte Schönheit und exquisite Form, Linien und Kurven zur Geltung zu bringen verstehen. Bei diesen gefilmten »Stillleben« wird viel Arbeit auf die korrekte Beleuchtung verwandt. Hoch im Kurs standen hier in den achtziger Jahren die Werke von Michel Certain und Jérôme Ducrot, die unter anderem die Produkte von Braun, Marie Brizzard, Brandt und Leifheit in Szene setzten.

39 Catherine Colombat, »Les ressorts des pubs qui marchent«, *L'Essentiel du management,* Juli 1999.

Leichte Lesbarkeit

Die Bilder der Werbung sind oft ein wahrer Augenschmaus. Sie zu lesen kostet den Zuschauer wenig Anstrengung, und zwar nicht nur aufgrund ihrer simplen Filmsprache (deren Alphabet und Grammatik sich auf Großaufnahme und Schuss-Gegenschuss beschränkt), sondern auch deshalb, weil eine Off-Stimme das Verständnis zusätzlich erleichtert, die innere Ordnung der Bildabfolge garantiert, keinen Zweifel an ihrem Sinn aufkommen lässt, eine Kurzgeschichte erzählt. Werbespots folgen der Regel, dem Auge wohl zu tun, dem Ohr zu schmeicheln, den Kopf nicht allzu sehr zu beanspruchen.

Die Wahl und Typisierung der Hauptdarsteller erfolgt nie von ungefähr. Sie sollen Wünsche heraufbeschwören, zum Kauf animieren und müssen daher augenblicklich ein vertrautes Verhältnis zum Zuschauer herstellen. Die Schauspieler müssen daher ein ganz bestimmtes Profil aufweisen.

Die Journalistin Colette Godard schreibt:»Ein guter Werbeschauspieler versucht nicht individuell oder ›natürlich‹ zu erscheinen, sondern den sozialen Typus zu verkörpern, den er darstellen soll. Er verhält sich seinem Erscheinungsbild gemäß, lässt keine Zweideutigkeiten aufkommen und trägt dick auf. Er ›geht in die Vollen‹, aber nicht bis zur Karikatur. Er beherrscht sein Handwerkszeug und schöpft aus der Trickkiste des Boulevardtheaters: abrupte Veränderungen in der Stimmlage, stereotype Gesten, flüchtiges Augenzwinkern und vor allem Schnelligkeit. Er muss in der Lage sein, die größten Banalitäten im Brustton der Überzeugung von sich zu geben. Er ist wirklich deprimiert ohne seine Flasche Vittel und strahlt sogleich Optimismus aus, wenn er sie getrunken hat. [...]

Jedes Produkt zielt auf eine oder mehrere sozioprofessionelle Gruppen. Der Werbeschauspieler hat die Charakterzüge zu verkörpern, die dem jeweiligen Marktsegment entsprechen. Er muss auf den ersten Blick identifizierbar sein. Beim zweiten ist er schon wieder verschwunden. Er sollte einem bekannten Star ähneln, der wiederum einen bestimmten sozialen Typus repräsentiert. Fest etablierte Bezugsfiguren sind Philippe Noiret, Jean Rochefort und Jean-Pierre Marielle, die aktuelle Mode ergänzen zwei schüchterne Komiker, Woody Allen den dürren Sarkastiker und Jacques Villeret den sensiblen Dicken. Gleiches gilt für die weiblichen Rollen. Die ›Bardots‹ dienen bestenfalls als Kontrastfolie für ruhigere Typen. Hoch im Kurs steht hingegen die zerbrechliche wilde Jugend einer Miou-Miou, Sinnbild der unabhängigen jungen Frau, sowie die herzliche Fröhlichkeit à la Florence Blot, die charmante Verrücktheit einer Maria Pacôme oder die stille Schönheit der Catherine Deneuve, die sich bei Fotomodellen wiederfindet.

Die verwendeten Stereotypen sind klein an der Zahl, weil sie möglichst große Marktsegmente abdecken sollen.

Da die Werbung andererseits aber nur durch ständige Selbsterneuerung existieren kann, verschleißt sie eine Unmenge von Modellen, die sich sehr ähnlich sehen, nur schwach typisiert sind und vor allem sympathisch wirken müssen. Es soll der Eindruck entstehen, dass sie wie zufällig aus der Menge herausgegriffen wurden.«[40]

40 Colette Godard, »Les bons génies de la consommation«, Le Monde, 26. Juni 1980.

Glücksversprechen

Statistisch gesehen preist der allergrößte Teil der Werbung vor allem drei Produktsorten an. An erster Stelle stehen Lebensmittel und Getränke (25 Prozent), gefolgt von Reinigungsmitteln, Hygiene-, Schönheits- und Parfümerieprodukten, schließlich Autos, Elektrogeräte, Handys, Internet und ähnliche moderne Kommunikationsmittel. Die Werbung verspricht stets dasselbe – Wohlbefinden, ein angenehmes Leben, Leistungsfähigkeit, Glück, Erfolg. Sie winkt mit dem Versprechen auf Befriedigung, verkauft Träume, verheißt raschen sozialen Aufstieg.

Die Werbespots setzen vor allem Symbole in Umlauf. Sie transportieren einen Kult des Objekts, der sich aber nicht auf dessen praktische Nützlichkeit bezieht, sondern auf die Selbstwahrnehmung, die das Objekt dem Verbraucher verschafft. Nicht eine Spülmaschine wird verkauft, sondern Komfort, nicht Seife, sondern Schönheit, kein Auto, sondern Prestige, in jedem Fall aber ein gewisser Lebensstandard.

Die Reklamefilme präsentieren eine Welt des ewigen Urlaubs, ein Land des Lächelns und der Unbeschwertheit, in dem die Menschen frei und schön, sauber und gesund, begehrenswert und modern sind. Sie präsentieren angenehme Vorbilder, die Lust auf Identifikation machen und in denen man sich gewissermaßen selbst betrachtet.

Wie der Soziologe Pierre Kende zu Recht bemerkt, wendet sich die Werbung »an das Intimste und Geheimste im Menschen, sie beutet seine verrücktesten Wünsche, Eitelkeiten und Hoffnungen aus, sie spricht ihn in der Sprache des Erfolgs an, verheißt ihm Erlösung von seinen Problemchen und Wehwehchen, erteilt ihm die Absolution für alles, was ihm unbequeme

Schuldgefühle bereiten mag«.[41] Die Werbung lehrt uns durch ständige Wiederholung das Fürchten: Wenn du nicht dieses oder jenes Produkt besitzt, bist du ein *looser*, denn nur dieses Produkt verleiht deinem Leben Sinn.

Die Werbung lenkt ab und amüsiert, aber sie informiert nicht. »Die Kunst der Werbung besteht vor allem darin, überzeugende Aussagen zu erfinden, die weder wahr noch falsch sind«, schreibt Daniel J. Boorstin.[42] In der Tat ist der Werbefilmer auf seine Art ein Künstler, der den Geschmack des Publikums zu treffen sucht.

Werbender Staat

Selbst der Staat wendet sich nicht mehr nur mit den herkömmlichen Mitteln der amtlichen Bekanntmachung oder auf dem Postweg an seine Bürger, wenn er sichergehen will, Gehör zu finden und wahrgenommen zu werden. Immer häufiger greift er zur Fernsehwerbung, um sein Anliegen vorzutragen, sei es für mehr Verkehrssicherheit oder Energiesparmaßnahmen, gegen den Tabakkonsum oder für handwerkliche Ausbildungsberufe, für die Güte von Fleisch aus französischen Landen oder die Gleichstellung von Franzosen und Einwanderern.

So entwickelte sich der Staat in den letzten Jahren zu einem guten Kunden der Werbeagenturen. In Rundfunk und Fernsehen hat er zu Sondertarifen gesetzlichen Anspruch auf Sendezeit. Seine Spots stehen an bevorzugter Stelle, oft am Ende einer Werbesequenz, um besser im Gedächtnis haften zu bleiben.

In Frankreich koordinierte bis 1983 der Ministerpräsident

41 Pierre Kende, »L'information du consommateur«, *Communications*, Nr. 17, Le Seuil, Paris.
42 Zit. n. Jean Baudrillard in *La Société de consommation*, Galilée, Paris 1978.

73

und seine Dienststelle für Bürgerinformation und Öffentlichkeitsarbeit (SID) die diversen Werbekampagnen der einzelnen Ministerien. Dazu der Soziologe Laurence Bardin: Die [staatliche] Werbung ist ein Zeichen dafür, dass wir in die »Gesellschaft des Fantasmas« eintreten. Man sieht etwas, das verwirklicht werden sollte – beispielsweise die Integration der Einwanderer –, und schon glaubt man, es sei verwirklicht, weil man es gesehen hat. Man sucht nicht mehr die Wirklichkeit zu verändern, sondern die Bilder von ihr.«[43]

In den Vereinigten Staaten bedient sich die Regierung neben der üblichen Fernsehreklame einer Werbetechnik, die als solche gar nicht kenntlich ist, um die Kinder und Jugendlichen gegen Drogen zu immunisieren. Die Rede ist vom verbreitetsten und mächtigsten Werbeträger überhaupt, den landesweit ausgestrahlten Fernsehserien.1998 bewilligte der Kongress 25 Millionen Dollar, um den Produzenten einen finanziellen Anreiz zu bieten, Anti-Drogen-Messages in den Plot einzubauen, mit einigem Erfolg: Serien wie *Emergency Room, Beverly Hills* oder die *Drew Carey Show* streuten immer wieder entsprechende Sequenzen ein.

Mithilfe solcher Spots und im Verborgenen wirkenden Techniken sucht der Staat die fernsehenden Bürger zu überzeugen, wie sehr ihm deren Wohlergehen, Gesundheit und Lebensqualität am Herzen liegt. In Wirklichkeit soll nur kaschiert werden, was eigentlich auf der Hand liegt: dass entsprechende Maßnahmen weit wirkungsvoller, weniger kostspielig, aber mit höheren politischen Kosten verbunden wären.

43 Zit. n. Dominique Pelegrin, »La publicité qui ne vend rien«, *Télérama*, 25. Juni 1980.

In Frankreich würde es sich beispielsweise anbieten, jedwede Tabak- und Alkoholwerbung zu verbieten, die exzessive Verwendung von Zucker in der Lebensmittelindustrie zu untersagen, den Einsatz von Dieselkraftstoff zu beschränken, die Asbestsanierung von Wohnhäusern vorzuschreiben, wirksame Schutzrechte für Arbeitsmigranten und ihre Familien zu erlassen und was dergleichen mehr ist. Werbespots spiegeln in dieser Hinsicht nur falsche Tatsachen vor, und die Regierungen bestätigen damit nur, dass wir tatsächlich in einer »Gesellschaft des Simulakrums« leben.

Dies haben nun auch zahlreiche gemeinnützige Vereine und Verbände (etwa die französische Krebshilfe ARC) und Nichtregierungsorganisationen wie Amnesty International begriffen. Sie produzieren seit einiger Zeit »humanitäre Spots«, um die Fernsehzuschauer zu Geldspenden zu bewegen.

Weltweites Marketing

1928 stellte Edward Bernays, Neffe von Sigmund Freud und Vater der amerikanischen Werbung, mit Bedauern fest: »Die Politik hat es nicht verstanden, die Methoden des Business zu übernehmen, was den massenhaften Vertrieb von Ideen und Produkten betrifft.«[44] Seither wurden in dieser Hinsicht enorme Fortschritte gemacht – wenn man hier von »Fortschritt« reden kann. In den Vereinigten Staaten rüstete die Politik ihr Kommunikationsarsenal bereits in den fünfziger Jahren mit Werbespots und deren Rhetorik auf. In Wahlkampfzeiten »verkaufen sich« die Kandidaten wie televisuelle Zuckerplätz-

44 Zit. n. Serge Halimi, »Politischer Berater – ein Metier ohne Grenzen«, *Le Monde diplomatique/WoZ/taz*, Zürich/Berlin, August 1999.

chen, die an die Stelle der herkömmlichen Programmaussagen getreten sind. Gerald Greenberg, Wahlkampfmanager von Bush sen. bei den US-Vorwahlen 1980, stellte die Behauptung auf: »Die Fernsehwerbung entscheidet zu 60 Prozent über den Wahlausgang.«[45]

Eine Forschergruppe vom Massachusetts Institute of Technology (MIT) hat sämtliche Wahlkampfspots analysiert, die das US-Fernsehen seit den Präsidentschaftswahlen von 1952 ausstrahlte (damals trat der Republikaner General Dwight D. Eisenhower gegen den Demokraten Adlai Stevenson an). In ihrer detaillierten Untersuchung gelangte die »New Study Group« zu dem Schluss, dass das Fernsehimage der Präsidentschaftskandidaten immer ausgefeilter wird. Der Grund dafür liegt auf der Hand. Armeen von Public-Relations-Experten arbeiten mit den modernsten Marketing- und Werbetechniken daran, den Kandidaten ein »Markenimage« zu verpassen, als handelte es sich um Seifenreklame.

Umgeben von ausgebufften Beratern für Öffentlichkeitsarbeit, gab Richard Nixon 1968 über 20 Millionen Dollar für Fernsehwerbung aus, um sicherzugehen, dass sein 15-Punkte-Vorsprung gegenüber seinem demokratischen Mitbewerber Hubert Humphrey nicht um mehr als 1 Prozent fiel. Und er hatte Erfolg.

Seit sich die demokratische Regierungsform nach 1989 globalisiert hat, greifen weltweit immer mehr Präsidentschaftskan-

---

45 Damals gewann Ronald Reagan die Vor- und Präsidentschaftswahlen. George Bush – der Vater von George W. Bush, der die Präsidentschaftswahlen im November 2000 gegen seinen demokratischen Herausforderer Albert Gore gewann – wurde zunächst Vizepräsident, bevor er 1988 US-Präsident wurde. 1992 verlor er die Wahlen gegen Bill Clinton. Dazu Pierre Brieux, »L'art et la manière de vendre un président des États-Unis«, *Libération,* 9. Juli 1980.

didaten der unterschiedlichsten politischen Couleur auf die Dienste amerikanischer Berater für politisches Marketing zurück. Serge Halimi schreibt:»Die vier wichtigsten ›Berater‹ der beiden Präsidentschaftskampagnen von Clinton – das Trio von 1992 (James Carville, George Stephanopoulos, Stanley Greenberg) und der Solist von 1996 (Richard Morris) –, aber auch Arthur Finkelstein, der Berater mehrerer republikanischer Parlamentarier, haben ihre Tätigkeit internationalisiert.

In den letzten Jahren dienten sie ihre Strategien diversen Politikern aus Brasilien, Honduras, Griechenland, Ecuador, Panama, Südafrika, Großbritannien und Deutschland an. 1999 sind Beraterdienste in Israel und Argentinien hinzugekommen. In beiden Ländern hat jeder der beiden großen politischen Blöcke (Arbeitspartei und Likud in Israel, Peronisten und Radikale in Argentinien) amerikanische Berater angeheuert, die sich vor Ort kaum auskennen. [...]

In Afrika wiederum hat der Franzose Jacques Séguéla, vor allem bekannt durch seine Kampagnen für François Mitterrand, Politikern beigestanden, die alles andere als honorige Demokraten sind: den Präsidenten Omar Bongo (Gabun) und Gnassingbé Eyadéma (Togo). Letzteren hat Amnesty International für Misshandlungen verantwortlich gemacht, die ›Verbrechen gegen die Menschlichkeit gleichkommen.‹«[46]

Politische Werbespots

Die großen Werbeagenturen, die sich auf die Wahlkampfspots der Kandidaten fürs Weiße Haus spezialisiert haben, bestimmen inzwischen mehr noch als deren politische Ideen den Ver-

---

46 Serge Halimi, »Politischer Berater – ein Metier ohne Grenzen«, a. a. O.

lauf der amerikanischen Wahlkämpfe. Über die lokalen Sender, das Kabelfernsehen und ihre Webseite bekriegen sich die Kandidaten nicht mehr mit Argumenten, sondern mit Spots. Nur allzu oft entscheidet daher der bessere Spot darüber, wo der fernsehende Wähler sein Kreuzchen macht; alles Übrige, das heißt das Wesentliche – das politische Programm des Kandidaten –, rangiert dagegen unter ferner liefen.

Schätzungen zufolge haben die Politiker, die bei den diversen US-Wahlen im November 2000 kandidierten, insgesamt rund 600 Millionen Dollar für Fernsehwerbung ausgegeben, sechsmal so viel wie 1972. Der Löwenanteil entfiel auf die lokalen Sender.

Werbebotschaften reduzieren die Politik auf ihre unschönsten Seiten, sie verkürzen komplexe Zusammenhänge, karikieren bis zur Lüge, spielen mit Aggressionen. Je mehr aber Geld und Werbung den Ton angeben, desto mehr wendet sich die Öffentlichkeit angewidert ab. Folglich verlieren auch die Sendeanstalten das Interesse, denn ihnen geht es in erster Linie um Einschaltquoten. So bleibt den Kandidaten nichts anderes übrig, als verstärkt auf teure Spots zu setzen, um ihre Botschaften übers Fernsehen zu vermitteln.

Nach einer Untersuchung von 1998 in 25 US-Staaten liegt die Wahrscheinlichkeit, dass die Fernsehzuschauer während der Spätnachrichten einen politischen Werbespot zu sehen bekommen, um viermal höher als bei politischen Reportagen. Und das Center for Media and Public Affairs fand heraus, dass die Abendnachrichten dem US-Präsidentschaftswahlkampf 2000 rund 30 Prozent weniger Sendezeit widmeten als der Kampagne im Jahr 1996 (die gegenüber 1992 bereits 50 Prozent weniger Aufmerksamkeit fand). Während der Vorwahlen, in denen der Präsidentschaftskandidat der Demokraten und der Republikaner ermittelt wird, widmeten die großen kostenlosen US-Kanäle – ABC, CBS und NBC – den Aussagen der Kandidaten durchschnittlich nur 30 Sekunden Sendezeit am Abend. Ein historisches Novum in diesem Wahlkampf war der drastisch gestiegene Einsatz der neuen Informationsmedien: Kabelfernsehen und Internet. Problematisch daran ist, dass ein Viertel der Amerikaner kein Kabelabonnement besitzt und die Hälfte nicht surft.[47]

Elektronische Flugblätter contra Werbespots

Politische Werbespots sind indes kein Privileg von Politikern des Establishments. Auch Protestbewegungen nutzen sie anstelle von Flugblättern. Da der Durchschnittsamerikaner täglich drei bis fünf Stunden vor seinem Fernsehapparat verbringt, gründeten einige linke Publizisten Anfang der achtziger Jahre in Kalifornien eine Werbeagentur, die sie in Erinnerung an die Megafone der Anti-Vietnamkriegs-Demonstrationen »Loudspeaker« nannten.

Ihre *elektronischen Flugblätter* waren eine Art »televisueller Guerilla«. Die gegen den Strom der Zeit schwimmenden Werbespots kontrastierten auffällig mit dem vollgestopften Einerlei der herkömmlichen Reklamesendungen. Geschickt vertraten die »Lautsprecher« die Anliegen von Umweltschutzorganisationen, Stadtteilinitiativen und ethnischen Minderheiten und attackierten die Erdölkonzerne. »Die wichtigste Aufgabe der ›Loudspeaker‹ lautete Aufklärung. Man wollte die Bürger und

---

47 Paul Taylor, »Les débats de fond tués par la pub«, *Mother Jones*, wiederabgedruckt in *Courrier international*, 27. Juli 2000.

die oppositionellen Gruppen davon überzeugen, dass das Fernsehen eine durchaus nicht unzugängliche Tribüne darstellt, dass eine wohl durchdachte, knapp formulierte und spektakuläre Fernsehbotschaft wesentlich wirkungsvoller und nicht unbedingt teurer ist als ein Zeitungsartikel oder ein Flugblatt.«[48]

»Loudspeaker«-Gründer William Zimmermann, Professor für Psychologie und Vietnamkriegsgegner, meinte, man brauche sich nicht zu schämen, auf Werbespots zurückzugreifen, um sich Gehör zu verschaffen: »Die fortschrittliche Klasse Amerikas hat heute keine andere Wahl: Entweder sie wird vom System zerstört oder – was wir endlich begriffen haben – sie zerstört das System mit seinen eigenen Waffen.«[49]

Das ist natürlich leichter gesagt als getan. Die »Loudspeaker« ereilte dasselbe Schicksal wie alle anderen Protestbewegungen, die den »Feind mit seinen eigenen Waffen schlagen« wollten: Sie wurden Gefangene eben dieser Waffen des Feindes. Nicht anders wird es wohl jenen ergehen, die zu Beginn des neuen Jahrtausends alles auf die Karte des Internets setzen.

Der Schriftsteller Frédéric Beigbeder hält fest: »Das Prinzip der Werbung besteht gerade darin, alles und jedes zu recyceln, die Rebellen eingeschlossen.«[50] So tauchten in der Werbung für die »Internet-Revolution« in letzter Zeit Symbole wie Hammer und Sichel (Selftrade) oder die Konterfeis revolutionärer Führer wie Marx (UFF-Bank), Lenin (Liberty Surf), Mao (UFF-Bank), Zapata (Liberty Surf) und Che Guevara (Liberty Surf) auf.

---

48 Sylvie Crossman, »Publicité télévisée pour contestataires«, *Le Monde,* 4. Mai 1980.
49 Ebd.
50 *Le Figaro,* 7. September 2000.

Frédéric Beigbeder schreibt hierzu: »In den Diktaturen von einst hat man die Freiheit des Wortes beschnitten, die Meinung Andersdenkender zensiert, Schriftsteller eingesperrt und umstrittene Bücher verbrannt. In den schönen Zeiten mit den schlimmen Scheiterhaufen konnte man die Guten und die Bösen noch auseinander halten. Im Totalitarismus der Werbung kann keiner seine Hände mehr in Unschuld zu waschen. Dieser Faschismus hat aus seinen Schlappen gelernt [...]. Zur Versklavung der Menschheit hat die Werbung die Mittel der Niveaulosigkeit, der Schmeichelei und der Überredung gewählt. Wir leben im ersten System der Herrschaft des Menschen über den Menschen, gegen das selbst die Freiheit nichts ausrichten kann. Im Gegenteil, es setzt ganz und gar auf die Freiheit, seine größte Entdeckung. Jede Kritik lässt es besser dastehen, jedes Pamphlet nährt die Illusion seiner heuchlerischen Toleranz. [...] Das System hat sein Ziel erreicht: Auch der Ungehorsam ist eine Form des Gehorsams geworden.«[51]

Die Politik vergessen

Der Werbespot als Hauptform der modernen Kommunikation ist in mancher Hinsicht als pervers zu bezeichnen. Er wendet sich an Konsumenten wie Nichtkonsumenten, er verkauft einfach alles an alle. Als sei die Massengesellschaft keine Klassengesellschaft. »Im Kontrast zur beängstigenden Wirklichkeit, die das Fernsehen ins Haus bringt, evoziert die Werbung eine Idealwelt, gereinigt von aller Tragik, ohne unterentwickelte Länder und Atombombe, ohne Bevölkerungsexplosion und Krieg, eine

---

51 Frédéric Beigbeder, *Neununddreißig neunzig,* Rowohlt, Reinbek bei Hamburg 2001.

unschuldige Welt, freundlich, licht, optimistisch und paradiesisch.«[52]

Sidney Blumenthal – der sich vor gut 20 Jahren durch eine kompromisslose Analyse[53] der Bedeutung von politischem Marketing und Meinungsumfragen in Wahlzeiten hervortat und sich anschließend als Public-Relations-Berater von US-Präsident Clinton profilierte – macht den Profilverlust der politischen Parteien dafür verantwortlich, dass ihre Berater für Öffentlichkeitsarbeit ebenso gut für die Konkurrenz arbeiten könnten. »Ihre professionellen Techniken lassen sich für jedwedes Ziel an jedwedem Ort gebrauchen. Wichtig sind nur die Randbedingungen, das Programm oder der Kandidat ist kaum von Bedeutung.«[54]

Das *Wall Street Journal* analysiert diesen Wandel folgendermaßen: »Das Ende des Kalten Kriegs und die damit einhergehende Ausbreitung von Demokratie und Marktwirtschaft haben bewirkt, dass sich die politischen Koordinaten in die Mitte verschoben haben, wie es in den Vereinigten Staaten schon lange der Fall ist. Das Ergebnis ist, dass die Wahlkämpfe im Ausland in Stil und Inhalt denen in Amerika immer ähnlicher werden. So wie der freie Warenaustausch und die Öffnung der Kapitalmärkte eine Ökonomie im Weltmaßstab hervorgebracht haben, so orientiert sich das politische Leben von kulturell höchst unterschiedlichen Ländern zunehmend an dem, was Präsident Clinton die ›unausweichliche Logik der Globalisierung‹ nennt.«[55]

---

52 Louis Quesnel, »La publicité et sa philosophie«, *Communications,* Nr. 17, Paris (Le Seuil), S. 61.
53 Sidney Blumenthal, *The Permanent Campaign,* New York (Simon & Schuster) 1980.
54 Dazu Serge Halimi, »Politischer Berater – ein Metier ohne Grenzen«, a. a. O.
55 *The Wall Street Journal,* 24. März 1999; zit. n. Serge Halimi, ebd.

Marshall McLuhan zitiert ironisch einen Armeeoffizier seines Landes, der gesagt habe, »demokratische Freiheit [bestehe] weitgehend darin, Politik zu übergehen und sich dafür wegen drohendem Haarausfall, behaarten Beinen, Darmträgheit, Hängebrust, Kieferschwund, Übergewicht und schlechtem Blut Sorgen zu machen«.[56]

Wunschmaschinen

Die Globalisierung macht sich bis in den Stil der Werbespots hinein bemerkbar. Nehmen wir zum Beispiel den Spot für Budweiser-Bier, in den Vereinigten Staaten ein regelrechter Kultfilm, der auf dem »International Advertising Festival« in Cannes im Juni 2000 mit dem Grand Prix ausgezeichnet wurde. Er zeigt einen »jungen Mann mit dümmlichem Gesichtsausdruck, vor dem Fernseher hingefläzt auf seinem Sofa, in der Hand ein Bier, das Handy am Ohr, in das er hineinbrüllt: ›Waaaassssaaaah?‹ (eine Verballhornung des französischen ça va?)«.[57] Von 9000 Reklamespezialisten zum besten Werbefilm des Jahres gekürt, nimmt »dieses Konzentrat des entgleisten Humors, das die gesamte amerikanische Jugend in Begeisterung versetzt, die Werbung des 21. Jahrhunderts vorweg«.[58] Gefühl, Spaß, Lust am Zusammensein – die Werbung lässt nichts unversucht, um auf ihre Weise universelle Geltung beanspruchende Werte zu produzieren. Marie-Catherine Dupuy, Creative Manager der Pariser Werbeagentur BDDP@TBWA, meint: »Es ist inzwischen unmöglich, die geografische Herkunft einer Werbung zu erraten.«

56 Marshall McLuhan, *Die magischen Kanäle (»Understanding Media«)*. Econ-Verlag, Düsseldorf/Wien 1968.
57 *Le Point,* 7. Juli 2000.
58 Ebd.

Sosehr sich die einzelnen Werbebotschaften inhaltlich widersprechen und einander aufheben, so sehr betonieren die fiktionalen Plots ideologische Klischees, die sowieso schon weit verbreitet sind. Sie installieren eine veritable Wunschmaschine.

Nach einer Umfrage des französischen Meinungsforschungsinstituts IREP von 1999 wollen 75 Prozent der Franzosen keine Gewalt in der Werbung, 65 Prozent keine Inszenierungen des Todes, 63 Prozent kein Leiden. Sex – im Unterschied zur oft suggerierten Sexualität[59] – und Nacktheit sind für 55 beziehungsweise 35 Prozent der Franzosen nach wie vor tabu.

Obwohl zwischen den einzelnen Reklamespots Markenkonkurrenz besteht, verbreiten sie langfristig gesehen durch ihre schiere Häufung einen einförmigen Diskurs über gemeinsame Werte. Unentwegt wiederholt und überspitzt die Werbung die großen Mythen unserer Zeit: Modernität, Jugend, Glück, Freizeit, Überfluss. Sie produziert eine kulturelle Umwelt, in der immer wieder dieselben schlagkräftigen Ideen auftauchen.

Die Frau zum Beispiel bleibt gefangen in einer Sprache, die sie in der Regel als Lustobjekt oder häusliches Wesen be-

---

59 »Bereits 1905 zeigte die Spaghetti-Packung der Marke Pol eine nackte Frau. 1976 streichelte eine weibliche Hand den Hals einer Flasche Perrier, bis das Mineralwasser herausspritzte. 1980 versprach die überaus schöngesäßige Myriam ihre Strumpfhose auszuziehen. Die Überwachungsstelle für Werbung (BVP), die vor der Ausstrahlung jeder Fernsehwerbung ein beratendes Votum abgibt, verzeichnete unter den 1000 überprüften Werbefilmen 15 Spots mit »deutlich sexuellen Konnotationen«, während es in den Jahren zuvor nur ein oder zwei waren.« (Catherine Sabbah, »Quand la pub fait joujou avec le sexe«, *Capital,* Paris, Februar 2000)

schreibt. Sie wird bedrängt, man macht ihr Schuldgefühle, zieht sie für den Schmutz im Haus und in der Wäsche zur Rechenschaft, für die Falten in ihrem Gesicht, das Altern ihrer Haut und die Gesundheit und den sauberen Hintern ihrer Kinder, für die kulinarische Zufriedenheit ihres Mannes und den sparsamen Umgang mit dem Haushaltsgeld. Ob im Büro oder in der Küche, am Strand oder unter der Dusche, in jeder Lebenslage unterliegt sie dem prüfenden Blick des Mannes. »Emanzipiert« sie sich durch außerhäusliche Arbeit, ist er da und wacht über die Bräune ihrer Haut, den Geruch ihrer Achselhöhlen, den Glanz ihres Haars, die Frische ihres Atems, das Relief ihres Büstenhalters, die Farbe ihrer Strumpfhose.

Stereotypen des Bekannten und Fremden

Die Exotik im Werbespot bedient sich der althergebrachten Völkerpsychologie und mauert die Männer und Frauen aus fremden Landen, die oft schon an den Toren unserer Städte beginnen, in vorgeblich ewige Verhaltensweisen ein. Die Landwirte, die sich für die Naturbelassenheit und Echtheit bestimmter Lebensmittel (Käse, Wein, Wurstwaren) verbürgen, sprechen stets mit starkem Dialekt. Spielt die Werbung auf ein fernes Land an, wird dem Zuschauer ein Bilderbogen vorgesetzt, der von konsternierendem Paternalismus zeugt.

Die Werbung reduziert alles, was ihr unter die Finger kommt. Sie ist ein Kind der Bewusstseinsindustrie, die den Menschen ein schematisch verdichtetes Bild vom Leben vorgaukelt. Sie versteinert die soziale Vielfalt zu unabänderlichen Stereotypen und fungiert als Mittel der Unterwerfung. Sie ist normativ, schreibt Verhaltensmuster vor, diktiert kollektive Lebenseinstellungen. Von politischen Auseinandersetzungen will sie ebenso wenig wissen wie von sozialen Konflikten. Sie lädt den Zeitgeist euphorisch auf und zerstäubt alle Probleme. Vor allem aber wirkt sie als großer Akkulturator.

Katastrophenfilme als Krisenfantasien

Die Ängste wandeln sich in der Geschichte
der Gemeinwesen, die Angst bleibt.
JEAN DELUMEAU

Wenn eine alte Wirtschaftsordnung Risse bekommt, ins Wanken gerät und zusammenzubrechen droht, erhebt sich unweigerlich ein Nebel von soziokulturellen Zeichen, in denen sich
die Besorgnis, Ratlosigkeit und Angst der Nutznießer dieser
Ordnung zu erkennen geben. In ihrer Verirrung und Verwirrung
kommen die Bessergestellten meist nicht auf die Idee, die Logik
und die Prinzipien ihres Systems in Frage zu stellen, da ihnen
Selbstkritik von Haus aus fremd ist. Lieber suchen sie die stets
als »unvorhersehbar« bezeichneten Gründe woanders, um sich
die Schwierigkeiten und Kalamitäten, in denen sie sich befinden, zu erklären. Groß ist dann die Versuchung, dunkle Kräfte,
geheime Mächte, Magie und Irrationalität am Werk zu sehen.

Nach dem »Ölpreisschock« Anfang der siebziger Jahre
blühte diese Sorte magischer Erklärungen in allen Bereichen.
Vor allem über den Kinofilm erreichte uns ein verzerrtes, un-
deutliches Echo vom nicht enden wollenden Ächzen im Gebälk
der meisten westlichen Volkswirtschaften. Zumal aus den Vereinigten Staaten schallte es zu uns herüber, wo nach einer Reihe
fast gleichzeitig auftretender politischer Krisen (Vietnam, Wa-
tergate, Rassenunruhen, Dollarverfall, Ölkrise) zu allem Überfluss noch die Konjunktur einbrach und für ernste Beunruhigung sorgte.

Soziologische Indikatoren

Nach dem altbekannten Vorgang der Verschiebung machte sich Hollywood nun an die Produktion von Filmen, in deren Mittelpunkt der unversehens hereinbrechende Weltuntergang, eine Plage, ein Unheil, eine Katastrophe standen, die die labile Harmonie des Gemeinwesens aus dem Gleichgewicht bringen. Diese Katastrophen, so meinen wir, erfüllen die Funktion eines veritablen Angstobjekts, das der Zuschauerschaft die Möglichkeit bietet, ihre aus einer traumatischen Erfahrung hervorgegangenen realen Ängste und Nöte zu verorten, einzugrenzen, abzuspalten.

Dass der Kinofilm die Qualität eines soziologischen Indikators hat, wird kaum jemand bestreiten wollen. Die Analyse des Films und seiner Zeichensprache (in seinem Aufbau, seiner Erzählung, seiner Form oder Ökonomie) gestattet es uns, die impliziten Tendenzen der Gesellschaft, die ihn hervorbrachte, recht genau zu bestimmen.[1] Als kulturelle Hervorbringung ist der Film einer der bedeutendsten gesellschaftlichen Gradmesser.

Wir denken, dass ein fiktionales Werk in einem engen Verhältnis zu seinem historischen Umfeld steht und dass der Versuch, »diesen Zusammenhang zu verstehen, dem künstlerischen Wert eines Werks keinen Abbruch tut«[2].

Es ist von daher nur natürlich, dass gesellschaftliche Konfliktsituationen (beispielsweise in Wirtschaftskrisen) oder Zei-

---

1 Dazu Siegfried Kracauer, *Von Caligari zu Hitler*, Suhrkamp Verlag, Frankfurt a. M. 1999; Annie Goldmann, *Cinéma et société moderne*, Denoël-Gonthier, Paris 1984; Marc Ferro, *Analyse de films, analyse de sociétés*, Hachette Paris 1976; Pierre Sorlin, *Sociologie du cinéma*, Aubier, Paris 1977.
2 Edward W. Said, *Culture & imperialism*, Vintage, London 1994.

ten technologischer Umbrüche (wie im Übergang vom 20. zum 21. Jahrhundert) spezifische Erzählungen hervorbringen, die die großen Ängste, Phobien und trüben Zukunftsperspektiven direkt oder indirekt, latent oder manifest zum Ausdruck bringen.

Die Geschichte des Kinofilms bestätigt diese These. So fallen die deutschen Filme des Expressionismus – *Das Kabinett des Dr. Caligari* von Robert Wiene (1920), *Der Golem, wie er in die Welt kam* von Paul Wegener (1920), *Nosferatu – eine Symphonie des Grauens* von Friedrich W. Murnau (1920), *Dr. Mabuse, der Spieler* von Fritz Lang (1921), *Varieté* von Edwald A. Dupont (1925), *Metropolis* von Fritz Lang (1926), *M – Eine Stadt sucht einen Mörder* von Fritz Lang (1931) – in die unruhigste Zeit der Weimarer Republik (1919–1933) und künden von der unmittelbar bevorstehenden Machtübernahme durch die Nazis.

Ein anderes Beispiel: Die wild gewordenen Monster und Tiere der Apokalypse des japanischen Films – Godzilla, Gorgo, Gappa, Gaiga, Gamera, Manda, Mothra, Megalon, Rodan – entstanden nach 1945, nach den atomaren Katastrophen von Hiroshima und Nagasaki. Die verstecktesten Ängste, verborgensten Sorgen und bestkaschierten Nöte dieser beiden Zeitabschnitte fanden auf den Kinoleinwänden eine Darstellungsform, die auf die Zuschauer eine merkwürdig kathartische Wirkung ausübte und ihnen eine intensive (mitunter »perverse«) Gratifikation vermittelte.

Hollywood verstand es schon immer, Profit aus gesellschaftlichen Krisen zu schlagen. Mit bemerkenswerter Treffsicherheit fabrizierten die großen US-Filmstudios maßgeschneiderte Erzählungen, die einerseits den jeweiligen Ängsten

Nahrung verschafften, andererseits aber kein Gefühl von Niedergeschlagenheit aufkommen ließen. Die filmische Verarbeitung der Großen Depression von 1929 spricht in dieser Hinsicht Bände. Wir wollen daher etwas näher auf diese Thematik eingehen.

Zensur

Als die Wirtschaft des mächtigsten kapitalistischen Landes infolge des am 29. Oktober 1929 beginnenden New Yorker Börsenkrachs in eine noch nie dagewesene Krise abglitt und die Arbeitslosenzahlen in die Höhe schossen, erlebte die Filmindustrie überraschenderweise einen ebenso beispiellosen Aufschwung. Es begann die große Zeit von Hollywood.

Überall im Land öffneten neue Kinos, und die Zahl der Besucher stieg drastisch an. Grund dafür war auch eine technologische Revolution in der Filmproduktion: Die bisher stummen Bilder hatten sprechen gelernt. An die Stelle des Stummfilms traten zunächst die »Gesangsfilme«, schließlich »hundertprozentige Tonfilme«. Die Filmeinnahmen schnellten in die Höhe, und dies in einem von der Wirtschaftsdepression gebeutelten Land, in dem die immer zahlreicher werdenden Arbeitslosen auf Jobsuche umherirrten, wie John Ford in seinem Film *Früchte des Zorns* von 1940 eindringlich vor Augen führt. Viele von ihnen suchten ihre Probleme im Kino zu vergessen, siehe Woody Allens Film *The Purple Rose of Cairo* (1984).

Die Warner Bros, 1927 fast pleite, konnte ihr Geschäft mit dem Tonfilm erneut konsolidieren. Alle anderen Filmstudios, die weltweit bislang Stummfilme produzierten, zogen unverzüglich nach und erlebten trotz der schrecklichen Finanz- und Gesellschaftskrise einen ungeahnten Aufschwung.

So parierte Hollywood erstens die Rezession und fand zweitens ein wirksames Gegenmittel gegen den latenten Zukunftspessimus der Bevölkerung. Zahlungsunfähigkeit und Bankrott, die das Land wie eine Lawine überrollten, waren in der Traumfabrik unbekannt.

Ein derartiger Erfolg konnte die Finanzwelt nicht gleichgültig lassen, und so kam es, dass die zur Rockefeller-Gruppe gehörende Chase Manhattan Bank und die Atlase Corporation (Morgan-Gruppe) innerhalb kürzester Zeit die Kontrolle über die acht wichtigsten Filmgesellschaften Hollywoods übernahmen und sich auf diese Weise zu Herren über das amerikanische Kino aufschwangen.

Nicht alle jedoch teilten die Begeisterung des Publikums fürs Kinospektakel, das durch den Tonfilm einiges an Realitätsnähe gewonnen hatte. In einer Zeit des allgemeinen Gürtel-Enger-Schnallens und weit verbreiter Not fanden sich puritanische Organisationen, die solchen Enthusiasmus für deplatziert und unanständig hielten. Die »Legion of Decency« etwa forderte den Erlass eines veritablen »Anstandskodex«, anhand dessen überprüft werden sollte, ob die Filme die »amerikanischen Werte« respektierten und als Leitbild anempfahlen.

Auch einige katholische Würdenträger beteiligten sich an der Öffentlichkeitskampagne. Der Erzbischof von Cincinnati (Ohio), Monsignore John McNicholas, erklärte 1933: »Ich schließe mich all jenen an, die gegen diese Bilder protestieren, die eine ernste Gefahr für unsere Jugend, das Familienleben, die Nation und die Religion darstellen.« Im Frühjahr des folgenden Jahres rief der Kardinal von Philadelphia, Monsignore Denis Doughterty, alle amerikanischen Katholiken dazu auf, die von jüdischen Geschäftsleuten dominierte Filmindustrie von Hollywood zu boykottieren. Rund 11 Millionen Gläubige folgten dem Appel.[3]

Die Konsequenzen des Boykotts ließen nicht auf sich warten: Die Kinosäle leerten sich, und die Filmeinnahmen rutschten in den Keller. Unter dem Einfluss ihres Vorsitzenden William Hays[4] bereiteten die in der Motion Picture Producers and Distributors of America Inc. (MPPDA) zusammengeschlossenen Hollywood-Produzenten eine Antwort vor. 1930 verabschiedeten sie einen »Produktionskodex«, der die Beachtung strenger Anstandsregeln vorschrieb (der Entwurf stammte von dem Jesuiten Reverend Daniel A. Lord und dem Journalisten Martin Quigley). Die begleitende Öffentlichkeitskampagne sorgte dafür, dass der Kodex ab 1934 Anwendung fand.

Der so genannte Hays-Kodex überwachte die Einhaltung gewisser Moralvorstellungen (»Nacktszenen können unter kei-

3 Dazu Thomas Doherty, *Pre-Code Hollywood: Sex, Immorality, and Insurrection in American Cinema*, Columbia University Press, New York 2000; Mark A. Vieira, *Sin in Soft Focus: Pre-Code Hollywood*, Harry N. Abrams Ed., New York 2000; Robert Gottlieb, »Quand Hollywood vivait sous la censure«, *The New York Times Book Review*, wiederabgedruckt in *Courrier international*, 3. Februar 2000.

4 William H. Hays (1879–1954), seines Zeichens Rechtsanwalt (im Alter von zwanzig Jahren bereits Minister des Postwesens), gehört nach allgemeinem Dafürhalten zu jenen Persönlichkeiten, die dem amerikanischen Film größten Schaden zugefügt haben. 1922 gründete er die »Hays Organization«, die zur Denunziation aufrief, einen wahren Terror ausübte und als halboffizielle Zensurbehörde fungierte. Sie verfasste den Hays-Kodex, einen Katalog aller erdenklichen Tabus, und setzte sich für dessen Beachtung ein. Zu den extravaganteren Bestimmungen dieses Regelwerks gehörte das Verbot, den Nabel der Frau auf der Leinwand zu zeigen. Die freudsche Erklärung für diese befremdliche Zwangsvorstellung kam im Scheidungsprozess des William Hays ans Tageslicht. Der Anwalt von Frau Hays gab den Richtern zu bedenken, der tugendhafte Zensor sei jahrelang über den Nabel seiner Gattin »hergefallen«. Vgl. *L'Encyclopédie du cinéma*, hg. von Roger Boussinot, Bordas, Paris 1967.

nen Umständen als für die Handlung notwendig erachtet werden«), sollte aber vor allem auch die korrekte Behandlung politischer und sozialer Probleme sicherstellen. Die Umsetzung der Zensurrichtlinien oblag der »Production Code Commission«, der alle Filmproduktionen zur Begutachtung vorgelegt werden mussten. Den Vorsitz führte damals Joseph Breen, ein katholischer Eiferer, der den Kampf für Sittlichkeit und Anstand auf seine Fahnen geschrieben hatte und zwanzig Jahre lang als absoluter Herrscher über die moralischen und politischen Normen Hollywoods wachte.

Seit dem Beginn der großen Wirtschaftskrise, die Millionen von Arbeitslosen zur Wanderschaft zwang und die fortschrittlichen Gewerkschaften nach zehnjähriger Talfahrt wiedererstarken ließ, befand sich somit die gesamte Hollywood-Produktion unter der finanziellen Kontrolle von Bankiers und der politischen Herrschaft der Puritaner.

Aus dieser doppelt gewirkten Kontrolle erklärt sich, weshalb die amerikanischen Filme vor allem während der schwärzesten Krisenjahre – sie fielen mit der Präsidentschaft von Herbert C. Hoover (1929–1933) zusammen – die politischen Probleme der amerikanischen Gesellschaft und der Amerikaner sehr selten direkt ansprachen. Mehr denn je sah sich Hollywood in dieser angst- und sorgenvollen Zeit berufen, Hoffnung zu schaffen, Träume (oder Alpträume) zu fabrizieren.

Der Horrorfilm

Im Schatten der Krise entstand ein neues Filmgenre, in dem die Wirtschaftsdepression symptomatisch verschobenen Ausdruck fand: der »Gangsterfilm« oder Film Noir. Dem Realismus verpflichtet, berührt dieses Genre einige eher deprimierende Aspekte der amerikanischen Gesellschaft. Als prägende Muster seien folgende drei Warner-Produktionen genannt: *Der kleine Caesar* (1930) von Mervyn Le Roy, mit Edward G. Robinson; *Der öffentliche Feind* (1931) von William Wellmann, mit James Cagney; und vor allem *Jagd auf James A.* (1932) von Mervyn Le Roy, mit Paul Muni.

Doch wollen wir uns hier nicht mit dieser Filmsorte beschäftigen – auch nicht mit der Untergruppe der Sträflings- und Gefängnisfilme wie *Hölle hinter Gittern* (1930) von George Roy Hill –, die den Zusammenhang zwischen Krise, Arbeitslosigkeit, Revolte und Straffälligkeit nur zu deutlich vor Augen führt. Erinnert sei vielmehr an ein anderes Filmgenre, das ebenfalls aus der Krise hervorging. Ein eher neurotisches Genre, bestimmt für die städtische Bevölkerung, zu einem Großteil europäische Einwanderer, die auf der Suche nach Eldorado nach Amerika gekommen waren und sich plötzlich in bitterster Not wiederfanden und ums Überleben zu kämpfen hatten. Ein Genre, das sich an all jene wandte, die die *Roaring Twentys* in blinder Euphorie durchlebt hatten, in dem Glauben, nichts könne den wachsenden Wohlstand in Gefahr bringen, und die nun mit Schrecken erleben mussten, wie Panik und Ratlosigkeit sich im trauten Heim breit machten. Kein anderes Genre brachte die Psychologie der Krise besser auf den symptomatischen Punkt als der Horrorfilm.

Dracula von Tod Browning (1931), *Frankenstein* von James Whale (1931), *Dr. Jekyll und Mr. Hyde* von Rouben Mamoulian (1931), *Freaks* von Tod Browning (1932), *Die Insel des Dr. Moreau* von Erle C. Kenton (1932), *Die Mumie* von Karl Freund (1932), *Graf Zaroff – Genie des Bösen* von Ernest B. Schoedsack und Irving Pichel (1932), *King Kong und die weiße*

Frau von Merian C. Cooper und Ernest B. Schoedsack (1933) – der Horrorfilm mit seinen unmenschlichen Geschöpfen und monströsen Kreaturen lässt den Alltag in all seiner grauen Banalität gleich freundlicher, fast schon gastfreundlich erscheinen. Im Vergleich zu dem Schrecken, den diese Filme einflößen, zeigt sich die alltägliche Not plötzlich als durchaus liebenswert, lebbar, auf jeden Fall erträglich.

Der Horrorfilm mit seinen Schockeffekten und seiner eigensinnigen Poesie kanalisiert die Ängste und die Orientierungslosigkeit der Zuschauer. Er lenkt sie ab, zieht sie in seinen Bann, lässt sie vor Schrecken aufschreien, um sie schließlich durch das unvermeidliche Happy End zu versöhnen, auch und gerade mit einer gesellschaftlichen Realität, die, obgleich voller Schwierigkeiten und Probleme, nie so schrecklich sein wird wie jene gefilmten Alpträume.

Aufgrund seiner untergründigen Verwandtschaft mit der Wirtschaftskrise, vor allem aber weil er den Zuschauer in seinen geheimsten Fantasmen anspricht und ihn in dem berührt, was man seine affektiven Grundzustände nennen könnte (Angst, allein gelassen zu werden, Identitätsverlust, Angst vor Persönlichkeitszerfall, Kastrationsangst, Todestrieb usw.), ist der Horrorfilm vermutlich eine privilegierte Erzählform der Krise. Panik, Angst, Kopflosigkeit, Ratlosigkeit, Schrecken – immer wieder bemühten die Medien diese Worte, um die Auswirkungen der Wirtschaftsdepression auf die Amerikaner zu beschreiben.

Die Bilderwelt der Angst

1931 drehte James Whale im Auftrag von Universal *Frankenstein* mit Boris Karloff in der Rolle des Geschöpfs. Der Erfolg dieser Filmbearbeitung des berühmten Romans von Mary Shelley, eines Klassikers der fantastischen Literatur aus dem Großbritannien des 19. Jahrhunderts, ließ nicht auf sich warten. Ganz Amerika rannte in die Kinos, um sich am Schrecken zu weiden und ihn zu exorzieren.

Im selben Jahr drehte Tod Browning *Dracula* nach dem gleichnamigen Roman von Bram Stoker, mit Bela Lugosi in der Rolle des Blut saugenden Grafen. Die Kamera führte mit gewohnter Bravour der deutsche Kameramann Karl Freund, der im Deutschland des Expressionismus mit den bedeutendsten Filmemachern seiner Zeit zusammengearbeitet hatte: Friedrich Murnau, Ewald A. Dupont und Fritz Lang[5]. Karl Freund – der 1932 *Die Mumie* drehte – verkörpert gewissermaßen das Bindeglied zwischen dem expressionistischen und dem Horrorfilm, zwei Höhepunkte in der frühen Filmproduktion, die jeder auf seine Weise eine gesellschaftliche Panikstimmung zum Ausdruck zu bringen suchten.

Nach diesen Anfangserfolgen produzierte Hollywood zahlreiche weitere Horrorfilme, darunter *Dr. Jekyll und Mr. Hyde* (1931), *King Kong und die weiße Frau* (1933) und viele andere. Erwähnt sei, dass die meisten dieser Filme unter dem Eindruck der Krise der siebziger Jahre als Remake herauskamen.

Innerhalb weniger Jahre – sie fallen mit dem Höhepunkt der Wirtschaftsdepression der dreißiger Jahre zusammen – fanden sämtliche großen Mythen des Horrorfilms ihren sozusagen endgültigen filmischen Ausdruck. Vor den ungläubigen Augen verzweifelter Arbeitsloser nahmen auf der Leinwand der Kino-

---

5 Karl Freund führte die Kamera u. a. in *Der letzte Mann* von F. W. Murnau (1924), *Varieté* von E. A. Dupont (1925) und *Metropolis* von Fritz Lang (1926).

säle sämtliche Angstvorstellungen kindlicher Alpträume Gestalt an. Doch der Hays-Kodex hatte daran nichts auszusetzen.

Dabei repräsentieren diese Schrecken erregenden Erzählungen besser als jeder »gesellschaftskritische Film« die Vorstellungswelt eines Amerika, das eine akute Angstneurose durchlebt. Diese Filme antworten auf die Ängste der damaligen Zeit – und steigern sie ins Hysterische. Sie bilden ein veritables Enteignungsritual ab, an dem die Zuschauer teilnehmen, um sich von ihren Alltagssorgen – Arbeit, Geld, Gesundheit, Unterhalt – zu befreien.

Die Traumfabrik Hollywood mutierte zur Brutstätte von Alpträumen, und dieser Gestaltwechsel erwies sich als durchaus profitabel. Der amerikanische Kapitalismus, den die marxistische Kritik als karikatureske Vollendung des Warenfetischismus beschrieben hat, erleichterte sich den Durchgang durch die Krise, indem er dem Publikum neue, primitivere Fetische anbot, deren Namen allbekannt sind: Frankenstein, Dracula, King Kong, die Mumie, den Werwolf usw. Der Psychoanalytiker Roger Dadoun schreibt: »Es ist, als würde das geschwächte Wirtschaftssystem im Prozess der Fetischisierung durch die soziokulturelle Industrie (hier den Kinofilm) abgelöst.«[6]

Die Wirtschaftskrise von 1973

Die Wirtschaftskrise der siebziger Jahre war zwar nicht weniger umfassend als die Krise von 1929, zeigte aber nicht dieselben Merkmale, weil die Wirtschaft nicht mehr so anarchisch

6 Siehe hierzu den grundlegenden Beitrag von Roger Dadoun, »Le fétichisme dans le film d'horreur«, *Nouvelle Revue de Psychanalyse* 2 (Herbst 1970).

funktionierte wie vor 1930. Doch so »modern«, »leistungsfähig«, »technisiert«, und »rational« sie sich auch gerierte und so selbstbewusst sie sich auf sämtliche »wissenschaftliche« Erkenntnisse der Ökonometrie und Informatik stützen mochte, nichts konnte verhindern, dass auch sie ins Wanken geriet und einzustürzen drohte.

Die durch den Anstieg des Ölpreises im Herbst 1973 ausgelöste Krise spielte vor dem Hintergrund der damals beginnenden wissenschaftlich-technischen Revolution und des Einsatzes neuer Technologie. Im Gefolge verzeichnete die amerikanische Wirtschaft jahrelang ein Nullwachstum, und der Lebensstandard der Mittelschichten sank erneut auf das Niveau von 1969.

Zusätzlich belastet wurde die innenpolitische Situation durch zwei Ereignisse von erheblicher Tragweite: die militärische Niederlage – die erste in der Geschichte der Vereinigten Staaten – in Vietnam und Kambodscha und der ungeheure Watergate-Skandal, der schließlich zur Amtsenthebung von Präsident Richard Nixon führte.

So mündeten die von Arroganz gezeichneten sechziger Jahre zur Verwunderung der Allgemeinheit in erneute Arbeitslosigkeit, eine militärische Niederlage und einen politischen Skandal. Mit einem Mal waren drei Gewissheiten, drei Grundpfeiler der Macht Amerikas erschüttert: die Allmacht der Streitkräfte, der Vorbildcharakter des Präsidenten und die Unangreifbarkeit des Dollars.

Der kumulierte Effekt dieser aufeinander folgenden Brüche in der amerikanischen Gesellschaft illustrierte sich auf höchst einfältige, primitive Weise im Medium eines neuen Filmgenres: des Katastrophenfilms.

Amerika und seine Dämonen

Erinnern wir uns, dass sich die meisten großen Filmgesellschaften Hollywoods Anfang der siebziger Jahre erneut in einer kritischen Lage befanden. Zahlreiche Studios wurden geschlossen, Kulissen und Kostüme versteigert, Unternehmenssitze nach New York verlegt. Die meisten Produktionsgesellschaften – mit Ausnahme der 20th Century Fox, inzwischen vom australisch-amerikanischen Milliardär Rupert Murdoch aufgekauft – waren bereits in multinationalen Konzernen[7] aufgegangen, hatten dadurch vielfach ihr Profil eingebüßt und produzierten nun auch Fernsehfilme, Schallplatten oder Bücher. Wie 1929 war es auch 1973 paradoxerweise die Krise, an der sich Hollywood gesundstieß. Und dieses Mal auf nachgerade spektakuläre Weise.

Es war eine Zeit, in der eine neue Generation von Produzenten von sich reden machte. Sie fanden zu der Einschätzung, dass sich die anfängliche Fernseheuphorie weitgehend verlaufen hatte, mehr noch: dass die Flimmerkiste bei der Jugend als Sinnbild familiärer Enge und allgemeiner Verblödung galt. Die neue Produzentengeneration ahnte, dass dem Kino eine glänzende Zukunft bevorstand. Mit einem bemerkenswerten Gespür für gesellschaftliche Vorgänge fühlten sie, wie sich im krisengeschüttelten Amerika politisch, wirtschaftlich und moralisch Ratlosigkeit breit machte. Sie sahen das Amerika von Richard Nixon in den Klauen von Dämonen (William Friedkin drehte *Der Exorzist*), von dunklen Kräften unterminiert, in eine

---

7   *Universal* ging 1962 in dem Konzern Music Corporation of America auf, *Paramount* 1966 in Gulf and Western, *United Artists* 1967 in der Transamerica Corporation, *Warner Bros* 1969 in der National Kinney Corporation und *Metro Goldwyn Mayer* 1969 in der Kirk Kerdonian Inc.

unentwirrbare Situation verstrickt, von der Technologie im Stich gelassen. Und so arbeiteten sie aus den verdrängten Kollektivängsten tastend die dominierenden Erzählplots dieser Zeit heraus und schufen die Superproduktionen der neuen Krise.

Eine mythische Erzählung

Im Dezember 1972 kam in New York die Verfilmung eines Romans von Paul Gallico in die Kinosäle: *Die Höllenfahrt der Poseidon.* Der von dem britischen Regisseur Ronald Neame gedrehte Film wurde zum Vorbild einer ganzen Reihe weiterer Katastrophenfilme. Produzent Irwin Allen hatte entschieden, nicht groß die Werbetrommel zu rühren, um die Reaktion des Publikums zu testen. Tatsächlich übertraf der Film alle Erwartungen, und die Filmbranche rieb sich verwundert die Augen.

Die ausschließlich mit Schockelementen arbeitende Superproduktion offenbarte eine unbefriedigte Nachfrage nach Krisenerzählungen. Flugs spannte Hollywood den später als *Poseidon Inferno* bekannt gewordenen Film vor den Karren, suchte die Marktlücke zu schließen und verhalf der Filmproduktion in Anknüpfung an die große Vorkriegstradition zu einem neuen Aufschwung. Der damalige Leiter der Abteilung Auslandsmarketing bei 20th Century Fox, Emile Buyse, erklärte einige Jahre später: »Der Wiederaufstieg des amerikanischen Films begann mit der *Höllenfahrt der Poseidon,* einem Film, in dem das Publikum auf seine Kosten kam.«[8]

Auf welche Kosten? Erinnern wir uns an die Handlung: Ein Linienschiff namens *Poseidon,* von Amerika kommend nach

8 *Le Film français,* 25. März 1977.

Griechenland unterwegs, wird von einer gigantischen Welle erfasst und treibt kieloben im Mittelmeer. Die meisten Passagiere kommen bei der Katastrophe ums Leben. Während das Schiff langsam sinkt, schart sich eine kleine Gruppe Überlebender um einen Priester und einen Polizisten. Ständig durch Wassereinbrüche und Brände bedroht, schlägt sich die Gruppe durch die überfluteten Korridore mühsam von Luftblase zu Luftblase bis in den Maschinenraum durch, in der Hoffnung, dort einen Ausweg zu finden. Schließlich werden die Überlebenden von einem Hubschrauber der Marine geborgen.

So simpel und einfältig der Plot gestrickt ist, stellt er gleichwohl eine veritable mythische Erzählung dar, die den tieferen Sinn des historischen Augenblicks zum Ausdruck bringt. Die interpretatorische Bemühung der mythischen Erzählstruktur scheint durch den Titel des Films vollauf gerechtfertigt (Poseidon ist in der griechischen Mythologie der Herr der Meerestiefen und der unterseeischen Beben). Und dass der Plot mit Reverend Franck Scott einen Priester – einen Mittler zu einem Gott – in die Hauptrolle befördert, beseitigt vollends alle Zweifel.

Zu Beginn des Films, also noch vor der Katastrophe, predigt der von Gene Hackman dargestellte Pastor von der Brücke aus zu den Passagieren und klärt den Zuschauer über die Teleologie des Films auf: »Ein jeder kämpfe für sich selbst, dann wird Gott in euch an eurer Seite kämpfen. Gott liebt die Sieger, nicht die Besiegten.« Im Klartext: Der Pastor wirft Amerika, dem eigentlichen Adressaten der Predigt, Willensschwäche, mangelnde Entschlossenheit, allgemeine Verweichlichung und vor allem Ursprungsvergessenheit vor. Er legt den Amerikanern in seiner langen Rede ans Herz, »umzukehren«, um die verfahrene Lage wieder »in

Ordnung zu bringen«.[9] Kaum war der Satz gesprochen, rollte die Welle heran, und das Unglück nahm den Pastor beim Wort.

Die Kodizes der folgenden Handlung knüpfen sämtlich an diesem zentralen Bedeutungskern an. Hier ist insbesondere an die Vorstellung von Wiedergeburt und Erneuerung zu denken, wie sie klar und deutlich aus dem Zeitpunkt der Katastrophe spricht: Es ist Mitternacht am letzten Tag des Jahres, der Namenstag des heiligen Silvester, ein Moment des Bruchs, des Innehaltens und also der möglichen Regeneration (Feste sind auch Augenblickc größtmöglicher Sorglosigkeit und Verantwortunglosigkeit). Die Idee der Erneuerung wird zumal durch den langen Aufenthalt der Überlebenden im *Bauch* des Linienschiffs unterstrichen, in den Lüftungs*kanälen*, die Assoziationen an Reifung, Inkubation, Werden wecken. Gleiches gilt für die Schlusssequenz, als die Rettungsmannschaften die Entkommenen ans Tageslicht holen, sie durch einen regelrechten Kaiserschnitt am Schiffsleib »gebären«.

Stark präsent ist der Gedanke des Auserwähltsein. Mit Blick auf ihn selektiert der Plot die zehn Hauptdarsteller, die nach der Katastrophe beschließen, dem Pastor zu folgen: Sie sind die »Auserwählten«. Diejenigen hingegen, die dem Hirten die Gefolgschaft verweigern, kommen wie in der alttestamentarischen Überlieferung in einem riesigen Wassergrab um, einer Art Sintflut, die die »Ungläubigen« der gerechten Strafe zuführt. Die kleine Gruppe der Auserwählten aber kann sich in Sicherheit bringen, indem sie einen Weihnachtsbaum erklettert – der bekanntlich Leben und Erneuerung symbolisiert.

9   Letzteres wird einige Jahre später auch US-Präsident Ronald Reagan seinen Landsleuten empfehlen. So titelte *Le Monde* vom 6. November 1980 mit der Schlagzeile: »Präsident Reagan will ›Amerika wieder aufrichten‹.«

Auf dem langen gefahrenreichen Weg durch den Schiffsleib fungiert Reverend Scott als Prophet und Führer der Auserwählten. Er geleitet sie durch das Labyrinth des Schiffsinneren ins Gelobte Land. Diese Reise durchs Labyrinth – die dem Weg durch das fiktive Labyrinth am Eingang mancher Kirchen, beispielsweise in der Kathedrale zu Chartres, nachempfunden ist – kommt symbolisch einer reinigenden Pilgerfahrt, einer Bußübung gleich (zuvor müssen sich übrigens einige Gruppenmitglieder, vor allem Frauen, einem Ritual der Enteignung, der Entblößung, der Demutsbezeugung unterziehen).

Bei der Wahl der zehn Auserwählten bleibt nichts dem Zufall überlassen; sie geschieht nach ganz bestimmten geistlichen Kriterien. Drei Gruppenmitglieder sind Kinder und befinden sich also im Alter der Unschuld. Zwei weitere sind bereits Pilger im eigentlichen Wortsinn, denn sie waren unterwegs nach Israel, dem »Gelobten Land« des Alten Testaments. Das sechste, eine Art heilige Magdalena, ist eine Prostituierte, die sich zu allen Sühneopfern bereit zeigt. Ein weiteres Gruppenmitglied namens Martin übt sich in permanenten Demutsbezeugungen und verteilt Stück um Stück seinen symbolischen Mantel. Die beiden letzten schließlich beschützen die Herde: der Pastor als geistliches Oberhaupt und der Polizist als Hilfskraft (gespielt von Ernest Borgnine).

Interessant ist in diesem Zusammenhang, dass sich die Überlebenden insgesamt in drei Gruppen teilen und sich verschiedenen Instanzen unterstellen, als da sind: die rechtmäßige Autorität, die medizinische Wissenschaft und die individuelle Initiative.

Die größte Gruppe hört auf die Befehle des Bordoffiziers, sich nicht vom Platz zu rühren und auf Hilfe von außen zu warten: Sie ertrinken alle. Die zweitgrößte Gruppe folgt dem Arzt, der vorschlägt, nach vorne zu gehen, sich zum Bug vorzukämpfen: Auch sie gehen unter. Nur eine kleine Gruppe folgt dem Pastor und dem Polizisten, die der Meinung sind, das Heil liege auf dem Weg zurück, zum rückwärtigen Teil des Schiffes: Nur sie, die weder auf der Stelle treten noch dem Fortschritt huldigen wollten, werden errettet.

Als weitere Themen, die sich mit den soeben beschriebenen Leitgedanken überschneiden, zeigen sich die Reinigung und das Opfer (nur weil sich einige Mitglieder aufopfern, kommt die Gruppe überhaupt voran). Des Weiteren die Aszension (Aufstieg, Himmelfahrt), die durch die Vertikalität der Flucht unterstrichen wird, den Aufstieg über Rampen, Leitern und Rohre, hinan zu dem Ort, an dem sich die Schiffsschraube befindet (die Schraube als mathematische Figur der Unendlichkeit ist hier als Symbol des Heils, des ewigen Lebens zu verstehen). Die Rettung schließlich bringt ein Hubschrauber, der die Auserwählten buchstäblich zu einer Himmelfahrt mitnimmt. Die zahlreichen Aufnahmen aus der Forschperspektive unterstreichen diese Thematik.

Die kathartische Wirkung eines naiven Spektakels

Die *Höllenfahrt der Poseidon* – ein Film reich an Theaterdonner, zahlreichen Bravourstücken und unerwarteten Szenen, rührenden Situationen und tragischen Zwischenfällen – ist ein Paradebeispiel für das Genre des spannungsgeladenen Publikumsfilms, der den Zuschauer in Atem zu halten versteht. Als Erzählung folgt er dem Vorbild des Mythos, dessen Sinn und Zweck darin zu sehen wäre, den Menschen und seine Werte vor dem Verfall zu bewahren, indem er die Gewissheit vermittelt, dass der Geist, so er nur wirklich will, die Materie bezwingen kann.

Aus diesem genuin mythischen Charakter erklärt sich, wie uns scheint, der Erfolg des Films. Man könnte sogar sagen, dass es sich hier um einen »naiven Film« handelt, so wie man – etwa bei den Gemälden des Zöllners Rousseau – von »naiver Malerei« spricht. Der Mensch der Urzeit schenkte dem Mythos, den er zum x-ten Mal hörte, stets seine ungeteilte Aufmerksamkeit. *Poseidon* versetzte das Publikum im Allgemeinen in einen ähnlichen Zustand. Obwohl die Erzählung allbekannte Archetypen bemüht und die Auflösung von Anfang an bekannt ist, kann sich der Zuschauer in einen Zustand uranfänglicher Unschuld und grundlegender Reinheit zurückversetzen, um zuzusehen, wie die Erzählung an ihm selbst ihr Werk tut.

Der Übergang von der mündlichen Erzählung zur Darstellung eines Mythos erfordert bekanntlich eine symbolische Vermittlung: die Maske. In einer Erzählung, die wie die *Höllenfahrt der Poseidon* und alle folgenden Katastrophenfilme im Medium des Mythos siedelt, übernimmt, wie wir meinen, die Tricktechnik die Funktion der magischen Macht der Maske, jenes Ensemble von Manipulationstechniken, das die Hollywood-Macher höchst treffend »Spezialeffekte« nennen.

Genau diese »Effekte« erlauben die Produktion eines im eigentlichen Wortsinn *kathartischen* Spektakels, in dessen Verlauf der Zuschauer den Mut findet, sich seines Platzes im Universum zu vergewissern. Er sieht sein Leben und seinen Tod als Teil eines kollektiven Dramas, als Teil einer Katastrophe, die seinem Leben wie seinem Tod Sinn verleiht.

Endzeitmythos

Die Funktion, die die Katastrophe in Krisenzeiten erfüllt, liegt auf der Hand: Sie liefert dem Zuschauer, was er angesichts der Auflösung hergebrachter Gewissheiten absolut braucht, um seine Identität aufrechtzuerhalten: einen Endzeitmythos. Genau so, wie man ihm zu anderer Zeit Ursprungsmythen andiente, beispielsweise den Western, der – kaum verwunderlich – in Krisenzeiten von der Bildfläche verschwindet.

Alle gefälligen Beschreibungen von Katastrophen – seien sie natürlicher, zufälliger oder krimineller Art – exorzieren eine panische Angst, genauer: die unvordenkliche Angst vor dem Ende der Welt. Aus diesem Grund übrigens erlebte Amerika gegen Ende der neunziger Jahre, als ein Jahrhundert- und ein Jahrtausendwechsel bevorstanden, trotz einer völlig anderen Wirtschaftslage (Euphorie der Finanzmärkte, niedrige Arbeitslosigkeit, starkes Wachstum) eine neue Generation von Katastrophenfilmen.

Filme wie zum Beispiel *Daylight*[10] von Rob Cohen (1996), *Independence Day* von Roland Emmerich (1996), *Volcano* von Mick Jackson (1997), *Armageddon* von Michael Bay (1998), *Deep Impact* von Mimi Leder (1998), *Titanic* von James Cameron (1998), aber auch *Der Sturm* von Wolfgang Peterson

---

10 *Daylight* spielt in einem Tunnel, der Manhattan unter dem Hudson mit New Jersey verbindet. Ein Lastwagen explodiert und mehrere Überlebende sind in dem Tunnel eingeschlossen. Wie Reverend Scott (Gene Hackman) in der *Höllenfahrt der Poseidon* nimmt in *Daylight* ein ehemaliger Mitarbeiter der städtischen Notfallambulanz (gespielt von Sylvester Stallone) die Sache in die Hand. Interessanterweise stand der Tunnel als Todesfalle bereits im Mittelpunkt von *Tunnel,* einem britischen Film, der inmitten der Wirtschaftskrise 1933 in die Kinosäle kam. Ein gigantischer Tunnel soll Großbritannien mit Amerika verbinden. Der Film zeichnet sich durch außergewöhnliche Katastrophenszenen aus.

(2000) bringen zum Ausdruck, was man als millenaristisches Gefühl bezeichnen könnte. Sie alle opfern der in der westlichen Zivilisation seit jeher verbreiteten Vorstellung, dass ein Jahrhundert- oder Jahrtausendwechsel von fürchterlichen Geschehnissen, apokalyptischen Umwälzungen und bedeutungsvollen Katastrophen begleitet ist.[11]

Da die menschliche Vernunft sie nicht vorhersehen und die Wissenschaft sie nicht vorhersagen kann, stellt die Katastrophe, ob kosmischer Zusammenbruch oder vernichtender Untergang, eine unhintergehbare Herausforderung für das gesamte Gemeinwesen dar. Sie verlangt nach einer gemeinsamen symbolischen Antwort, sie mobilisiert die Leidenschaft der Tricktechnik, des Künstlichen, und sie schafft Opferbereitschaft.

In den westlichen Gesellschaften, die keinen wirksamen Ritus mehr kennen, um den Tod, den absoluten Bruch, an die Gemeinschaft zurückzubinden, stellt das Opferphantasma einen strukturierenden Abwehrversuch gegen alle möglichen Bedrohungen dar.

Die Katastrophenfilme sind als »Simulacren« unserer verschwundenen Rituale zu verstehen. Sie stellen magische Zeremonien der Gemeinschaft im Kampf gegen böse Mächte dar. Sie beschwören die Gefahren, die ein ins Stolpern geratenes System bedrohen. Indem sie unsere tiefsten Ängste, unsere geheimsten Befürchtungen mobilisieren, bezeugen sie einen unbewussten Selbstzerstörungstrieb. Sie halluzinieren die Möglichkeit, Tabula rasa, einen Neuanfang auf anderer wissenschaftlicher, moralischer und politischer Grundlage zu machen. Sie bieten uns

---

11 Dieses Gefühl kommt auch in den Fernsehserien *Akte X* und *Millenium* zum Ausdruck.

gewissermaßen Gelegenheit, Revanche zu nehmen an den Normen der wissenschaftlichen Vernunft, am »Verrat der Technologie«[12], und den damit einhergehenden Entwicklungen.

Apokalypse

Alle Katastrophenerzählungen spielen vor dem obskurantistischen Hintergrund kollektiver Paranoia. Jede Katastrophe wird als Bruch in der Vernunft, vor allem aber als unentschuldbares Versagen der Technik, folglich als Sabotage wahrgenommen. Wenn die westliche (amerikanische) Zivilisationsmaschine aus dem Tritt kommt, dann hat dies nach Auskunft der Katastrophenfilme einen ganz bestimmten Grund. Also ist ein Verantwortlicher dingfest zu machen. Die Katastrophenfilme der siebziger Jahre modeln jeden Unfall zum Attentat, jeden Zufall zur Subversion.

Insofern schreiben sie eine uralte Tradition fort, die der Historiker Jean Delumeau folgendermaßen umschreibt: »Angesichts des Unglücks in der Welt schwankte man zwischen Verschwörungstheorie und Selbstanschuldigung. Man bemühte den unheilbringenden Einfluss von Sternenkonstellationen [...]. Die Kirche sah den Zorn Gottes ob der Sünden der Menschen am Werk [...]. Darüber hinaus nährte die stets von neuem unternommene Lektüre eschatologischer Schriften, insbesondere der Offenbarung, die Überzeugung, das ›Unglück in der Welt‹ kündige das unmittelbare Bevorstehen des Jüngsten Gerichts an.«[13]

---

12 Diesen Verrat denunzierte insbesondere der Film *... 2002 ... die überleben wollen* von Richard Fleischer (1973).
13 Jean Delumeau, Yves Lequin (Hg.), *Les Malheurs du temps. Histoire des fléaux et des calamités en France,* Larousse, Paris 1987.

Die Katastrophenfilme Ende der neunziger Jahre gehen von einer anderen Grundannahme aus: Die Welt ist aus den Fugen und die Bedrohung diffus, weil die Menschen das ökologische Gleichgewicht zerstört haben (die Bedrohung kommt meistens von außen, aus dem Weltraum, vom Klima, von der Umwelt).[14] Die Diagnose des Übels ist immer wieder dieselbe: Die Menschheit insgesamt ist für ihre Plagen selbst verantwortlich und verdient daher (wie im Alten Testament vor der Sintflut) eine millenaristische Strafe, gewissermaßen die Strafe des Jüngsten Gerichts. Das Jahrtausendende gilt als eine Zeit, in der jeder Rechenschaft abzulegen hat. Nur Amerika, so es Buße getan und zu neuer Stärke erwacht ist (und den Kalten Krieg und den Golfkrieg gewonnen hat), kann die Welt erretten.

So jedenfalls lautet die Botschaft von *Independence Day*, einer der emblematischsten Katastrophenfilme der neunziger Jahre. Der Film erzählt, wie ein aus dem All kommender Gegner Washington, New York und Los Angeles bereits am ersten Tag dem Erdboden gleichmacht, die amerikanische Luftwaffe zerstört und die ganze Welt mit Vernichtung bedroht. Rettung bringen ein Jude (der geniale Informatiker) und ein Schwarzer (der stets zu Späßen aufgelegte Draufgänger). Am Ende des Films erklärt sich der Präsident der Vereinigten Staaten zum Retter der Welt: »Der 4. Juli wird nicht mehr als amerikanischer Nationalfeiertag bekannt sein, sondern als der Tag, an dem die Welt sagte: ›Wir werden überleben.‹ Wir feiern unseren Unabhängigkeitstag.«

---

14 »Bis ins 19. Jahrhundert rührte das Unglück der Menschen hauptsächlich von der Natur her. In unseren Tagen sind Katastrophen und Vernichtungsbedrohungen in erster Linie das Resultat menschlichen Handelns. Die Natur hat noch nie ein ähnliches Massensterben verursacht wie die beiden Weltkriege.« (Jean Delumeau, ebd.)

Die eigentlichen Katastrophenfilme sind nicht sehr zahlreich. Typologisch abgrenzen lassen sie sich insofern, als sie eines der Katastrophenszenarien aus der Offenbarung des Johannes übernehmen, ein Buch, das die Puritaner schon immer mit Angst und Schrecken erfüllte und ihnen Schuldgefühle einflößte.

1. Gigantische Meereswellen: *Die Höllenfahrt der Poseidon*, *18 Stunden bis zur Ewigkeit* von Richard Lester (1974), *Airport 77* und nun auch *Titanic* und *Der Sturm*.

2. Einstürzende Berge: *Erdbeben*[15] von Mark Robson (1974), *Flammendes Inferno* von John Guillermin (1975), *Avalanche* von Corey Allen (1978) und *Volcano*.

3. Brennender Himmel: *Giganten am Himmel* von Jack Smight, *Die Hindenburg* von Robert Wise (1974), *Airport '80 – Die Concorde* von David Lowell Rich (1979), *Meteor* von Ronald Neame (1979) und unter den neueren Filmen: *Armageddon, Deep Impact* und *Independence Day*.

4. Klaffende Erdspalten: *Erdbeben* von Mark Robson (1974) und jetzt auch *Daylight*.

Alle Katastrophenfilme spielen in unserer Zeit, in einem uns

---

15 Die große Innovation von *Erdbeben* (mit Charlton Heston und Ava Gardner in den Hauptrollen) besteht nicht so sehr in den eigentlichen Katastrophensequenzen als in der Erfindung eines neuen Soundsystems namens »Sensurround«. Der Tonstreifen dieses Films umfasst neben den Spuren für die Stimmen, die Musik und die Geräusche eine vierte Spur mit niederfrequenten elektronischen Tönen unter der Hörschwelle von 16–20 Hz. Die Zuschauer konnten diese Töne nur als Vibration im Raum wahrnehmen, vergleichbar den Erschütterungen durch ein Erdbeben, ohne den Grund zu kennen. Die Erklärung liegt auf der Hand: Der Katastrophenfilm bediente sich einer weit vertretenen Technik der Gehirnwäsche und der psychologischen Kriegführung (David Annan, *Catastrophe. The End of the Cinema*, Lorrimer Publishing Ltd., London 1975).

vertrauten Umfeld, meist an einem wohldefinierten Ort (die Einheit des Raums ist unerlässlich, um beim Zuschauer ein Höchstmaß an Spannung zu erzeugen). Dieser geschlossene Raum kann die ganze Erde sein *(Independence Day, Armageddon, Deep Impact)*, eine Stadt *(Erdbeben, Volcano)*, ein Tunnel *(Daylight)* oder ein Stadion *(Two-minute warning)*. Die meisten Drehbücher bevorzugen wegen des damit einhergehenden Klaustrophobieeffekts allerdings ein modernes Transportmittel, sei es ein Flugzeug *(Giganten am Himmel, Airport 77, Die Hindenburg, Airport '80 – Die Concorde)*, ein Schiff *(Die Höllenfahrt der Poseidon, 18 Stunden bis zur Ewigkeit, Titanic, Der Sturm)* oder ein Zug *(Super Express 109, Treffpunkt Todesbrücke)*.

Die meisten Katastrophen funktionieren nach dem Count-Down-Prinzip. Ein langsamer Spannungsaufbau ist für den dramaturgischen Erfolg der Erzählung unerlässlich. Die wie immer zufällige, kriminell heraufbeschworene oder durch die Natur bewirkte Katastrophe dient dem Drehbuchschreiber als Kunstmittel, um völlig verschiedene Personen, die vorher nichts miteinander zu tun hatten, für ein gemeinsames Ziel (das Heil) zusammenzubringen und zusammenzuschweißen. Allein der Katastrophe ist es zu verdanken, dass sich Menschen wie du und ich, unsere Mitreisenden oder Treppennachbarn, in Helden verwandeln.

Für Superhelden ist hier kein Platz; das Genre verherrlicht vielmehr die Antihelden, Ottonormalmensch, der angesichts der außergewöhnlichen Umstände endlich zeigen darf, was in ihm steckt: ein Held.

Die Katastrophe ereignet sich nie zu Beginn des Films. Die Werbung stellt die Katastrophe in den Mittelpunkt, macht sie im Allgemeinen zum Thema des Filmplakats, erhebt sie zum eigentlichen Star der Erzählung, aber im Film selbst muss sie auf sich warten lassen, Begehren wecken. Diese Platzierung ist auch absolut folgerichtig, denn schließlich stammt der Begriff »Katastrophe« aus der Rhetorik und bedeutet zunächst einmal nichts anderes als »die letzte und entscheidende Wendung in einem Gedicht oder einer Tragödie«. In der Filmerzählung bildet sie also den Dreh- und Angelpunkt, der die Handlung in drei Teile unterschiedlicher Länge unterteilt: vor, während und nach der Katastrophe.

Ausnahmezustand

In allen Fällen löst die Katastrophe eine Art Ausnahmezustand aus, der sämtliche Machtbefugnisse bei der Exekutive konzentriert, sei es die Polizei, die Armee oder die Besatzung eines Transportmittels. Sie werden als Retter in höchster Not dargestellt. Dank ihrer straffen Organisation und der ihnen zur Verfügung stehenden Technik, aber auch dank der persönlichen Kühnheit ihrer am wenigsten disziplinierten Mitglieder (siehe *Daylight*, *Erdbeben* und *Die Höllenfahrt der Poseidon*) sind allein diese Institutionen in der Lage, dem drohenden Chaos Paroli zu bieten und den Zerfall der Gesellschaft zu verhindern.

Interessant ist in diesem Zusammenhang Folgendes: Die Buchvorlage für den Film *Der Sturm* – ein Untersuchungsbericht von Sebastian Junger über den tragischen Untergang der *Andrea Gail* mit ihrer sechsköpfigen Besatzung vor Gloucester (Massachusetts) im Jahr 1991 – erwähnt an keiner Stelle den Eingriff von Rettungsmannschaften. Wolfgang Petersen aber spickte die lange Sturmsequenz mit frei erfundenen Szenen über Rettungsversuche der Küstenwache, von Flugzeug- und

Hubschraubermannschaften, von heroischen Sondereinsatz-kräften, die auf die Rettung von in Seenot geratenen Schiffen spezialisiert sind. Anscheinend darf dem breiten Publikum auf keinen Fall eine Katastrophe präsentiert werden, bei der die Staatsmacht und die zuständigen Behörden nicht sogleich zur Stelle wären. Es musste neben den Schiffbrüchigen um jeden Preis jemand auftreten, der jene merkwürdige Mischung aus Individualismus und Bürgersinn verkörpert und verteidigt, die als die »amerikanischen Werte« firmieren.

Eine weitere Konstante dieser Filme ist die Infantilisierung der Zivilisten. Sie werden über das wahre Ausmaß der Katastrophe und die damit einhergehenden Risiken häufig im Unklaren gelassen und von der Entscheidungsfindung ausgeschlossen. Mit einer Ausnahme: In bestimmten Augenblicken sind die Fertigkeiten und das Know-how von Führungskräften und Technikern (Ingenieure, Architekten, Unternehmer) gefragt, obgleich auch hier in letzter Instanz die Staatsapparate den Ausschlag geben.

Der Normalbürger jedenfalls wird durch seichte Unterhaltung bei Laune gehalten *(18 Stunden bis zur Ewigkeit)* und soll diszipliniert den Anordnungen einer »väterlich-fürsorglichen« Autorität gehorchen, die alles unternimmt, nötigenfalls sich aufopfert, um die Situation zu bereinigen.

Diese Aspekte – die Glorifizierung der Staatsmacht und die Infantilisierung der Bürger – zeigen zur Genüge, dass die Katastrophenfilme neben ihrer Unterhaltungsfunktion auch politische Reaktionsweisen auf Krisensituationen transportieren. Bei all ihrer mythischen Naivität vermitteln sie klammheimlich die Botschaft, dass der bewaffnete Arm der Exekutive – Polizei und Armee – oder aber »Männer der Vorsehung« die Sache in die Hand nehmen sollen, wenn die Gesellschaft in die Krise gerät – und sei es um den Preis eines Verlusts an Demokratie.

Geiselnahme

Die Politik glänzt in Katastrophenfilmen meist ausdrücklich durch Abwesenheit. Kernbestandteil ist sie hingegen in einem strukturell verwandten Genre, in dessen Mittelpunkt anstelle einer Katastrophe ein sorgfältig geplantes Verbrechen steht, genauer: eine Geiselnahme.

Jean Baudrillard schreibt: »Die Geisel hat einen hundertfach höheren symbolischen Nutzen als der Tod im Auto, der selber bereits hundertfach den natürlichen Tod überragt.«[16] Der Übergang von der Katastrophe zur Geisel basiert auf folgender Gemeinsamkeit: Wer eine Katastrophe erlebt, ist ebenso wenig wie eine Geisel verantwortlich für die Gewalt, die ihm geschieht. Das Geiselopfer hat nicht verdient, was man ihm antut. Sein Leiden und sein Unglück erscheinen als ein Skandal, nicht als technologischer wie bei der Katastrophe, sondern eben als politischer Skandal.

Die Verwandtschaft beider Genres zeigt sich mit aller Deutlichkeit bereits beim ersten Publikumsfilm[17] zum Thema Geiselnahme. *The Taking of Pelham 1-2-3* kreist um eine Situation, wie sie häufig auch in Katastrophenfilmen anzutreffen ist: Friedfertige Reisende – im vorliegenden Fall U-Bahn-Fahrgäste – finden

---

16 Jean Baudrillard, Der symbolische Tausch und der Tod, Matthes & Seitz Verlag, München 1982.

17 Wir berücksichtigen hier wohlbemerkt nicht die zahlreichen Filme, in denen eine Geiselnahme nur als Anlass eines gewöhnlichen Krimis fungiert, wie etwa *An einem Tag wie jeder andere* von William Wyler (1955) oder *Hundstage* von Sidney Lumet (1975).

sich unversehens in Todesgefahr wieder. Der Plot erinnert hingegen eher an einen konventionellen Krimi: auf der einen Seite die Gangster (die Geiselnehmer), auf der anderen die Polizei.

Mit Ausnahme dieses Musterfilms nehmen alle in der zweiten Hälfte der siebziger Jahre entstandenen Spielfilme, in deren Mittelpunkt eine spektakuläre Geiselnahme steht, den palästinensischen Widerstand ins Visier. Er galt politisch als besonders bedrohlich. Die Filme *Unternehmen Entebbe, ... die keine Gnade kennen, Die 21 Stunden von München* und *Schwarzer Sonntag* – um nur ein paar wenige zu nennen – präsentieren die palästinensischen Geiselnehmer als »schwarze Todesengel«. Sie sind die inkarnierte Katastrophe und besitzen alle Eigenschaften ihrer Unerbittlichkeit. Auf der Gegenseite figurieren einmal mehr Polizei und Armee als Garanten bürgerlicher Ruhe und Ordnung, als vorbildliche Institutionen des Gesellschaftskörpers.

Zusammengebastelte Maschinen

Oft dient der Katastrophenfilm auch als erzählerische Matrix von Filmen über die Revolte von Tieren. Das Tier wird oft wegen seiner emblematischen Bedeutung gewählt – sei es ein Gorilla, ein Hai, ein Pottwal, ein Krokodil, ein Bison, ein Dinosaurus oder eine Schlange, seien es Schnecken, Ratten, Hunde, Ameisen oder Bienen. Durch einen unbekannten Wirkstoff (vielfach wird die Umweltverschmutzung ins Spiel gebracht) oder unvorsichtige wissenschaftliche Experimente aggressiv geworden, bricht das Biest in den friedlichen Alltag der Menschen ein.

Als Meisterwerk dieses Genres gilt zu Recht *Die Vögel* von Alfred Hitchcock (1963). Unzählige Filme dieser Art wurden gedreht; hier eine kleine Auswahl: *Orca, der Killerwal, Die Insel des Dr. Moreau, King Kong, Willard, Der weiße Hai, Der Horror-Alligator, Anaconda, Piranhas, Godzilla, Jurassic Parc.* Die meisten Katastrophenfilme wie auch ihre Derivate wurzeln thematisch zum Teil in der eigentlich überholten Kontroverse über das Pro und Contra von wissenschaftlichem Fortschritt und technologischer Revolution. Sie zeugen zugleich von Technikfaszination und Technikphobie.

Ein Katastrophenfilm läuft im Allgemeinen darauf hinaus, eine Maschine – sei es ein Flugzeug, ein Schiff oder ein Zug, sei es ein Wolkenkratzer, ein Autotunnel, eine moderne Stadt oder ein Stadion – in eine Notsituation zu versetzen und daran anschließend zu zeigen, dass es keinen anderen Ausweg gibt, als sich auf den Sachverstand der Mannschaft, der Behörden oder staatlicher Spezialisten zu verlassen.

Am Horrorfilm der dreißiger Jahre beunruhigte der »zusammengebastelte Mensch« (Frankenstein, Mr. Hyde, die Mumui, Dracula, die Geschöpfe des Dr. Moreau) sowie der Gelehrte – stets ein Arzt –, der die Macht besaß, Irrationalität freizusetzen. Am Katastrophenfilm seit 1974 hingegen beunruhigt die »zusammengebastelte Maschine« und die Macht der Spezialisten, die an ihren Schalthebeln sitzen.

Alle diese Filme sind sowohl Ausdruck einer dramatischen Weltsicht als auch eine originelle und packende Warnung vor allzu naiver Technikgläubigkeit. Diese Warnung kommt einer Art Übergangsritus gleich, der die Akzeptanz eines neuen Technikniveaus dadurch fördert, dass er die damit einhergehenden Zwänge halluziniert. Der Präsident der »American International Pictures«, Samuel Z. Arkoff, unterstreicht, »dass Katastrophen eine im Alltag nicht präsente Bedrohung darstellen«. Demgegenüber stärke der Katastrophenfilm eigentlich das Sicherheitsgefühl und festige schlussendlich den Status quo: »Die Katastrophenfilme bieten jedermann die Möglichkeit, sich ohne Gefahr zu amüsieren.«[18]

Die positive Aufnahme, die diese Filme beim amerikanischen Publikum fanden, retteten die Filmindustrie in den siebziger Jahren vor dem drohenden Bankrott. Die jahrelang rückläufige Zahl der Kinobesuche stieg erneut an, und 1976 gingen schon 15 Prozent mehr Menschen ins Kino als 1969. Plötzlich spielten Kinofilme Gewinne von bisher ungeahnter Höhe ein. Auch im Ausland, vor allem in Kanada, Japan und Europa, war den Katastrophenfilmen ein erheblicher Erfolg beschieden. Die Gewinne, die auf diesen Auslandsmärkten realisiert wurden, stiegen von 360 Millionen Dollar im Jahr 1970 auf 592 Millionen Dollar im Jahr 1975.

Hollywood schrieb wieder schwarze Zahlen, und die Traumfabrik lief erneut auf Hochtouren. Die Produzenten begriffen, dass sich in der Begeisterung des Publikums für die Katastrophenfilme eine ungeheure Nachfrage nach Spezialeffekten aussprach. Letztere avancierten zum eigentlichen Star der folgenden Filmgeneration *(Krieg der Sterne, Begegnung der dritten Art, Superman, E.T.)*, sodass die weit verbreitete Technikangst kurzerhand durch ein Nochmehr an Technik ausgehebelt wurde.

Paranoia

Die Filmstudios – die im Zuge der in Mode gekommenen »leichten«, naturalistischen Produktionen, in denen Außenauf-

18 *Le Film français*, 4. Februar 1977.

nahmen überwogen, in den meisten Ländern aufgelöst worden waren – nahmen den Betrieb wieder auf und brachten spektakulär neues Equipement zum Einsatz. Hollywood rüstete auf, und die ausländische Konkurrenz hatte es noch schwerer, dem Druck der US-Filmindustrie standzuhalten, da sie auf dem Terrain des mit Spezialeffekten gespickten Publikumsfilms schlicht nicht mithalten konnte. Der Leiter der Abteilung Auslandsbeziehungen von 20th Century Fox, Emile Buyse, brachte die Sache auf den Punkt: »Die Franzosen wären schlecht beraten, wenn sie versuchen würden, uns zu kopieren. Sie können uns auf unserem eigenen Terrain nicht schlagen. Wir sind viel besser ausgerüstet als sie.«[19]

Einige Länder schlugen diese Warnung in den Wind, und so kann es nicht verwundern, dass die Katastrophenfilme, die sie produzierten *(Treffpunkt Todesbrücke* aus Italien, *Überleben!* aus Mexiko, *Japan geht unter* aus Japan), nur ein mittelmäßiger Aufguss derselben Ideologie, derselben »stillen Propaganda« waren, die die US-Streifen ventilieren. Im Endeffekt trugen sie nur dazu bei, die amerikanische Weltsicht zu verbreiten, will sagen: Sie stellten sich durch Verdoppelung und Mitmachen in den Dienst des amerikanischen Kulturimperialismus.

Im Übrigen lassen die US-Filmgesellschaften, die bis zu 50 Prozent der Kosten ihrer Superproduktionen für Power-Marketing aufwenden, ausländischen Imitationen kaum eine Chance.[20] So bleibt der Konkurrenz nur die Wahl zwischen Amerikanisierung – siehe *Das fünfte Element* des französischen Filmemachers Luc Besson – oder Untergang.

19 *Le Film français,* 25. März 1977.
20 Dazu Carlos Pardo, »Eine Hochzeit und ein Todesfall«, *Le Monde diplomatique/WoZ/taz,* Zürich/Berlin, Mai 1998.

Aus der Tatsache, dass der Katastrophenfilm Hollywood in den siebziger Jahren aus der Patsche half, wird mitunter der Schluss gezogen, dass es sich hierbei um einen bloßen »Vermarktungstrick« handelte. Solcher Reduktionismus führt in die Irre. Der Erfolg des Genres ist vielmehr als lebendiger Ausdruck der kulturellen Krise zu verstehen, die Amerika in dieser Zeit durchlebte. Und dieses Krisenklima unterscheidet sich grundlegend von der Siegesgewißheit, die Ende der neunziger Jahre herrschte. Aus diesem Grund haben die Katastrophenfilme der zweiten Welle – *Daylight, Independence Day, Titanic, Der Sturm, Volcano* und wie sie alle heißen – einen anderen Sinn.

Die Filme der siebziger Jahre mit ihren stereotypen Katastrophenszenarien spiegeln das damalige kollektive Bewusstsein (die Paranoia) der Amerikaner in einer akuten Krisensituation wider, das ihre tiefsten Überzeugungen und unumstößlichen Gewissheiten – die Überlegenheit ihrer Streitkräfte, die Rechtschaffenheit ihres Präsidenten, die Leitfunktion ihrer Währung, die Krisensicherheit ihrer Wirtschaft, die Selbstversorgung mit Energie – ins Wanken brachte.

Kojak und Columbo –
Wächter von Recht und Ordnung

Die Kunst der Polizei besteht darin,
nicht zu sehen, was sie nicht zu sehen braucht.

NAPOLEON

Die Krimiserien aus dem Haus der drei großen US-Sender ABC, NBC und CBS entstanden auf der Grundlage recht präziser konzeptioneller Überlegungen. Zum einen war da eine leichte Nostalgie nach dem Film Noir der vierziger Jahre, dessen »sozialkritisches Anliegen« freilich hinausgesäubert wurde. Zum anderen wirkte in den sechziger Jahren vor dem Ende des Kalten Kriegs der ungeheure Erfolg von James Bond – samt seinen Nacheiferern Napoléon Solo, Matt Helm usw. – stimulierend.

Im Laufe späterer politischer Ereignisse wurde diese doppelte Tradition schrittweise korrigiert, die Plots an die aktuelle Realität angepasst. So führte die Doktrin der »friedlichen Koexistenz«, dann der Fall der Berliner Mauer (1989) und schließlich der Untergang der Sowjetunion (1991) zum fast völligen Verschwinden des Antikommunismus, der in früheren Serien wie *Invasoren der Erde* oder *Kobra übernehmen Sie* stark präsent war.

Die in den siebziger Jahren enthüllten CIA-Machenschaften ruinierten auch die Glaubwürdigkeit der Figur des Spions und des Geheimagenten. Letztere wurden im Laufe der siebziger und achtziger Jahre durch den einfachen »Inspektor« oder »Detective« ersetzt, genannt seien Mike Stone aus den *Straßen von San Francisco* (1972–1977), Starsky und Hutch aus der gleichnamigen Serie, die Hauptdarsteller von *Hawaii 5–0* (1968–1980), *Miami Vice* (1982–1984) oder *NYPD Blue* (die beste Krimiserie der neunziger Jahre, produziert von Steven Bochco[1]) und natürlich *Columbo* und *Kojak*.

Nachdem die eine oder andere »Taktlosigkeit« des FBI ans Tageslicht gekommen war, sahen sich die Produzenten veranlasst, die Anfangsbuchstaben der einst hoch angesehenen Institution aus ihrem Repertoire zu streichen. Von nun an arbeiteten die »Detectives« nicht mehr für die Bundespolizei, sondern traten als Privatdetektive auf wie Banacek[2] (1972–1974), Magnum (1980–1988), Mannix und Jake Axminster (*City of Angels*), als »Amateure« wie Mac Coy oder als gewöhnliche »Ranger« wie Chuck Norris in *Walker, Texas Ranger*.

Da sich die Krimiserien immer wieder dem soziologisch argumentierenden Vorwurf ausgesetzt sahen, sie würden gerade jugendliche Zuschauer zu Gewalttaten[3] verleiten, wurden

1 Steve Bochco, der mit *Polizeirevier Hill Street* in den achtziger Jahren eine bemerkenswerte Krimiserie schuf, setzte mit *NYPD Blue* (1994) einen neuen Stil im Kriminalfilm durch. Seine realistischen Erzählungen schildern den Alltag in einem Kommissariat, in dem sich einfache Polizisten und ganze normale Leute über den Weg laufen. *NYPD Blue* setzte Maßstäbe und wurde in Frankreich oft imitiert. Genannt seien *PJ, Dossier: Disparus, Frères et Flics* und *Lyon Police Spéciale* auf France 2 und *Police District* auf M 6.

2 Banacek – eine Figur der Columbo-Erfinder William Link und Richard Lewinson – ist zwar ebenfalls ein Spezialist für unlösbare Fälle, ansonsten aber das krasse Gegenteil zum abgerissenen Inspektor aus Los Angeles. Banacek wohnt im vornehmsten Stadtteil Bostons, fährt eine Limousine mit Chauffeur, besitzt einen ausgesuchten Geschmack für gute Kleidung und ist ein anspruchsvoller Feinschmecker.

3 Dazu David Grossman, »On ne naît pas tueur, on le devient«, *Courrier international,* 16. März 2000 (ein Spezialist der US-Streitkräfte vergleicht die Fernsehgewalt mit der Konditionierung von Rekruten, die das Tötungshandwerk erlernen müssen).

übermäßig gewalttätige Szenen, Bilder und Handlungen nach und nach gestrichen. Auch der in älteren Filmen »naiv« präsente Rassismus wird heute »nur« noch kontrolliert, verhalten, auf verschobene Weise eingesetzt. US-Serien wie *Shaft*, die mit einem Schwarzen als Hauptdarsteller vornehmlich die Zielgruppe der Afroamerikaner und den afrikanischen Markt ins Visier nehmen, lassen der Gewalt merkwürdiger- oder vielmehr bezeichnenderweise freieren Lauf.[4]

Kommerzielle Funktion

Die sklavische Anpassung an den Wandel der Zeit erklärt sich aus der kommerziellen Funktion dieser Serien, die zuallererst als Träger für Werbeeinblendungen konzipiert sind. Jede 52-minütige Folge besteht aus vier Mini-Akten von jeweils 13 Minuten Dauer, unterbrochen von Werbespots. Die Dauer dieser Sequenzen schwankt erheblich, sodass man mitunter nicht weiß, ob die Spots die erzählerische Kontiniutät des Krimis unterbrechen oder ob der verhackstückte Krimi die serielle Kontinuität der Werbung stört. Kleinere Kinder bevorzugen jedenfalls letztere Kontinuität.

Jeder Mini-Akt besitzt seine eigene Handlungseinheit, seine eigene dramatische Entwicklung, seine eigene Pointe, deren Auflösung wie bei gewissen Tageszeitungs-Comics auf den nächsten Teil vertagt wird, um den Zuschauer in Atem zu halten und zu nötigen, ohne Murren und ohne umzuschalten die Werbebotschaften über sich ergehen zu lassen. Der in der Schwebe gehaltene Spannungsbogen ködert den Zuschauer mit

4   Die erste Kinobearbeitung der Fernsehserie wurde 1971 von Gordon Parks gedreht. Unter dem gleichen Titel – *Shaft* – brachte John Singleton 2000 eine Neubearbeitung mit Samuel Jackson als »Shaft« in die Kinos.

dem Versprechen, ihm zu erzählen, wie es weitergeht, wenn er nur erst die Werbung angeschaut hat: Gibst du mir, so geb ich dir.

Außerhalb der Vereinigten Staaten, in Frankreich zum Beispiel, werden die eigentlich vorgesehenen Werbespots nicht gesendet, sodass die vier Mini-Akte bruchlos aneinander gereiht, verschweißt erscheinen. Die dadurch bewirkte Kontinuität verleiht den Filmen künstlich anmutende dramatische Intensität, ein Handlungstempo, einen Rhythmus, einen Zug, der bei einem breiten Publikum großen Anklang findet. Dieser Erfolg im Ausland führt dazu, dass die fälschlicherweise als beabsichtigt wahrgenommene Beschleunigung des Handlungsablaufs zur allgemein verbindlichen dramaturgischen Regel avanciert, der sich nun alle Regisseure und alle Fernsehserien der Welt zu beugen haben.

So gelingt der Werbung das Kunststück, die innere Struktur der televisuellen Erzählungen sogar *in absentia* zu modifizieren. Und so verbreitet sich in der ganzen Welt unbemerkt eine Art Esperanto-Stil, ein unpersönlich-roboterhaftes Film-Volapük, dessen Herkunft, Modell und Norm durch die kommerziellen Sitten der amerikanischen Werbeindustrie bestimmt sind.

Erzählabfall

Als Ergänzung und Alibi der Fernsehwerbung liegt diesen Serien nichts ferner als künstlerischer Wert. Drehbuchautor und Regisseur rücken absichtlich in den Hintergrund und können mit jeder Folge wechseln. Für die 68 *Columbo*-Folgen zeichneten Dutzende von Drehbuchautoren und Regisseure verantwortlich, darunter einige Meister der siebten Kunst wie Steven

Spielberg (für die Folge *Tödliche Trennung*, 1971) und John Cassavetes (für die Folgen *Etude in Schwarz*, 1972, und *Schwanengesang*, 1973).

Die Weiterführung der Serien hängt von ihrem Erfolg in den Vereinigten Staaten ab, ihren Einschaltquoten, die durch Umfragen ständig kontrolliert werden. Die Einschaltquoten bestimmen natürlich auch die Entscheidungen der Werbenden, die sofort abwandern, wenn eine Serie nicht mehr ankommt. Dann ist es nur noch eine Frage der Zeit, bis die Serie eingestellt wird. Die eigentlichen Produzenten der Fernsehserien sind in letzter Instanz also die Werbenden. Wenn die Sendungen nach Europa kommen, haben sie ihre Funktion bereits erfüllt. Zurück bleibt lebloser Abhub, »Erzählabfall« (das Wesentliche, die Substanz war ja die Werbung), das tote Bildmaterial einer rein auf den Verkaufszweck abgestellten Filmproduktion.

Mit Blick auf die kulturelle Abhängigkeit Europas ergibt sich, dass die US-Serien nur deshalb bei uns gezeigt werden, weil das amerikanische Publikum sie für gut befand und sie also gewissermaßen den soziokulturellen Kriterien Amerikas entsprechen. Manche Länder werden durch diese Serien gleich in doppelter Weise kulturell kolonisiert. Die französischsprachigen Länder Afrikas strahlen nur diejenigen Folgen aus, die fürs französische Fernsehen synchronisiert wurden. Dass die Auswahl hier nach thematischen, sprachlichen, phonetischen und politischen Kriterien erfolgt, die auf den Geschmack des französischen Zuschauers abgestimmt sind, liegt auf der Hand.

Ein lukrativer Markt
Amerikanische Fernsehserien werden in äußerst rascher Folge produziert. Nach dem Anti-Trust-Gesetz dürfen die drei lan-

desweiten Sender ABC, CBS und NBC Filme und Serien je- doch weder produzieren noch vertreiben. Aus diesem Grund kooperieren sie mit den großen Filmgesellschaften, die bereits Ende der fünfziger Jahre spezielle Fernsehabteilungen einge- richtet haben, um den viel versprechenden Markt mit einschlä- gigen Produktionen zu beliefern.

Einige Filmgesellschaften erwirtschaften mit der Produk- tion von Fernsehfilmen den größten Teil ihres Umsatzes. Uni- versal beispielsweise, das seit 2000 zur französischen Vivendi- Gruppe gehört, produziert zwei Drittel seiner Filme für das Fernsehen (unter anderem die bekannten Serien *Marcus Welb* und *Ironside,* aber auch *Kojak* und *Columbo).* Seit 1972 gibt es in den Vereinigten Staaten ein Koordinationskomitee für Film und Fernsehen, das sich mit der systematischen »Serialisie- rung« großer Kinoerfolge beschäftigt. Bereits 1975 produ- zierte Paramount in diesem Zusammenhang neun Serien, wäh- rend Universal im gleichen Jahr vierzehn auf den Markt brachte.

Der Verleih dieser Serien an einen der landesweiten Sender für eine zweimalige Ausstrahlung deckt nur 75 Prozent der Produktionskosten. Die restlichen 25 Prozent und eventuelle Gewinne müssen durch Verkauf ans Ausland, Verleih an Ka- belsender, Videokassetten und DVDs eingespielt werden.

Der amerikanische Binnenmarkt ist demnach der entschei- dende Abnehmer. Anschließend werfen die US-Gesellschaften die fast amortisierten Produkte zu Schleuderpreisen auf den Weltmarkt, eine Konkurrenz, der die Produktionen anderer Länder kaum standhalten können.

So kostet die Ausstrahlung einer Folge von *Kojak* oder *Co- lumbo* das französische Fernsehen im Durchschnitt nur ein

Zehntel dessen, was für eine französische Produktion von gleicher Dauer aufgewendet werden müsste. Der Preis der US-Produktionen schwankt je nach Land und mutmaßlicher Einschaltquote. Argentinien zum Beispiel muss für eine *Columbo*-Folge fünf- bis sechsmal weniger berappen als Frankreich. Was und wie viel ein Land kauft, hängt von der Aufnahmefähigkeit seines Binnenmarkts ab, aber die Vereinigten Staaten ziehen daraus in jedem Fall einen doppelten Profit: Zunächst natürlich einen ökonomischen, da die Filme ja praktisch schon amortisiert sind, wenn sie im Ausland angeboten werden; dann aber auch einen ideologischen, da die Billigprodukte das amerikanische Gesellschaftsverständnis in alle Welt tragen und dort ein Höchstmaß an Sendezeit beanspruchen.[5]

Heimliche Propaganda

Festzuhalten bleibt weiterhin, dass einige dieser Serien zu den Sendungen gehören, die weltweit das größte Publikum anziehen und von Menschen unterschiedlichster Herkunft regelmäßig gesehen werden. Columbo-Darsteller Peter Falk fragt sich, »was der Kaiser von China und der Eskimo auf seinem Packeis miteinander gemeinsam haben«. Seine Antwort: »Offenkundig nichts, außer dass sie beide *Columbo* ansehen.«[6]

Genau genommen, sind diese Serien die einzigen kulturellen Hervorbringungen, die als wahrhaft universell gelten können. Ihre Verbreitung übertrifft sogar die der Bibel, des Korans oder irgendeines anderen literarischen oder politischen Werks. *Ko-*

---

5   Siehe unten die Analyse der Serien *Kojak* und *Columbo.*
6   Interview mit Peter Falk, *Le Figaro-TV Magazine,* 11. März 2000.

jak beispielsweise wurde in über 120 Ländern ausgestrahlt und erreichte damit die größte Verbreitung in der Geschichte des Fernsehens.

Wer sich diese Sendungen ansieht, entrichtet nolens volens einen Tribut an den amerikanischen Kulturimperialismus. Letzterer wirkt nicht nur mit Blick auf die Erzählweise modellbildend, sondern transportiert auch eine bestimmte politische Konzeption von Alltag. Die Ordnungshüter sind in diesen Krimiserien sympathischerweise allgegenwärtig, und wo immer eine Hausdurchsuchung durchgeführt wird, wer immer wen denunziert, wer immer in die Fänge des Gesetzes gerät, stets geschieht es zum Wohl des Bürgers. Amtsmißbrauch oder polizeiliches Fehlverhalten sind unbekannt, werden ignoriert, gegebenenfalls gerechtfertigt.

Indes enthalten diese Serien auch subtilere Botschaften, an der Grenze zur subliminalen Manipulation. Hält man sich vor Augen, dass alle Serienproduzenten – Universal, Paramount, 20th Century Fox, Metro Goldwyn Mayer usw. – von multinationalen Konzernen oder Mediengiganten geschluckt wurden, so liegt der Verdacht nahe, dass sie im semantischen Dickicht der Sendefolgen heimliche Konsumanreize für ihre unzähligen Produkte verstecken.

Carlos Pardo behauptet: »Der Film selbst ist durch die Platzierung von Gegenständen und Markenartikeln in der Handlung zu einer Art Werbefläche geworden. Diese Methode gibt es, seit multinationale Konzerne die Macht in Hollywood übernommen haben und die Filme als unterstützende Werbeträger für Produkte gebrauchen, die in anderen Branchen des Unternehmens hergestellt werden. Das Nonplusultra in dieser Hinsicht ist die Verquickung von *product placement* während des Films und *tie-in:* eine Wechselwerbung zwischen der Kampagne für eine Marke, die im Film mehr oder weniger explizit vorkommt, und der Reklame für die Vermarktung dieses Films. Dank dieser Methode konnte Ray-Ban den Umsatz der Brillenmodelle, die die Helden von *Men in Black* tragen, verdreifachen. In Frankreich gibt es bereits ein halbes Dutzend Agenturen, die sich auf solche Praktiken spezialisiert haben.«[7]

Mit anderen Worten: Niemand kann sicher sein, dass die in den siebziger Jahren von Paramount gedrehte Serie *Mannix* ihm nicht heimlich Produkte des Erdölkonzerns »Gulf and Western« unterjubelt, zu dem Paramount damals gehörte: Der Konzern produziert unter anderem Zigarren, Schallplatten, Uhren, Zucker, Elektronikartikel und Autos, er betreibt Hotels, Reiseagenturen, Verlagshäuser, Hockey-Clubs, Bergwerke, Fluggesellschaften usw.

Der beste Schutz gegen diese Art stiller Propaganda, gegen diese schleichende ideologische Unterwanderung, gegen diese Verachtung des Fernsehens und der Fernsehzuschauer bestünde in der Begrenzung des Imports amerikanischer Serien. Denn dass sie der Amerikanisierung der Köpfe Vorschub leisten, steht ohne Zweifel fest. Naiv wäre die Annahme, die massenhaft verbreiteten Botschaften verfolgten ausschließlich den Zweck zu unterhalten oder zu informieren. Michel Foucault unterstreicht zu Recht: »Kommunizieren bedeutet stets in gewisser Weise auf den oder die anderen einzuwirken.«[8]

Um uns davon zu überzeugen, wollen wir uns ein wenig näher anschauen, welche Inhalte die weltweit meistverbreite-

---

7   Carlos Pardo, »Eine Hochzeit und ein Todesfall«, *Le Monde diplomatique/WoZ/taz*, Zürich/Berlin, Mai 1998.
8   Michel Foucault, *Dits et Écrits*, Gallimard, Paris 1994.

ten und beliebtesten Krimiserien *Kojak* und *Columbo* vermitteln.[9]

Emblematische Namen

Kojak liebt Lollys, Columbo findet nie seine Streichhölzer. Diese und viele andere Ticks sind alles andere als bedeutungslos oder gleichgültig. Im Gegenteil, gerade die extravanten und bizarren Eigenschaften, die mit ihrer eigentlichen Funktion als Polizisten ebenso wenig zu tun haben wie die Allüren der »Catcher« von einst mit dem (gespielten) Ernst des Ringkampfs, lassen die beiden interessant und liebenswert erscheinen.

Der Vergleich mit dem Catching bietet sich insofern an, als die Catcher großen Wert auf bestimmte körperliche Merkmale legten, die sie mitunter durch einen Beinamen hervorhoben, oder sich einen »Künstlernamen« beilegten, der ihre wesentlichen Qualitäten symbolisierte. Auch unsere beiden Polizisten zollen dieser alten Jahrmarkttradition diskret Tribut.

Kojak, der »Glatzkopf«, und Columbo, der »Einäugige« –

9   Nach einer Anfang 2000 durchgeführten Umfrage ist Columbo-Darsteller Peter Falk in Frankreich der »populärste ausländische TV-Schauspieler« *(Le Figaro-TV Magazine,* 11. März 2000). Diese Popularität datiert nicht von gestern. Bereits im November 1976 priesen die Fernsehansager die Serie mit dem Hinweis an, *Columbo* sei die »Lieblingsserie von Raymond Barre«, damals Ministerpräsident von Frankreich. Der Schriftsteller und Journalist Robert Escarpit betitelte einen in *Le Monde* erschienenen Artikel über Raymond Barre: »Der Kojak-Plan« (17. Dezember 1976). Starke Verbreitung fand in den siebziger Jahren das angeblich hohen Bildungswert besitzende Würfelspiel »Kojak«, das Milton Bradley in Kooperation mit Universal entwarf. Wie beliebt der kleine Inspektor des Los Angeles Police Departement in Frankreich ist, konnte Peter Falk am begeisterten Empfang auf dem 6. Festival des Kriminalfilms und -romans in Reims erleben.

immer wieder betonten sämtliche TV-Magazine die physiognomischen Eigenheiten der Schauspieler Telly Savalas (1922–1994) und Peter Falk (geb. 1927), Darsteller von Kojak beziehungsweise Columbo.

Die Namen der beiden Polizisten sind keineswegs zufällig gewählt: Sie sind weniger Familienname als Devise und Emblem, sie resümieren die wichtigsten Eigenschaften der beiden Inspektoren.

Der Name »Columbo« deutet an, dass sein Träger italienischer Abstammung ist, und ein Italiener – das wissen wir aus der pseudowissenschaftlichen »Völkerpsychologie« – zeichnet sich durch Geschwätzigkeit, Unordentlichkeit, Nachlässigkeit, wildes Gestikulieren und Freude am Essen aus, kurz: Er erinnert an eine Figur aus der »Commedia dell'arte«. Columbo ist also ein »typischer Italiener«, wie ihn sich das amerikanische Fernsehen vorstellt: eine Karikatur.

Die Namensanalogie mit Christoph Kolumbus weist den Inspektor Columbo als scharfsinnigen Entdecker aus und erinnert daran, dass der erste Euroamerikaner ein Italiener war – was der bedeutenden italienischen Minderheit in den Vereinigten Staaten nur schmeicheln kann.

In der ersten Sendefolge, die NBC am 31. Juli 1960 ausstrahlte – eine Filmbearbeitung der Novelle *Dear Corpus Delicti*[10] aus der Feder der Serienerfinder William Link und Richard Lewinson –, hieß der berühmte Inspektor übrigens noch nicht Columbo, sondern Fisher (gespielt von dem damals kaum bekannten Schauspieler Bert Freed). Erst nachdem die

10 Die Novelle erschien erstmals in der Zeitschrift *Alfred Hitchcock's Mystery* (März 1960). Informationen über die Fernsehserie *Columbo* finden sich u. a. auf der englischsprachigen Webseite www.columbo-site.freeuk.com

Entscheidung gefallen war, *Columbo* als Serie zu produzieren – die erste Folge strahlte NBC am 20. Februar 1968 aus[11] –, änderten die Drehbuchschreiber auf Geheiß von Universal den Namen in »Columbo«, und Peter Falk erhielt die Hauptrolle.

Das Wort »Kojak« lässt eher an Zentraleuropa denken, an die Rauheit der Steppen. Es weckt Assoziationen an einen schroffen Charakter (der Kodiakbär gehört zu den Braunbären), der bisweilen ins Gegenteil umschlagen kann (das Wort »kojak« ist fast ein Palindrom, es klingt von vorne und von hinten gelesen ähnlich).

Dieses Ineinanderumschlagen ist im Übrigen auch in der Idee des »Bären« enthalten: in der Natur ein gefährliches, gewalttätiges Tier, für Kinder ein kuscheliges Stofftier. Außerdem mag der Bär Honig, und Kojak liebt wie gesagt Lollys.

Allerdings gaben mit Blick auf die Wahl dieses Namens wohl eher Marketing-Gesichtspunkte den Ausschlag. Erinnern wir uns an den ähnlich klingenden Markennamen »Kodak«. Der Erfinder des transparenten Rollfilms George Eastman beschloss, seine für den Weltmarkt entwickelten Produkte mit

---

11 Die erste Serie umfasste 45 Folgen und wurde 1978 eingestellt. Das alte Produktionsteam – der Schauspieler Peter Falk, die Columbo-Erfinder William Link und Richard Lewinson (gest. 1987) und die Drehbuchschreiber Richard Alan Simmons und Dean Hargrove – beschlossen, die Serie zu neuem Leben zu erwecken. 1988 war es schließlich soweit. Die Produzenten verfügten über ein Budget für 15 neue Folgen (die Kosten je Folge belaufen sich auf durchschnittlich 2,5 Mio. Dollar), und der damals drittgrößte Sender ABC, der mit sinkenden Einschaltquoten zu kämpfen hatte (die beiden Aushängeschilder unter den ABC-Serien, *Hotel* und *Dynasty,* sollten eingestellt werden), erklärte sich bereit, *Columbo* im Rahmen der Krimireihe *The ABC Mystery Movie* abwechselnd mit *B.L. Stryker* und *Gideon Oliver* zu senden. Die erste Episode »Columbo Goes to The Guillotine« wurde am 6. Februar 1989 ausgestrahlt (dt. Titel: Tödliche Tricks). Dazu Mark Dawidziak, *Le Dossier Columbo,* Encrage Éditions, Amiens 1991.

dieser Wortschöpfung zu bezeichnen, weil die Phoneme des Worts »Kodak« in den meisten bekannten Sprachen identisch ausgesprochen werden. Dieser Marketing-Trick ist sicher nicht ganz unschuldig an der Tatsache, dass gerade die Fernsehserie *Kojak* weltweit die größte Verbreitung gefunden hat.

Schweigende Mehrheit

Auch die Kleidung oder »Uniform« unserer beiden Inspektoren ist mitnichten zufällig gewählt; ihre emblematische Bedeutung erschließt sich ohne Schwierigkeiten. Bereits auf den ersten Blick fällt auf, dass sie sowohl bei Columbo als auch bei Kojak drastisch kontrastiert mit dem sozialen Milieu, in dem die beiden tätig sind.

Columbo stellt seine Nachforschungen ausschließlich in den vornehmen Villenvierteln von Los Angeles an, wo er durch seinen Aufzug völlig aus dem Rahmen fällt. Seine Kleidung passt nie zusammen. Er trägt ständig einen schmutzigen alten Regenmantel von anno dazumal, einen abgewetzten Anzug und eine nachlässig gebundene Kravatte, er fährt ein graues Peugeot-403-Cabriolet Baujahr 1960, das des Öfteren den Geist aufgibt und dringend in die Waschanlage müsste. Seine zerstreute Art, sein linkisches Benehmen, sein zerzaustes Haar, sein zerknittertes Gesicht, seine verschlafenen Augen, seine zuckenden Augenlider, sein erloschener Zigarrenstummel, sein apathischer Basset (der natürlich ein Spürhund ist, wie es sich für einen Detectiv gehört) – alles an Columbo widerspricht dem Habitus, der Eleganz und dem gewandten Auftreten seiner Gesprächspartner, die – oft von großen Kino- oder Fernsehstars gespielt – frisch gelackt den »People«-Seiten eines Modemagazins entsprungen scheinen.

Kojak hingegen, der in den von zwielichtigen Gestalten frequentierten und ziemlich heruntergekommenen Vierteln des 13. Sektors von South Manhattan in New York patrouilliert, zeichnet sich durch einigermaßen schreiende Eleganz aus. Er kleidet sich wie ein Zuhälter: Maxi-Mantel, maßgeschneideter Glencheck-Dreiteiler mit bunter Weste, bunte Kravatte, erstklassiger Hut, teure Schuhe (Modell Church), besticktes Hemd, Goldkettchen. Sein Aufzug unterscheidet sich drastisch vom üblichen Outfit seiner Gegenspieler (Weste, Jeans, Turnschuhe, Rappermütze).

Columbo wie Kojak heben sich durch ihre Kleidung also deutlich von dem Milieu ab, in dem sie operieren. Man kann sie unmöglich mit ihrer Umgebung verwechseln. Sie bewegen sich nicht »wie Fische im Wasser«. Im Gegenteil, ihre ganze Erscheinung zeigt uns, dass sie in ihrem Arbeitsumfeld wie fehl am Platz sind, im Exil, Fremde.

So aufgeputzt, wie Kojak daherkommt, könnte er genauso gut einer jener Kriminellen sein, denen Columbo nachstellt, und Columbo mit seinem Outfit würde sich ebenso gut in der Galerie der Tagediebe machen, die Kojak jagt. In ihrem jeweiligen Arbeitsumfeld figurieren die beiden als unsere Mitmenschen, unsere Delegierte, unsere Stellvertreter. Sie repräsentieren die schweigende Mehrheit, die sich bald nachlässig wie Columbo, bald sonntäglich wie Kojak kleidet.

Vor allem aber im Umgang mit ihren Gegenspielern offenbaren die beiden Inspektoren ihre eigentliche Funktion.

Minderheiten

Kojak bekämpft die Unangepassten der Großstadt. Er hat fast ausschließlich mit dunkelhäutigen Menschen zu tun, die einer der nationalen oder ethnischen Minderheiten angehören (und sich oft als unschuldig herausstellen).

Im Laufe der 116 Folgen, die zwischen 1973 und 1978 gedreht und zunächst von CBS ausgestrahlt wurden, ziehen sämtliche Minderheiten von Manhattan an uns vorüber. Da sind die exotischen Zigeuner, die in ihrer traditionellen Tracht vorgeführt werden, von der Wahrsagerei leben und mit der obligatorischen Kristallkugel die Zukunft weissagen. Da sind die gewaltbereiten schwarzen Jugendlichen, im Grunde gute Jungs und jedenfalls nicht politisiert, nur momentan von einem Hitzkopf auf den falschen Weg gebracht, der seinen Fehler bald einsieht und reumütig umkehrt.

Da sind die Puertoricaner, die auf vergitterten Plätzen (der Film *West Side Story* von Robert Wise lässt grüßen) unermüdlich Baskettball spielen und von der leidenschaftlichen, aber enttäuschten Liebe zu angelsächsischen Frauen leben (Einfluss desselben Films). Da sind die Italiener, die kleinen Berufen nachgehen und sehr religiös sind, da sind die überschwänglichen Polen, die nostalgisch gestimmten Juden, die rätselhaften Chinesen und so weiter.

Der Mythos vom babylonischen New York, der Mythos auch von Amerika als Schmelztiegel findet hier seine letzte Wiederkunft. Die ethnischen oder religiösen Minderheiten werden nach dem Gesetz der Karikatur oder dem Rezept der »Völkerpsychologie« stets auf ein oder zwei Charakterzüge reduziert.

Auch Kojaks Mitarbeiter tragen fremdländische Namen: Stravos, Saperstein, Rizzo und dergleichen mehr. Kojak selbst gehört einer zurückhaltenden, bescheiden lebenden, wohl integrierten Balkan-Minderheit an (beiläufig erfahren wir, dass die griechische Heimat seiner Eltern nicht in den Genuss der Vorzüge und Freiheiten der amerikanischen Wirtschaftsordnung kam). Die familiäre Herkunft des Inspektors ruft uns diskret ins Gedächtnis, dass Amerika auch ein Asylland für politisch Verfolgte ist.

Integration von Minderheiten

Hier offenbart sich auch die ideologische Funktion des Inspektors Kojak: Sosehr er einerseits das amerikanische Gesellschaftssystem, Gesetz und Ordnung zu verteidigen hat, so sehr hat er andererseits mit der gebotenen Umsicht auf die Integration und Assimilation der Minderheiten hinzuarbeiten. Er soll sie von der Versuchung der Kleinkriminalität abhalten, indem er sich selbst als Paradebeispiel und Vorbild einer gelungenen Amerikanisierung ins Spiel bringt (anders als seine Eltern ist Kojak in Manhattan geboren und aufgewachsen). Damit knüpft die Ende der sechziger Jahre – zur Zeit des politischen Aufbruchs der Minderheiten – konzipierte Serie an den Mythos vom Asylland Amerika, vom Land der Freiheit an und nimmt den staatspolitischen Ökumenismus von Präsident Jimmy Carter und den in Mode kommenden Multikulturalismus vorweg.

In Frankreich ließen sich Pierre Grimblat und Tito Topin augenscheinlich von *Kojak* inspirieren. Die von ihnen konzipierte Serie *Navarro*, in der Hauptrolle Roger Hanin, zog Woche für Woche 10 Millionen Fernsehzuschauer vor die Bildschirme. Aber auch die TF 1-Serien *Julie Lescaut, Le Commissaire Moulin, Quai n° 1* und *Une femme d'honneur* verfolgen ähnliche ideologische und soziologische Absichten, wenn sie gesellschaftlich relevante Themen wie Gewalt in der Großstadt, Rassismus, Arbeitslosigkeit, soziale Problemviertel oder Mauscheleien in Politik und Wirtschaft in den Mittelpunkt stellen. Der Erfinder und Drehbuchschreiber von *Kojak*, der Schriftsteller Abby Mann, gehört zur amerikanischen Linken und war lange Zeit in der Bürgerrechtsbewegung aktiv. Er war mit dem schwarzen Pazifisten und Friedensnobelpreisträger Martin Luther King befreundet, der am 4. April 1968 ermordet wurde. In seinem wohl dokumentierten dreistündigen Spielfilm *King* schildert er das Leben und Engagement seines Freundes. 1989 drehte er für das Fernsehen *The Simon Wiesenthal Story* über den bekannten Nazijäger.

Verbrechen reicher Leute

Columbo bewegt sich in einem liebenswürdigeren, gepflegteren Milieu, doch die Fälle, die er zu lösen hat, sind niemals kleine Überfälle oder Einbrüche: Stets geht es um Mord. Seine Gegenspieler, mit denen durchaus nicht zu spaßen ist, gehören zu den oberen Zehntausend. Sie besitzen vielfach eine bemerkenswerte Intelligenz, halten sich für geniale Verbrecher, haben ein wasserdichtes Alibi und wiegen sich in der Gewissheit, das perfekte Verbrechen begangen zu haben. Die Ermittlungsmethode Columbos verweist auf eine literarische Tradition, die mit den Namen Edgar Allan Poe, Conan Doyle, Agatha Christie und Simenon verbunden ist.

Columbo ist ein gewiefter Kopf, der sich als Idiot ausgibt. Er bohrt den Fall stets im Alleingang auf, und die in Frage kommenden Schuldigen lassen sich an einer Hand abzählen. Die Kunst der Deduktion und die Schärfe logischen Denkens sind hier weit wichtiger als die detaillierten Akten Kojaks. Inspektor Columbo ist in der Lage, anhand einer kleinen, auf dem Fußboden gefundenen Daunenfeder den Mörder zu erkennen und seine kriminelle Vorgehensweise nachzuzeichnen. Die Suche nach Indizien, die Verknüpfung von Spuren, die Rekonstruktion des Verbrechens, die Logik der Gesten stacheln seinen Scharfsinn an. Columbo glaubt nicht an den Schein der Dinge. Ein neuer Sherlock Holmes oder Inspektor Maigret, sucht er nach dem »verhüllten X«, das die augenscheinliche Ordnung Lügen straft.

Peter Falk erklärt: »Er will immer verstehen, wie etwas funktioniert, er ist neugierig wie ein Kind. Eigenliebe und falscher Stolz sind ihm völlig fremd. Er will nur verstehen, wie die Dinge funktionieren. Ich glaube, dass die Leute ihn deshalb mögen.«[12]

Rätsel auf den Kopf gestellt

Bis auf wenige Ausnahmen folgen sämtliche *Columbo*-Episoden demselben Muster, der Figur des auf den Kopf gestellten Rätsels. Die Geschichte zerfällt rituell in zwei Teile, zwei Perioden. Die lange Exposition zeigt uns den Mord und informiert uns über die Identität und die Vorgehensweise des Täters (nur wenige Folgen, darunter *Doppelter Schlag, Der alte Mann und der Tod, Bluthochzeit, Ein Spatz in der Hand* und *Zwei Leichen und Columbo in der Lederjacke,* fallen aus diesem Schema heraus und lassen den Zuschauer bis zum Ende der Sendung über die Identität des Mörders im Unklaren).

Inspektor Columbo tritt erst im zweiten Teil auf, und seine Ermittlungen wecken unser Interesse als Zuschauer nicht deshalb, weil er uns wie Hercule Poirot, The Saint oder Inspektor Bourrel die Identität des Mörders enthüllt, sondern weil wir

12 Interview mit Peter Falk, *Le Figaro-TV Magazine,* 11. März 2000.

überprüfen können, ob er sich bei seinen Nachforschungen geschickt anstellt, und weil wir dabei seine Ermittlungsmethode bewundern können. Da wir in das Geheimnis des Falls bereits im ersten Teil eingeweiht wurden, dürfen wir nun »heiß« und »kalt« rufen, wenn Columbo der Lösung des Falls – je nachdem – einen Schritt näher kommt oder in die Irre geht.

Im Laufe seiner langen Verhöre oder vielmehr Gespräche mit den Verdächtigen, in denen er immer wieder auf scheinbar unwichtige Dinge zu sprechen kommt – auf seine Ehefrau, die man nie zu Gesicht bekommt[13], auf seinen Hund und seine Vorliebe fürs Kino –, lauert der Inspektor auf die entscheidenden Informationen, die ihn in seinen Ermittlungen voranbringen. Der Zuschauer kann diese Unterhaltungen umso mehr goutieren, als er den Mörder bereits kennt.

Theaterdonner ist in dieser Serie rar gesät, sie braucht ihn nicht. Ihr reichen der hartnäckige Charakter des Inspektors, seine geschickte Fragetechnik, die unscheinbare Verbissenheit, mit der er den Verdächtigen bearbeitet und natürlich die brillante Schlussrede, in der er das Verbrechen Schritt für Schritt nachzeichnet.

Obwohl von Anfang an erwartet, ist der schließliche Triumph Columbos für den Zuschauer besonders befriedigend, weil als Mörder reiche, schöne, arrogante Bürger überführt werden, die sich auf ihren Intelligenzquotienten einiges einbil-

13 Aus Protest gegen die ständigen Budgetüberschreitungen der *Columbo*-Macher beendete NBC 1978 die Karriere des berühmtesten Fernsehinspektors nach zehn Jahren und 45 Folgen. Stattdessen produzierte der Sender eine neue Serie, in deren Mittelpunkt niemand anders als Frau Columbo stand (gespielt von Kate Mulgrew). Der Gag wurde ein Reinfall, die Serie nach 12 Folgen eingestellt.

den und den kleinen Polizeiinspektor gerne von oben herab behandeln. Der Zuschauer wird Zeuge, wie Columbo, der alle Merkmale eines gewöhnlichen Mannes von der Straße besitzt, ja das Auftreten und Erscheinungsbild eines Loosers an den Tag legt, diesen Leuten, mit denen es das Leben allzu gut gemeint hat und denen der Erfolg zu Kopf gestiegen ist, eine schöne Lektion erteilt. Peter Falk meint: »Sie sind schön, reich und intelligent und hätten damit zufrieden sein können. Aber sie wollten eben mehr ...«[14]

Dass Columbo (unweigerlich) unsere Sympathie weckt, liegt auch daran, dass er bei seinen Ermittlungen keine technischen Hilfsmittel einsetzt, keine Laboranalyse, kaum Fingerabdrücke, nicht einmal eine Lupe wie weiland Sherlock Holmes, nie eine Waffe (seine Vorgesetzten drängen ihn immer wieder, die vorgeschriebenen regelmäßigen Schießübungen zu absolvieren, um die er sich nach eigenem Bekunden seit Jahren herumdrückt). Columbo gebraucht nie Gewalt und ist somit in der Tat eine wahre »Friedenstaube«, wie sein Name andeutet.

Wenn sich der Fall allerdings kompliziert, steht Columbo nicht an, das »schwächste Glied« im Alibi seines Gegenspielers, vielfach eine Frau, rücksichtslos zu traktieren und ihr zynisch ins Gesicht zu sagen: »Wir werden nicht lockerlassen, bis Sie die Nerven verlieren.« Und plötzlich mobilisiert der herzensgute Inspektor, was dem Polizeiapparat zu Gebote steht: Funkwagen, Telefonabhöranlagen, Personenüberwachung, Täuschungsmanöver.

Denn die Amtsperson, die sich unter dem gutmütigen Äußeren verbirgt, hat eine ernste Aufgabe zu erfüllen, und der

14 Interview mit Peter Falk, *Le Figaro-TV Magazine,* 11. März 2000.

geht Columbo mit aller Strenge und Unnachsichtigkeit nach, will sagen: Er hat seinesgleichen, die *middle class*, die kleinbürgerliche Bevölkerungsmehrheit, gegen die kriminellen Ausschweifungen einer privilegierten Elite zu schützen.»Columbo wird triumphieren, und die kleinen, bescheidenen, einfachen Leute, das Gros der Bevölkerung, wird mit ihm triumphieren. Vergessen ist der Macchiavellismus des Inspektors, vergessen seine mitunter zynischen Winkelzüge, denn darüber herrscht Gewissheit, dass sie nur dazu dienen, einen schrecklichen Verbrecher zu entlarven.«[15]

Die Reichen und Mächtigen – so lautet die wesentliche Botschaft der Serie – meinen, sie könnten sich alles erlauben; doch da haben sie die Rechnung ohne Columbo gemacht, der sie mit einfachsten Mitteln zur Ordnung ruft, sie so lange durch die Mangel dreht, bis sie klein beigeben, sie gegebenenfalls ein wenig durch den Kakao zieht, sie ihrer gerechten Strafe zuführt.

Recht und Ordnung

»Die wesentliche Rolle der Institution Polizei wird dadurch bekräftigt, und da der narrative Aufbau es dem Fernsehzuschauer erlaubt, sich mit dem Filmhelden zu identifizieren, wird gleichzeitig die bestehende Ordnung legitimiert. Der Seriencharakter dieser Sendungen verstärkt ihre konservative Wirkung zusätzlich, da Serien auf Wiederholung beruhen. Sie bedienen die Erwartungen des Zuschauers und bestätigen mit jeder Folge, woran er sich zu orientieren hat.«[16]

15 *Le Figaro-TV Magazine*, 14. Januar 1981.
16 Furiel Favre, »Les policiers«, in: Jean-Noël Jeanneney (Hg.), *L'Écho du siècle. Dictionnaire historique de la radio et de la télévision en France*, Hachette Littératures, Paris 1999.

So beziehen die beiden Polizeiinspektoren Kojak und Columbo an den beiden Extremen der herrschenden Ideologie Posten und wachen die liebe Serie lang über Recht und Ordnung, auf dass die Mittelschicht ruhig schlafen kann. Am oberen Ende wacht Inspektor Columbo über die Creme der Gesellschaft, stets bereit, das kriminelle Verhalten kosmopolitischer Milliardäre und arroganter Neureicher anzuprangern, zu entlarven, zu sanktionieren. Am unteren Ende patrouilliert Kojak, unermüdlich bei der Aufgabe, die ethnischen Minderheiten und Randgruppen zu kontrollieren, zu überwachen, zu normalisieren, zu amerikanisieren.

Hollywood und der Vietnamkrieg

Wie soll ich sagen, dass ich ein Mörder bin?
Ich schleppe meinen Schatten wie einen Sack
voller verlassener Leichen hinter mir her.
MORTON MARCUS

Vor dem Vietnamkrieg führten die Vereinigten Staaten nach 1940 zwei weitere größere Kriege in Asien: gegen Japan (1941–1945) und gegen die koreanischen Kommunisten (1950–1954). Jeder dieser Kriege regte eine beträchtliche Filmproduktion an, und so mag es nicht uninteressant sein, einen kurzen Blick darauf zu werfen, bevor wir uns näher mit der filmischen Verarbeitung des Vietnamkriegs befassen.

Die »gelbe Gefahr«

Es begann am 12. Dezember 1937, als ein japanischer Jagdflieger – wohl irrtümlich – einige Bomben über dem amerikanischen Kanonenboot »USS Panay« abwarf, das auf dem Jangtsekiang zwei Handelsschiffe begleitete. Wie es das Schicksal wollte, befanden sich an Bord des Schiffs auch die beiden Kameramänner Norman Alley und Eric Mayell, die das sensationelle Ereignis ohne große Gefahr für Leib und Leben filmen konnten. Das Pentagon besorgte sich das Bildmaterial, schnitt es zurecht und legte einen dramatischen Kommentar darüber. So entstand der erste antijapanische Propagandafilm *Bombing of the USS Panay*.

In Erwartung eines möglichen Kriegseintritts gegen Japan gab die US-Marine einen Kurzfilm in Auftrag, der den Rekruten während ihrer Ausbildung gezeigt wurde und den anschaulichen Titel *Kill or Be Killed* trägt. Darin verkündet der Kommentator mit ernstem Bass: »Der Japaner ist der niederträchtigste, grausamste Krieger, den es gibt. Wir müssen ihn also mit seinen eigenen Waffen schlagen.«

Bereits diese ersten beiden *Propagandafilme* nennen die Hauptattribute, die den Japanern fortan von offizieller Seite angehängt werden: Grausamkeit, Niedertracht, Verrat.

Kaum hatten die Kriegshandlungen im Pazifik begonnen – Auslöser war die Bombardierung von Pearl Harbor am 7. Dezember 1941 –, da steuerte Hollywood auch schon seinen Teil bei zur psychologischen Kriegsführung. Von der US-Navy angeheuert, leitete Regisseur John Ford die Dreharbeiten zu einer ganzen Reihe dokumentarischer Propagandafilme. Zu den bekanntesten gehören: *The Battle of Midway* (1942), *Torpedo Squadron 8* (1942), *December 7th* (1942) und *We sail at Midnight* (1943). Weitere Filme, die die »gelbe Gefahr« beschworen, folgten, darunter *Guadalcanal Diary* von Lewis Seiler (1943), *Bataan* von Tay Garnett (1943), *Gung Ho!* von Ray Enright (1944) und *Corregidor* von William Nigh (1944). Ständig wiederholen diese Produktionen dieselben rassistischen Klischees, in denen ideologische Gegnerschaft und ethnische Differenz unentwirrbar ineinander fließen. Nicht als Faschist oder Militarist ist der Japaner der Feind, sondern schlicht deshalb, weil er ein »Gelber« ist.

Vor allem ein Film stachelte den Rassenhass mitten im Krieg an: *Purple Heart* von Lewis Milestone (1944). Genüsslich schildert das Machwerk, wie japanische Folterknechte gefangen genommene US-Flieger auf erbarmungslose Weise quälen. Der Hauptdarsteller in *Stählerne Schwingen/Jagdgeschwader Wildkatze* von Nicholas Ray (1951) verschafft seiner Empörung angesichts solcher Methoden lauthals Luft: »Die Japaner verdienen es nicht zu leben.« In *Iwo Jima – Die große Schlacht* lässt John Wayne dem Spruch Taten folgen: Wie schön es doch sei, die »Gelben« mit Flammenwerfern zu rösten.

Im Zuge des Koreakriegs, der mit der McCarthy-Ära und der »Hexenjagd« in Hollywood zusammenfiel, entstanden zahlreiche Filme mit ausgesprochen antikommunistischer Stoßrichtung, darunter *Die Hölle von Korea* (1950) und *Der letzte Angriff* (1951) von Samuel Fuller, *Korea* von Tay Garnett (1952), *Feuerschutz für Stoßtrupp Berta* von Joseph H. Lewis (1952), *Arzt im Zwielicht* von Richard Brooks (1952) und *Bamboo Prison* von Lewis Seiler (1955). Die Köpfe erscheinen in diesem Konflikt ebenso bedroht wie die Körper, und so kann es nicht verwundern, dass die »Gehirnwäsche« – vor allem in *Botschafter der Angst* von John Frankenheimer (1962) – als spezifische Foltermethode der gelben Kommunisten dargestellt wird.

Um diesen asiatischen Perversitäten standzuhalten, gibt es nach Auskunft der meisten Filme nur ein Mittel: steif und fest an die Vorbildfunktion der Armee zu glauben. Militärische Qualitäten, kriegerische Tugenden und amerikanische Werte werden hier stets in eins gesetzt.

Antikriegs-Metaphern

Mit dem Vietnamkrieg ändert sich in Hollywood endlich etwas, und die bemerkenswerte Ausnahme des chauvinistischen, militaristischen und rassistischen Films *Die grünen Teufel* von John Wayne und Ray Kellog (1968) sollte uns nicht den Blick fürs Wesentliche verstellen: Anders als bei den ersten beiden Asienkriegen wurde während des US-Engagements in Indochina kein Film gedreht, der den Krieg unterstützt. Mehr noch: Gerade in der heißen Phase der Kriegshandlungen (1968–1972) kamen in den Vereinigten Staaten erstaunlich viele antimilitaristische oder kriegskritische Filme in die Kinos. Gewiss, um der Zensur und Boykottmaßnahmen zu entgehen, situieren diese Produktionen die Filmhandlung weit weg von Vietnam, doch die Parabeln, Metaphern und Anspiegelungen sind deutlich genug, um keinen Zweifel aufkommen zu lassen. *Das Wiegenlied vom Totschlag* von Ralph Nelson und *Little Big Man* von Arthur Penn bemühen die Indianerkriege im amerikanischen Westen in der zweiten Hälfte des 19. Jahrhunderts, aber der Bezug zu dem Massaker, das amerikanische Soldaten im vietnamesischen Dorf My Lai anrichteten, springt geradezu in die Augen.

Jonny zieht in den Krieg von Dalton Trumbo (1971) schildert die Geschichte eines Kriegsversehrten im Ersten Weltkrieg, *Schlachthof 5* von George Roy Hill (1971) und *Catch 22* von Mike Nichols (1970) spielen im Zweiten Weltkrieg, *M.A.S.H.* von Robert Altman im Koreakrieg – doch letztlich erzählen alle diese Filme vom Krieg in Vietnam, von unnötigem Leid, vom Widersinn des Kriegs, von Menschen, die seiner Absurdität zum Opfer fielen.

Engagiertes Fernsehen

Während Hollywood den militärischen Konflikt in Vietnam nur in den seltensten Fällen direkt und frontal ansprach, erging sich das Fernsehen in genüsslicher Berichterstattung. Geradezu frenetisch unterstützten Fernsehmacher die Version des Pentagons und traten *ad nauseam* den Kriegsalltag des amerikanischen Expeditionskorps breit.

Zur Erinnerung sei erwähnt, dass der Vietnamkrieg 15 Jahre dauerte, von 1960 bis 1975. Die südvietnamesische Nationale Befreiungsfront (FLN) wurde am 20. Dezember 1960 gegründet, rund sechs Wochen nach der Wahl von John F. Kennedy zum Präsidenten der Vereinigten Staaten. Wenige Wochen später entsandte der neue US-Präsident in flagranter Verletzung des Genfer Abkommens von 1954 amerikanische Spezialeinheiten in den Krieg.

Gegen Ende der sechziger Jahre ließ Präsident Lyndon B. Johnson Nordvietnam und Hanoi bombardieren, was zu einer Eskalation der Kriegshandlungen führte. Präsident Richard Nixon und sein Außenminister Henry Kissinger leiteten in den siebziger Jahren die »Vietnamisierung« des Konflikts ein. Schließlich zogen sich die US-Truppen zurück, und am 30. April 1975, wenige Tage nachdem Präsident Nguyen Van Thieu sein Amt niedergelegt hatte, brach der Widerstand der südvietnamesischen Armee gegen die in Saigon einmarschierende FLN zusammen.

Während all dieser Jahre verbreiteten die lokalen und nationalen Radio- und Fernsehsender in den USA morgens wie abends das Neueste vom Krieg. Hinzu kamen Sondersendungen mit Interviews und längeren Berichten, Dokumentarfilme, Übertragungen von Kongressdebatten, Pressekonferenzen und Wahlkampfreden, die sich mit dem Vietnamkrieg beschäftigten. Keinem anderen Konflikt hat die amerikanische Fernsehberichterstattung je so viel Aufmerksamkeit und Sendezeit geschenkt wie dem Vietnamkrieg.

Der Soziologe George Bailey hat für die Jahre 1965 bis 1970 im Einzelnen untersucht, wie die drei großen US-Sender ABC, CBS und NBC über den Fortgang der Kämpfe berichteten.[1] Dieser Zeitabschnitt ist insofern besonders wichtig, als er einerseits die Eskalation der Kriegshandlungen unter Präsident Johnson umfasst, andererseits den Beginn des Desengagements und den schrittweisen Rückzug der US-Truppen unter Richard Nixon. Während dieser fünf Jahre widmeten die drei US-Sender einen bedeutenden Teil ihrer fünzehnminütigen Tagesnachrichten dem Krieg in Vietnam.

Dies bedeutet freilich nicht, dass der Krieg jeden Tag kommentiert worden wäre. Auch gibt es erhebliche Unterschiede zwischen den drei Sendern. CBS zeigte die größte Kontinuität und behandelte den Krieg an 83 Prozent der Tage, gefolgt von NBC mit 78 Prozent und ABC mit 72 Prozent. Sobald sich die Situation zuspitzte – erste B-52-Angriffe, Entsendung großer Truppenkontingente, Tet-Offensive, die Kämpfe um Ia Drang, Con Thien und Khe Sanh –, nahm die Sendezeit im selben Maß zu wie die Intensität der Kampfhandlungen, und in manchen Wochen war der Krieg an jedem Abend in den Nachrichten.

Einseitigkeit und Desinformation

Fast die Hälfte der Kriegsnachrichten beschäftigte sich mit den Operationen der amerikanischen Bodentruppen und Luftstreitkräfte. 12 Prozent der Sendezeit widmeten die Nachrichtenmacher den offiziellen Verlautbarungen der Regierungen von Saigon und Washington, während ihnen der Standpunkt des Feindes nur 3 Prozent wert war. Allein dieses Zahlenverhältnis zeigt, wie einseitig das amerikanische Fernsehen die Ereignisse darstellte.

---

1   George Bayley, »Television War: Trends in Network Coverage of Vietnam 1965–1970«, *Journal of Broadcasting,* Washington, Frühjahr 1976.

Auch die Folgewirkungen des Krieges auf die Vereinigten Staaten und die ablehnende Haltung der Jugend – Antikriegsdemonstrationen, Friedensmärsche, Studentenproteste – wurden heruntergespielt und durchschnittlich nur in 5 Prozent der Sendezeit behandelt. George Bailey bemerkt zu dieser einseitigen Berichterstattung:»Die täglichen Resümes des Kampfgeschehens stammten fast ausschließlich aus der Abteilung für Öffentlichkeitsarbeit der Streitkräfte.«

Im Jahr 1971 wandte die PR-Abteilung des US-Verteidigungsministeriums 200 Millionen Dollar auf, um den amerikanischen Bürgern ein möglichst vorteilhaftes Bild der US-Streitkräfte zu vermitteln. In dem Dokumentarfilm *The Selling of the Pentagon* (Die Verkaufsstrategie des Pentagons) von Peter Davis erzählt ein ehemaliger Offizier der Presseabteilung, wie er die Journalisten bei ihren Recherchen vor Ort beriet und mit Falschinformationen fütterte. Unter anderem fiel seinen Manipulationen ein Reporterteam von CBS zum Opfer, das im Rahmen einer Reportage über die amerikanischen Bombenangriffe um ein Gespräch mit Piloten bat. Die handverlesenen Flieger wurden genauestens instruiert, was sie den Journalisten erzählen sollten und was nicht.

Eine weitere Methode der Desinformation schildert ein zeitgenössischer Beobachter:»Die Presseabteilung inszenierte Kampfeinsätze der südvietnamesischen Truppe, filmte das Geschehen ab und sandte das Material an kleinere amerikanische Fernsehsender, die es sich nicht leisten konnten, eigene Reporter nach Vietnam zu schicken.«[2]

2 *Le Monde*, 3. April 1971.

Drei Millionen Tote

Um dieser einseitigen, manipulatorischen Darstellung des
»schmutzigen Krieges« entgegenzuwirken, begannen einige un-
abhängige Filmemacher Ende der sechziger Jahre – zeitgleich
mit dem Wahlkampfduell Nixon/Mac Govern –, die Schrecken
der amerikanischen Intervention in Vietnam mit den Mitteln des
politischen Dokumentarfilms anzuprangern. Weit eindringlicher
als die bekannten Blockbuster legen diese Dokumentarstreifen
Zeugnis ab von der Grausamkeit einer militärischen Auseinandersetzung, die 58 000 Amerikanern und 3 Millionen Vietnamesen das Leben kostete. Erstmals in der Militärgeschichte
der Vereinigten Staaten kündigte daraufhin ein bedeutender
Teil der Nation die Solidarität mit den eigenen Soldaten auf.

Der erste filmische Versuch, die tiefer liegenden Ursachen
des Krieges aufzuklären, war *In the Year of the Pig* von Emile
de Antonio aus dem Jahr 1969. Mit der Akribie eines Archäo-
logen durchforstete De Antonio unzählige Archive mit Filmmaterial aus der Zeit seit der französischen Kolonialherrschaft
und kam zu zwei wesentlichen Ergebnissen: Die US-Interven-
tion war von langer Hand vorbereitet, und sie konnte gar nicht
anders als in der militärischen Niederlage der amerikanischen
Streitkräfte enden.

Die Vorzeichen des Fiaskos gewahrte der geniale Filmemacher Joseph Strick (*Interviews with My Lai Veterans,* 1970) bereits in der Großmäuligkeit und Selbstgefälligkeit von Leutnant
William L. Calley und seinen finsteren Kumpanen. Und Fre-
derick Wiseman beschrieb in seinem Dokumentarfilm *Basic
Training* (1971), wie aus diesen Soldaten im Laufe einer ent-
menschlichenden Grundausbildung regelrechte Kriegsverbre-
cher gemacht wurden.

Paul Ronder interviewte in *Part of the Family* (1971) Angehörige von jungen Soldaten, die in Vietnam gefallen waren, und rief offen zur Kriegsdienstverweigerung auf. In dieselbe Kerbe schlug mit bissigem Humor Francine Parker mit *FTA* (Fuck the Army).

Im Namen der westlichen Zivilisation

Ein packendes Plädoyer für die Kriegsdienstverweigerung ist das Gemeinschaftswerk *Winter Soldier*. Fünfzehn Kriegsveteranen schildern die Grausamkeiten, die sie in Vietnam »im Namen der westlichen Zivilisation« begangen haben. Von allen Dokumentarstreifen über den Vietnamkrieg hat dieser Film sicherlich den größten Einfluss auf die amerikanische Öffentlichkeit gehabt.

Viele der Kriegsveteranen im Alter zwischen 21 und 27 Jahren begriffen nach ihrer Rückkehr aus dem Krieg, dass sie an einer Schlächterei beteiligt waren, dass man sie zu unmenschlichen, kriminellen »Terminators« konditioniert hatte. Und sie mussten erkennen, dass der Vietnamkrieg nie Gegenstand eines Kriegsverbrechertribunals sein würde, dass die Politiker und Militärs, die die Massaker, die Napalm- und Bombenangriffe auf die Zivilbevölkerung, die Massenhinrichtungen in den Gefangenenlagern und den ökologisch verheerenden Einsatz von Entlaubungschemikalien zu verantworten hatten, niemals vor einem Kriegsgericht stehen würden, dass kein Tribunal sie wegen Verbrechen gegen die Menschheit verurteilen würde.

Diese neu gewonnene Klarheit wurde den jungen Männern unerträglich, und so veranstalteten sie, die weder den Kriegsdienst verweigert hatten noch desertiert waren – nicht wenige besaßen militärische Ehrenauszeichnungen –, im Februar 1971 einen Kongress in Detroit, um gegen die Lügen der Medien zu protestieren. Das Treffen der 125 Kriegsveteranen wurde von den offiziellen Medien boykottiert, erregte aber das Interesse einiger Filmemacher aus New York, die daraufhin *Winter Soldier* drehten.

Der Film zeigt ehemalige Soldaten, die einst stolz darauf waren, für ihr Vaterland zu kämpfen. Nun berichten sie von der Gehirnwäsche in den Trainigslagern, in denen sie lernten, ihr Gewissen zum Schweigen zu bringen und ihrem Aggressionstrieb freien Lauf zu lassen. Sie erzählen von den schrecklichen Taten, die sie nach ihrer Verwandlung in Kriegsmaschinen begangen haben: von den Vergewaltigungen und Folterungen, von den Dörfern, die sie in Brand setzten, von den Hinrichtungsaktionen und Kindermorden, vom Handel »ein Ohr für eine Dose Bier«, von den Gefangenen, die sie aus dem fliegenden Hubschrauber stießen. Sie erinnern sich an die Anweisungen ihrer Vorgesetzten: »Jeder lebende Vietnamese ist ein mutmaßlicher Vietcong; jeder tote Vietnamese ist ein wirklicher Vietcong. Ein Bauer, der vor euch wegläuft, ist ein Vietcong; ein Bauer, der nicht vor euch wegläuft, ist ein intelligenter Vietcong; in beiden Fällen müsst ihr ihn umbringen. Zählt die Gefangenen erst, wenn der Hubschrauber gelandet ist, nicht beim Start; so müsst ihr für diejenigen, die euch unterwegs abhanden kommen, keine Rechenschaft ablegen.«

Im Spiegel dieser Augenzeugenberichte erscheinen die in Asien begangenen Grausamkeiten als Verlängerung der Misshandlung von Rothäuten und Schwarzen. Ein zum Black Panther gewordener Kriegsveteran erinnert daran, dass Letztere gewissermaßen den Grundstein zu allen weiteren US-amerikanischen Aggressionen legte, eine Vorbildfunktion erfüllte.

Winter Soldier offenbart die tief gehende Traumatisierung der Vereinigten Staaten durch den Vietnamkrieg und unterstreicht die moralische Verunsicherung der jungen Menschen, die an diesem Krieg teilgenommen haben. Der Film avancierte zu einer Art Pflichtlektüre für junge Pazifisten. Er zirkulierte an den Universitäten, und man kann sagen, dass die Figur des versehrt zurückkehrenden und zum Pazifisten sich wandelnden Kriegsveteranen, den John Voigt in *Coming Home – Sie kehren heim* von Hal Ashby (1978) beziehungsweise Tom Cruise in *Geboren am 4. Juli* von Oliver Stone (1989) spielen, direkt von diesem außergewöhnlichen Dokumentarstreifen inspiriert ist.

Verblendungszusammenhang

Wenig später setzte sich Peter Davis in *Hearts and Minds* (1973) mit der Frage auseinander, inwiefern die irrationale Ausweitung des Konflikts, der mit Blick auf Quantität und Qualität der begangenen Grausamkeiten die Dimensionen eines Verbrechens gegen die Menschheit annahm, nicht nur durch politische Motive zu erklären ist, sondern in den kulturellen Eigenheiten der Vereinigten Staaten wurzelt. Dabei spürte der Regisseur in erster Linie dem Geflecht aus Unwahrheiten, Mutmaßungen und Ängsten nach, das die Vereinigten Staaten nach und nach in die Logik der Intervention verstrickte.

Arglos gefragt, weshalb sich Amerika in Vietnam engagiere, antworteten manche Führungspersönlichkeiten mit nachgerade absurden geopolitischen Argumenten: »Wenn wir Indochina verlieren, werden wir den Pazifik verlieren, und dann sind wir nur noch eine Insel in einem kommunistischen Meer.« Andere sahen die Intervention als Verteidigung des freien Zugangs zu unerlässlichen Rohstoffen:»Wenn Indochina fiele, würden die Zinn- und Wolframlieferungen ausbleiben.«Und wieder andere, eher ideologisch Motivierte, waren der Auffassung, dass die Amerikaner intervenierten,»um einem Land Hilfe zu bringen, das Opfer einer ausländischen Aggression ist«.

Peter Davis weiß allerdings, dass andere Militärinterventionen (Guatemala, Panama, Kuba, Dominikanische Republik) mit denselben an den Haaren herbeigezogenen Argumenten begründet wurden. Deshalb, so sein Schluss, muss hinter den amerikanischen Aggressionen eine andere Logik stecken, die allein die Brutalität im individuellen Verhalten der amerikanischen Militärs freilich nicht erklären kann. Hierfür seien eine Reihe von Riten, Regeln und Werte verantwortlich, die die amerikanische Gesellschaft insgesamt prägen.

Drei solche Riten oder»Verblendungsmechanismen«, deren Funktion darin besteht, den tiefer liegenden Sinn einer Handlung unter einem Wust von sekundären, rein formalen Bedeutungen zu begraben, werden in *Hearts and Minds* thematisiert. Peter Davis zeigt auf, wie es die amerikanischen Streitkräfte geschafft haben, die verbrecherische Dimension einer Kriegshandlung durch die zahlreichen technologischen Vermittlungen zwischen Soldat und Opfer auszuschalten.

So erklärt etwa ein Bomberpilot in aller Gelassenheit: »Wenn man mit 800 Stundenkilometern über die Erde fliegt, hat man keine Zeit, an irgendetwas anderes zu denken. Man sah die Menschen nicht. Man hörte nicht einmal die Explosionen. Kein Blut, keine Schreie, eine saubere Sache. Man war Spezialist. Ich war Techniker.« Fasziniert vom Mythos technischer Effizienz, blendet der Pilot die Folgewirkungen seiner Tat aus und weigert sich, die Verantwortung für seine Handlungen zu übernehmen.

Der zweite Verblendungsmechanismus erscheint in gewisser Weise als Ergänzung des erstgenannten: Jeder Handlungszusammenhang wird in einen sportlichen Wettbewerb umgedeutet, in dem der Zweck jedes Mittel heiligt. Dabei gilt es vor allem, sich völlig zu verausgaben und nur an den Sieg zu denken. Peter Davis vergleicht die Einstellung der amerikanischen Militärs im Vietnamkrieg mit der von Football-Spielern. Hier wie dort ist jeder Trick erlaubt, nur der Sieg zählt, auch wenn man den Grund des Kampfs vergessen hat.

Bei einem Kampfeinsatz im vietnamesischen Dschungel befragt ein Interviewer einige Soldaten, weshalb sie hier seien: Sie wissen keine Antwort. Einer meint gar: um den Nordvietnamesen zu helfen. Ein Offizier resümiert:»Ein langer Krieg, schwer zu verstehen. Jedenfalls sind wir hier, um ihn zu gewinnen.«

Das dritte Entlastungsmoment bildet eine Art Völkerpsychologie, die Grundlage des allerprimitivsten Rassismus, die der Bevölkerung eines fremden Landes pauschal beliebige Fehler zuschreibt. Ein amerikanischer Offizier schildert vor Schulkindern seine Eindrücke aus Indochina:»Die Vietnamesen sind sehr zurückgeblieben, sehr primitiv. Sie machen alles schmutzig. Ohne sie wäre Vietnam ein schönes Land.« Deutlich scheint hier das Bedauern durch, dass eine radikale Lösung nach Art der»Indianerfrage«(»no people, no problem«) nicht möglich war. Der Befehlshaber des US-Expeditionskorps hätte sich offenbar ohne große Gewissensbisse dazu bereit gefunden – zumindest wenn man sich seine Äußerung vor Augen hält, dass die»Orientalen dem Leben weniger Bedeutung beimessen als westliche Menschen«.

In Peter Davis' Augen ist der Vietnamkrieg symptomatisch für eine schwer wiegende pathologische Neigung der USA: die »amerikanische Gewaltbereitschaft«. Er durchleuchtet deren spezifisch militärische Merkmale in der soziologischen Manier von Cinda Firestone, die in *Attica* die Funktionsweise des polizeilichen Repressionsapparats aufdeckte.

Hollywood hat den Krieg in Vietnam nie unterstützt und daher nicht gezögert, *Hearts and Minds* 1974 mit dem Oscar für den besten Dokumentarfilm auszuzeichnen.

Gegen die Tradition der Gewalt

Die Rückwirkung des Konflikts auf die Lebenseinstellung vieler Amerikaner wird in John Douglas' und Robert Kramers Film *Milestones* eindrucksvoll geschildert. Der 1975 herausgekommene Film, eine veritable Quintessenz der lebensbejahenden Ideen der Antikriegsgeneration, erzählt von der Geschichte, der Landschaft und den Menschen Amerikas. Es ist die Begegnung mit Bürgern, die sich bewusst sind, dass die Macht der Vereinigten Staaten auf dem Massaker an den Indianern und auf der Versklavung der Schwarzen beruht, mit Menschen, die gegen die Vernichtung der Vietnamesen Einspruch erheben.

Milestones markiert einen Neuanfang, einen radikalen Bruch im politischen Ansatz. Der Krieg ist zu Ende, und so unterstreicht der Film die Notwendigkeit, die Energie des Widerstands nunmehr im Alltag fruchtbar zu machen und für andere Beziehungen zwischen Mann und Frau, für andere Verhältnisse innerhalb der Familie, für andere zwischenmenschliche Beziehungen überhaupt zu kämpfen. *Milestones* tritt für eine weniger gewalttätige, humanere und tolerantere Gesellschaft ein, die mehr Raum für Sinnlichkeit und Gefühl lässt.

Zombi-Soldaten

Mit *Kommando in Vietnam* von M. Thompson (1964) und dem berühmt-berüchtigten Film von John Wayne und Ray Kellog *Die grünen Teufel* (1967) gab Hollywood kurzzeitig der Versuchung nach, die Propagandatrommel für den Vietnamkrieg zu rühren. Doch je mehr die Antikriegsbewegung anschwoll, desto mehr änderte sich auch die Haltung der Filmemacher.

Bereits zu Beginn der amerikanischen Desengagement-Politik meldeten einige Spielfilme zaghaften Protest an. Das kurioseste Beispiel ist hier sicherlich Bob Clarks Film *Dead of night* von 1972. Mit den dramaturgischen Mitteln des Horrorfilms erzählt der Streifen die Geschichte eines in Vietnam gefallenen Soldaten, der sein Elternhaus und die kleine Stadt, in der er geboren wurde, heimsucht.

Der Film, dessen Horrorszenen vom Feinsten sind, bietet ein intelligentes soziologisches Porträt der amerikanischen Mittelschicht. Der Zombi-Soldat erscheint darin als Opfer – sein Vater zwang ihn, in die Armee einzutreten –, und die Gewalttaten, die er nun zuhause begeht, sind nur ein blasser Widerschein dessen, was er in Vietnam durchlitt. Um sich das Blut zu besorgen, das er zum Überleben braucht, tötet er alle Menschen, die ihren Teil dazu beigetragen haben, dass er in den Krieg zog. Zu einem seiner Opfer sagt er: »Ich habe mein Blut für euch gegeben, jetzt seid ihr an der Reihe.«

Schock der Mentalitäten

Aber erst nach Beendigung des Kriegs im Jahr 1975 begann im amerikanischen Film eine über viele Jahre andauernde Reflexion über den Schock, den der Vietnamkrieg in den USA auslöste, über seine Rückwirkungen auf die Mentalität der amerikanischen Bürger.

Henry Jaglom erzählt in *Tracks* (1976) die Geschichte eines US-Offiziers (gespielt von Dennis Hopper), der den Auftrag erhält, den Sarg eines gefallenen Vietnamhelden an dessen Angehörige zu überstellen. Während er die Vereinigten Staaten mit dem Zug von West nach Ost durchquert – eine Art Reise ans Ende der Gleichgültigkeit –, wird ihm langsam klar, dass sein Kamerad wie so viele andere »Kriegshelden« völlig umsonst gestorben ist.

Zahlreiche Filme beschäftigen sich mit dem schwierigen Problem der Wiedereingliederung der Kriegsveteranen ins bürgerliche Leben. Die Hauptfigur in Martin Scorseses *Taxi Driver* von 1975 zum Beispiel leidet in Folge ihrer Kriegsverletzungen an chronischer Schlaflosigkeit und weiß mit der gewaltgesättigten Atmosphäre New Yorks nur mit den Waffen und aggressiven Methoden, die ihn der Krieg lehrte, umzugehen.

Dieses Los teilt auch die Filmfigur John Rambo alias Sylvester Stallone in *Rambo* von Ted Kotcheff und *Rambo II – Der Auftrag* von George Pan Cosmatos. Der medaillenbehangene Kriegsheld, der von Nordvietnamesen gefangen und gefoltert wurde, kommt mit dem normalen Alltag nicht mehr zurecht. Anpassungsprobleme hat auch Sergant Highway in *Heartbreak Ridge* von Clint Eastwood (1986). Der alte Korea- und Vietnamkriegsveteran weiß nicht so recht, wie er mit den Rekruten einer Marines-Einheit umgehen soll.

In dieser Zeit, mitten in der Reagan-Ära, findet in Bezug auf den Vietnamkrieg ein reaktionärer Geschichtsrevisionismus Verbreitung. Einigermaßen rassistisch und kriegslüstern gestimmt, macht sich in *Missing in Action* von Joseph Zito (1984)

Colonel James Braddock (Chuck Norris) auf den Weg nach Vietnam, um Nachforschungen über den Verbleib einiger amerikanischen Kriegsgefangener anzustellen. Die Haltung der vietnamesischen Behörden versetzt ihn in Rage, und so beschließt er, auf eigene Faust nach den letzten »Vermissten« zu suchen.

Auch die zwei Bankräuber in Sidney Lumets Film *Hundstage* (1976) haben im Vietnamkrieg gekämpft und gehen bei ihrer neuer Tätigkeit nun ebenso energisch zu Werk wie vormals beim Einsatz im Dschungel.

Nick Nolte spielt in Karel Keisz' Film *Dreckige Hunde* von 1977 einen ehemaligen Hippie, der bei seiner Rückkehr aus Indochina ungewollt zum Drogenkurier wird, sich in einer Welt, deren Verhaltenskodex ihm fremd geworden ist, nicht mehr zurechtfindet und – welch Paradox bei einem Pazifisten – nur noch die Sprache der Gewalt versteht. In gewisser Weise findet hier das Schicksal des pazifistischen Hippies Berger aus Milos Formans Film *Hair* seine Verlängerung, der irrtümlich nach Vietnam geschickt wird.

In *Amok-Jagd* von Burt Kennedy (1979) gehen vier Vietnamkriegsveteranen, die den Gewaltexzessen in Vietnam nachtrauern, ihrer blinden Leidenschaft auf ganz besondere Weise nach. In der Wildnis Nordkanadas jagen sie einen jungen Amerikaner, der während des Vietnamkriegs desertierte.

Andere Heimkehrer leben ihren Aggressionsüberschuss auf Kosten der farbigen Minderheiten, der Schwarzen und Chicanos, aus. Robert Aldrichs Film *Die Chorknaben* (1977) zum Beispiel führt eine Gruppe rassistischer Polizisten vor, die – vom Schrecken des Kriegs geprägt – ihrem Zynismus nun mit aller Brutalität freien Lauf lassen.

Das Grauen des Kriegs hinterließ tiefe Wunden im Bewusstsein einer ganzen Generation und traumatisierte alle, die
ihn erlebt haben. So auch Jack, die Hauptfigur in Jeremy Paul
Kagans Film *Helden von heute* (1977), der seinen besten
Freund in der Schlacht sterben sah, nach diesen Gewaltorgien
verrückt wurde und das Gedächtnis verlor.

Moralischer Verfall

Auch die pazifistischen Kriegsgegner, die auf dem Campus der
Universitäten agitierten, wurden durch diese Zeit tief geprägt,
vor allem durch ihr Engagement, das ihnen als moralische Ver-
pflichtung galt. Zunächst gemieden und ausgegrenzt, ließen sie
sich nach Beendigung des Kriegs gerne »vereinnahmen«, pfleg-
ten aber weiterhin den Habitus ihrer linken Vergangenheit und
hingen wehmütig ihren Erinnerungen nach.

Dieses Verhalten legen zum Beispiel die Figuren in Jeremy
Paul Kagans Film *Der große Trick* (1978) an den Tag, insbesondere jener ehemalige Aktivist, der nun in der Werbung arbeitet,
wo er seinen Einfallsreichtum für öffentlichkeitswirksame Parolen fruchtbar machen kann und meint: »In diesem Land kann
man nicht lange Revolutionär bleiben.«

Auch andere Filme thematisieren soziologische Probleme,
die mit dem Vietnamkrieg zusammenhängen und den damaligen moralischen Verfall der Vereinigten Staaten demonstrieren.
Peter Bogdanovich beschreibt in seinem Film *Saint Jack* (1979)
ein amerikanisches Militärbordell, das mit Zustimmung des
Pentagons 1971 in Singapur eingerichtet wurde, um den Viet-
namsoldaten etwas Abwechslung zu bieten. Die amerikanische
Militärhierarchie hat die Existenz solcher Etablissements zur
Zeit des Vietnamkriegs bekanntlich stets bestritten: Nie und

nimmer, so die offiziellen Verlautbarungen, habe man Abma-
chungen mit professionellen Zuhältern getroffen.

Gräueltaten und Wohlwollen

Der Krieg selbst, wie ihn die US-Soldaten vor Ort erlebten,
wurde mit Ausnahme von John Waynes *Die grünen Teufel* erstmals in Ted Posts Film *Die letzte Schlacht* von 1977 thematisiert. Die Handlung spielt vorsichtigerweise im Jahr 1964, als
die Vereinigten Staaten noch nicht offiziell den Krieg erklärt
hatten und erst einige »US-Militärberater« in Südvietnam tätig
waren.

Der Film zeigt den Krieg von seiner grauenvollen Seite und
unterstreicht die Absurdität so genannter Heldentaten. Eine
kleine Gruppe amerikanischer und südvietnamesischer Soldaten steht einem zahlenmäßig überlegenen Feind gegenüber, der
sich im Dschungel wie der Fisch im Wasser bewegt. Dieses
klassische Schema unterstreicht, dass der Krieg von Anfang an
gleichbedeutend war mit Aussichtslosigkeit. Der französische
Filmtitel »Le Merdier« (Der Saustall) spricht in dieser Hinsicht
eine deutliche Sprache, während der eher literarische Originaltitel »Go Tell the Spartans« wie eine böse Ahnung und Warnung wirkt (er stammt aus Herodots Beschreibung der Schlacht
bei den Thermophylen: »*Geh und sage den Spartanern,* dass
wir gefallen sind, um den Gesetzen zu gehorchen.«).

Mit Hal Ashbys Film *Coming Home – Sie kehren heim* von
1978 klingt ein anderer, ernsthafterer Ton an. Der Autorenfilm
spiegelt in gewisser Weise das schlechte Gewissen der Vereinigten Staaten. Er wurde von Leuten gedreht, die damals gegen
den Krieg agitierten. Regisseur Hal Ashby war als Pazifist aktiv
und einer der Gründer der Hippie-Bewegung, und auch Jane

Fonda, die die weibliche Hauptrolle spielt, wurde nicht müde, gegen das militärische Engagement der Vereinigten Staaten zu protestieren; sie besuchte Nordvietnam, traf sich mit Präsident Ho Chi Minh, hielt über Radio Hanoi eine pazifistische Rede und drehte mit ihrem damaligen Ehemann, dem Pazifisten Tom Hayden, und dem radikalen Filmemacher Haskell Wexler einen engagierten Dokumentarstreifen: *Introduction to the Enemy* (1973).

Zurück zu *Coming Home,* in dem ebenfalls Jane Fonda die weibliche Hauptrolle spielt: Obwohl er vom guten Willen zeugt, die körperlichen und seelischen Verheerungen des Krieges zu denunzieren, bleibt zu bemängeln, dass der darin zum Tragen kommende Pazifismus recht unpolitisch daherkommt und eher ans Gefühl appelliert. Vor allem zu Beginn wird die Gewalt des Krieges dauernd mit den unhaltbaren Zuständen in einem Militärlazarett in einen Topf geworfen. Kein Wunder daher, dass der von John Voigt gespielte Kriegsversehrte eine erstaunliche Vitalität und Eigenständigkeit entwickelt, als die Missstände behoben sind.

Insofern bietet der Film allen Kriegsversehrten eine Art symbolische Kompensation für ihr Gebrechen, lernen sie doch, dass man auch noch als Beinamputierter Jane Fonda verführen kann. Und nicht nur verführen, sondern auch sexuell glücklich machen – was dem Ehemann, obwohl bei voller Gesundheit, nicht gelingt.

Hält man sich zudem vor Augen, dass John Voigt dank seiner wunderbaren Prothesen sogar Baskettball spielt, Rennwagen fährt und auf der Straße demonstriert, so liegt die Vermutung nahe, dass der Film nicht so sehr den Vietnamkrieg kritisieren will – vietnamesische Opfer sind darin kaum zu erblicken –,

sondern einmal mehr die amerikanische Haupttugend heraus-
stellt, die da heißt »Wille zum Sieg«, nötigenfalls auch zum Sieg
über die eigene Behinderung und Einschränkung der Bewe-
gungsfähigkeit. Der Ehemann hingegen, dieser »Feigling«, der
sich eine Kugel in den Kopf jagt, um die vietnamesische Hölle
auf dem schnellsten Weg zu verlassen – während der Kriegsversehrte das Spiel mitspielt und sich bis zu seiner Verletzung als
»Held« schlägt –, der Ehemann also kommt in dem Film denkbar schlecht weg: Seine Frau betrügt ihn, er wirkt unsympathisch,
alle verachten ihn, und so wird er direkt in den Selbstmord getrieben. Was die weibliche Hauptrolle angeht: Selten wurde die
Frau derart stereotyp auf die Rolle des »Kriegerweibchens« reduziert – und das in einem Film, der sich als progressiv versteht.

Fatalismus und Unmenschlichkeit

Michael Cimino vertritt mit seinem Film *Die durch die Hölle
gehen* (The Deer Hunter) von 1978 die Ansicht, der Vietnamkrieg sei gewissermaßen das Resultat eines politischen Impera-
tivs, beschlossen von bürgerfernen Instanzen, die der Bevölkerung keine andere Wahl ließen, als sich in fatalistischer
Gesetzestreue zu üben und die Herausforderung mit Sports-
geist anzunehmen.

Der Film kreist im Wesentlichen um die Unmenschlichkeit
des Krieges überhaupt und die dramatischen Folgen für die Generation, die ihn zu führen hatte. Vietnam ist für Cimino nur
ein Vorwand; der Film hätte ebenso gut im Korea- oder Pazi-
fikkrieg spielen können. Eine Gruppe junger Amerikaner, deren Leben vorgezeichnet schien, wird vom Einberufungsbefehl
überrascht und muss an die Front, wo Hass, Niedertracht und
Angst das Regiment führen.

Vietnam dient hier nur als Kulisse, und als Lokalkolorit fungieren die »antigelben« Stereotypen, die der bellizistische Film während des Zweiten Weltkriegs gezimmert hat. Der Krieg erscheint als völlig irreal, nur die Amerikaner (ein Klan) treten erkennbar als Individuen auf, während die Vietnamesen nur als Statisten mitspielen, eben als »Gelbe« mit den üblichen Attributen: blutrünstig, verräterisch, korrupt, lasterhaft, drogenabhängig.

Die da durch die Hölle gehen, sind Stahlarbeiter aus Clairton, einer kleinen Industriestadt in Pennsylvania, doch zu keiner Zeit denken sie über ihr eigenes Tun nach, unfähig, irgendeine Erfahrung, irgendein Gefühl zu artikulieren. So geistern sie als politische Zombis durch den Film, willenlose Opfer des Kriegs und seiner Schrecken, gegen den sie sich nur durch archaisches Männlichkeitsgetue zur Wehr zu setzen wissen.

Die politische Botschaft von *Deer Hunter* reduziert sich auf Folgendes: Die unzivilisierte Brutalität der Kommunisten rechtfertigte den Kriegseintritt der Vereinigten Staaten, die Korruptheit der Südvietnamesen ihren Rückzug. Was sie auch beschließen mag, die US-Regierung hat immer Recht, und die Bürger haben sich gefälligst anzupassen.

Das Requiem der Barbarei

Mit *Apocalypse Now* setzte Francis Coppola dem Vietnamkrieg ein Requiem der Barbarei, das gleichzeitig vom grandiosen Absturz des amerikanischen Weltreichs erzählt. Er stellte die äußerste Gewalt als ultimative Form der Dekadenz dar, die Hölle zur Apokalypse geweitet, die sämtliche heroischen Werte hinwegfegte, auf denen die amerikanische Macht gründete. Coppola suchte damit Platz zu schaffen für einen neuen Pazifismus.

Apokalypse Now ist ein epochaler Film. Er enthält alle anderen Filme, folglich auch deren Zweideutigkeiten, und leistet einem neuen Franziskanertum Vorschub, einem neuen Apostolat. In einer Zeit, in der die offizielle Ideologie der Vereinigten Staaten die Menschenrechte bemüht, kann diese Übereinstimmung nicht bedeutungslos sein.

Ein sehr persönliches, nachgerade hysterisches Werk, ist *Apokalypse Now* einerseits ein Autorenfilm, andererseits eine für die weltweite Vermarktung vorgesehene Superproduktion, die Dutzende von Millionen Dollar verschlang. Dieses Ineins von Superproduktion und Autorenfilm ist in der amerikanischen Filmgeschichte ein recht seltenes Ereignis. Nur wenige Beispiele fallen uns hier ein: *Intolerance* von David W. Griffith (1917), *Gier* von Eric von Stroheim (1924) und *Kleopatra* von Joseph Mankiewcz (1960), allesamt ein finanzieller Reinfall.

Die Idee zu *Apokalypse Now* kam Francis Coppola um das Jahr 1969, als ihm ein Freund – der Drehbuchschreiber und spätere Regisseur John Milius – einige unerhörte Vorfälle aus dem Vietnamkrieg erzählte. Mehrere Monate später schlugen ihm Milius und George Lucas *(American Graffiti* und *Krieg der Sterne)* ein Drehbuch vor, das diese unglaublichen Geschehnissen vor dem Hintergrund des berühmten Romans des britischen Schriftstellers Joseph Conrad (1857–1924), *Im Herzen der Finsternis,* nacherzählte. Edward W. Said unterzog das in den Jahren 1898/99 geschriebene Werk einer kritischen Lektüre[3], die für ein tiefer gehendes Verständnis von Coppolas Film unerlässlich ist.

---

3 Edward W. Said, *Culture et Impérialisme,* Fayard/*Le Monde diplomatique,* Paris 2000.

Es war die Zeit, als die Antikriegsproteste ihren Höhepunkt erreichten, und Hollywood zog es wie gesagt vor, keine Filme über Vietnam zu produzieren, solange die Kämpfe andauerten. So kam Coppolas Projekt nur zögernd voran. Mit seinen Filmen *Der Pate* (Teil 1 und 2) sowie *Der Dialog* erlangte Coppola – der sich zu keiner Zeit als Kriegsgegner hervorgetan hat, obgleich er als Liberaler galt – zwischenzeitlich Weltruhm und verdiente ein hübsches Vermögen.

Als der Krieg zu Ende war, wollte Coppola den »ersten Film über den Vietnamkrieg« selbst produzieren. Wie man weiß – das gehört zur Legende um den Film –, verschlang dieses finanzielle Abenteuer nach und nach alles Hab und Gut des Regisseurs: Häuser, Autos, Grundstücke. Er setzte sein gesamtes Vermögen für die Produktion von *Apokalypse Now* ein. Die Dreharbeiten kosteten schließlich 30 Millionen Dollar und nahmen wahnwitzige Dimensionen an: neunmonatige Außenaufnahmen auf den Philippinen, Taifune, Orkane, Fieber, Krankheiten, abspringende Schauspieler, Tausende von Statisten, Mitwirkung der philippinischen Armee.

Apokalypse Now erzählt von der Irrfahrt des US-Captain Willard (gespielt von Martin Sheen, in Conrads Roman heißt er Marlow), der vom amerikanischen Generalstab den Geheimauftrag erhält, Colonel Kurzt (Marlon Brando) zu finden und hinzurichten. Letzterer, anfangs ein vorbildlicher Offizier, hatte beschlossen, den Krieg nach seinen eigenen Methoden zu führen, und dabei äußerste Grausamkeit an den Tag gelegt.

Kurtz hat sich mit seinen Söldnern in eine abgelegene Gegend im kambodschanischen Dschungel zurückgezogen, wo ihn die Einheimischen wie einen leibhaftigen Gott verehren. Während Captain Willard mit einem Kanonenboot den Fluss hinauffährt, um Kurtz zu finden, wird er Zeuge mehrerer ebenso grauenvoller wie grotesker Episoden des Vietnamkriegs, in denen Coppola über die ewige Thematik von Schuldkomplex, Doppelmoral und die Natur des Menschen sinniert. Je mehr sich Willard in den CIA-Bericht über Kurtz vertieft, desto mehr wächst seine Bewunderung für den »verlorenen Offizier« und desto besser versteht er, aus welchen Gründen Letzterer in seiner *splendid isolation* zum grausamen Eiferer wurde.

Eine Vietnam-Erfahrung

Die begeisterte Aufnahme, die Coppolas Film bei der Kritik fand, veranschaulicht recht gut das ideologiekritische Vakuum Ende der siebziger Jahre. Fast niemand hinterfragte den politischen Sinn eines Werks, das die Vietnamkrise als Filmthema endgültig ad acta zu legen beanspruchte.[4]

Immer wieder zeigte sich die Kritik begeistert über die astronomischen Produktionskosten und die gelungene Regie, als wollte man die radikale Modernität des Werks durch Aufzählung der Elemente zu fassen kriegen, die in seine Entstehung eingingen. Dabei ging nur allzu oft die Frage unter, ob nicht gerade die Häufung von visuellen Effekten, die irrwitzige Verdichtung der Darstellung den Filmbetrachter in eine halluzinatorische Welt versetzt, in der der allgemein herrschende Wahnsinn und die permanente Raserei verdunkeln, was wirklich in Vietnam geschah.

Francis Coppola meinte, die Betrachtung von *Apokalypse*

---

4 Zu den wenigen, die die politischen Charakteristika des Films herausarbeiteten, gehört Christian Zimmer, »*Apokalypse Now* ou la faillite de l'Histoire«, *Le Monde diplomatique*, November 1979.

Now komme dem »Erleben einer Vietnam-Erfahrung« gleich. Es sei eine Art sensorische Erfahrung (der Tonstreifen wurde für diesen Zweck bearbeitet), vergleichbar jener, die der Krieg selbst in uns ausgelöst hätte, wenn wir ihn erlebt hätten. Mit einem Wort: *Apokalypse Now* anschauen sei dasselbe wie im Krieg gewesen zu sein.

Dies einmal angenommen, könnte man sich fragen: auf welcher Seite? Und da gibt der Film eine Antwort, die an Deutlichkeit nichts zu wünschen übrig lässt: aufseiten der Amerikaner. Erinnern wir uns etwa an die berühmte Sequenz des Hubschrauberangriffs. Die virtuose Regieführung, die Schwindel erregenden Luftaufnahmen, die wagnersche Musik, das Herumwirbeln in der Luft – all dies berauscht, benebelt, verzückt den Zuschauer, der sensorisch an der Schlacht teilnimmt und sich mit den amerikanischen Kommandos identifiziert.

Die ganze Sequenz ist aus dem Blickwinkel des Angreifers gedreht. Die Sicht der Angegriffenen, Besiegten, Zerschossenen wird uns nie gezeigt. Deshalb erregt diese Sequenz beim bequem sitzenden Betrachter ambivalente, beunruhigende, unangenehme Gefühle, will sagen: den Eindruck (ohne Gefahr für Leib und Leben), an einer Kolonialschlacht, einer »Befriedungsoperation« mitzuwirken. Ein seltsamer kriegerischer Überschwang bemächtigt sich des Zuschauers.

Die ideologische Perversität dieser Wirkung der subjektiven Kameraführung kann niemandem entgehen, wurde sie von deutschen Kameramännern im Nazismus doch häufig eingesetzt, um den Massen die Identifikation mit dem Führer zu erleichtern.

In derselben Sequenz der Helikopterattacke sehen wir einen durchgeknallten US-Colonel, meisterhaft gespielt von Robert

Duvall, der mit seiner Ranger-Mütze, seiner Leidenschaft fürs Surfen und seiner Todesverachtung jeden Militaristen in helle Begeisterung versetzen muss – unbeschadet der Antikriegs-Erklärungen Coppolas, denn wir unterscheiden zwischen der Willensbekundung des Produzenten und der realen Bedeutung des Films. Besagter Colonel besitzt sämtliche mythischen Tugenden, die man sich von einem rechtsgedrehten Offizier erträumt: Er ist draufgängerisch bis zur Tollkühnheit, weiß den Mut des Feindes richtig einzuschätzen, wird von seinen Männern verehrt, erweist sich als exzellenter Stratege und ... ist immer siegreich. Noch das reaktionärste Kino hat selten ein solch schmeichelhaft mythisches Porträt vom rechtsgewendeten charismatischen Militär gezeichnet.

Militärische Moral

Mit Blick auf den ehemals »vorbildlichen Offizier« Kurtz (Marlon Brando), der vom angeblich rechten Weg des amerikanischen Kriegsrechts abkam, zeigt sich der Film merkwürdig nachsichtig. Hier scheint es angebracht, ins Detail zu gehen. Coppola stützt seine ganze Erzählung auf einen bestimmten Begriff von »militärischer Moral«. Danach gibt es eine saubere Art, Krieg zu führen (wohl unter Beachtung der Genfer Konvention), die der amerikanische Generalstab und die CIA wünschten, und eine schmutzige Art, wie sie Kurtz praktiziert (dem insbesondere vorgeworfen wird, nordvietnamesische Führungskräfte ohne ausreichende Schuldbeweise hingerichtet zu haben).

Die amerikanische Armee als Institution scheint sich in Coppolas Film sehr um Rechtmäßigkeit und gute Manieren zu bekümmern. So moralisch tritt sie auf, dass sie gegen jeden, der wie Kurtz von ihrem ritterlichen Kriegsverständnis abweicht, unbarmherzig vorgeht. Coppola wirkt hier einigermaßen überspannt, denn er scheint dem alten Prinzip vom »Herrscher, der die Untaten seiner Minister nicht kennt«, nachzuhängen. Als Institution sei die US-Armee gesund, rein, tugendhaft, unbeschadet der Gräueltaten des einen oder anderen Offiziers.

Nicht nur, dass diese Version die Massaker von My Lai und Thuy Bo, die Bombenangriffe gegen die Zivilbevölkerung der nordvietnamesischen Städte verschweigt. Vergessen wird auch, dass das Pentagon *ex officio* und nicht irgendein durchgeknallter Offizier den unter dem Codenamen »Phönix« bekannten Plan ausgearbeitet hat, alle kommunistischen Führungskräfte in Südvietnam aus dem Weg zu räumen.

Das angebliche Interesse von Generalstab und Regierung an einer moralisch sauberen Kriegführung dient auch der extremen Rechten gerne als Vorwand, um Niederlagen in Kolonialkriegen zu erklären. Die eigentlichen Verantwortlichen solcher Fehlschläge seien die Politiker, die den Militärs nicht freie Hand ließen, den Krieg so zu führen, wie es erforderlich wäre: mit »radikalen« Methoden.

Deshalb bringt denn auch Captain Willard für Kurtz' Verhalten tiefes Verständnis auf (auch Franco, Pétain, Salan[5] und

---

5   Raoul Salan (1899–1984), französischer General, Oberkommandierender in Indochina bis 1954, ab 1956 Befehlshaber der französischen Armee in Algerien und einer der umstrittensten Akteure des Algerienkrieges. Salan war einer der Putschgeneräle im April 1961 und war anschließend Chef der O.A.S. (Organisation der Geheimarmee). Zum Tode verurteilt, zu Gefängnis begnadigt, 1968 amnestiert, 1982 rehabilitiert. 2001 (post mortem) von Präsident Jacques Chirac letztinstanzlich verurteilt, weil er »Grausamkeiten, Folter, Erschießungen ohne Urteil und Ermordungen, die im Algerienkrieg geschahen, gedeckt« hat.

Pinochet galten anfangs als »vorbildliche Offiziere«) und muss einräumen, dass es dem verirrten Offizier dank seiner brutalen Methode gelungen sei, den von ihm kontrollierten Sektor zu »befrieden«.

Kurtz hat nach Willards Meinung also in gewisser Weise Recht, und dies ist auch die Aussage des Films. Dieser schmutzige Krieg kann nur auf schmutzige Weise gewonnen werden. Zu diesem Schluss war auch der erste Killer gelangt, den die CIA geschickt hatte, um Kurtz zu erledigen. Beeindruckt von dessen Methoden, blieb er bei ihm.

Francis Coppola hatte drei verschiedene Auflösungen der Filmhandlung vorgesehen, die moralisch einander widersprechen. Erstens die bloße Ersetzung von Kurtz durch Willard, zweitens die Hinrichtung von Kurtz plus Abreise von Willard, aber ohne Zerstörung des Söldnerstützpunkts, drittens die Abreise von Willard inklusive Bombardierung des Stützpunkts. Dies allein beweist schon, dass sich Coppola mit Blick auf die grundsätzliche Schuld von Kurtz nicht entscheiden konnte und politisch zweideutig bleibt.

Die kolonialistische Logik des Films tritt offen zu Tage, als Kurtz erklärt, warum er so grausam, blutrünstig und unerbittlich zu Werke gehe. Er nehme sich nur ein Beispiel an den Nordvietnamesen, die eines Tages, als seine Männer in einem kleinen Dorf Kinder impften, gekommen seien und den Kindern den Arm abgehackt hätten. Sie hätten die Gliedmaßen auf dem Dorfplatz auf einen Haufen geworfen, als warnendes Zeichen, damit niemand mehr etwas von den Amerikanern annimmt.

Hier erreicht die politische Perversion des Films ihren Höhepunkt: Die Ursache des Schreckens und der Grausamkeit, so die Message, liege im Verhalten des Feindes. Die Amerikaner seien als gute Samariter nach Vietnam gekommen, um Kinder zu impfen, und hätten am Ende nur nachgemacht, was die grausamen kommunistischen Guerrillakämpfer vorgemacht haben. Abschließend möchten wir auf ein »Detail« hinweisen, das viel zu oft unbemerkt blieb. *Apokalypse Now* schildert eine Reihe überwältigender Siege der US-Armee, wo doch nichts daran vorbeiführt, dass die Vereinigten Staaten den Krieg verloren haben. Diese simple Tatsache scheint der Film nicht wahrhaben zu wollen.

Mit Blick auf die eminent politische Problematik des Kriegs, des Militarismus und des Kolonialismus verteidigt Coppolas Film also durchwegs den Standpunkt der Vereinigten Staaten.

Keine Entschuldigung

Festzuhalten bleibt, dass wenige Spielfilme den politischen Mut der Dokumentarstreifen aufbrachten, die noch während des Krieges versuchten, den Bürgern zu vermitteln, dass sich am Vietnamkrieg ablesen lässt, was an den amerikanischen Institutionen und in der amerikanischen Gesellschaft Anlass zu Beunruhigung geben sollte.

Interessant ist in diesem Zusammenhang, dass in den Vereinigten Staaten eine öffentliche Institution, die »National Endowment for the Humanities«, am 7. Januar 1980 beschloss, einen historischen Dokumentarfilm über den Vietnamkrieg mit 1,2 Millionen Dollar zu fördern. Der 4 Millionen Dollar teure Film, eine dreizehnteilige Fernsehserie, war eine Gemeinschaftsproduktion des öffentlichen US-Fernsehsenders PBS, der französischen Antenne 2, des britischen und des Schweizer Fernsehens, mit Unterstützung der Archivabteilung von ABC.

Im Oktober 1983 schließlich, als die amerikanische Öffentlichkeit den Konflikt zu vergessen suchte, strahlte das Fernsehen die Dokumentarserie unter dem Titel »Vietnam, eine Fernsehgeschichte« aus, um die in Vietnam begangenen Verbrechen ins Gedächtnis zurückzurufen. Zwei Überlebende eines vergessenen Massakers, das im Januar 1967 im dorf Thuy Bo stattfand, erinnern sich. Nguyen Bai, der damals zur Schule ging, erzählt, »wie die Marines alles zerstörten, das Vieh abschlachteten, die Verwundeten durch Gewehrkolbenschläge gegen den Kopf töteten und auf alles schossen, was sich bewegte«. Le Thi Ton, damals noch ein kleines Mädchen, fügt bestätigend hinzu: »Wir saßen zu zehnt in einer Strohhütte, als die amerikanischen Soldaten kamen. Ich habe sie begrüßt; sie haben gelacht und eine Handgranate hineingeworfen. Ich bin die einzige Überlebende.«[6]

In einer solch entscheidenden, die Leidenschaften mobilisierenden Angelegenheit wie dem Vietnamkrieg sollte also nicht ein Buch, sondern ein Film die endgültige Version der Tatsachen liefern. Dies bestätigt abermals den für künftige Historiker fundamentalen Sachverhalt, dass über diesen Krieg, den wichtigsten in der zweiten Hälfte des 20. Jahrhunderts, mehr gedreht als geschrieben wurde. Nur deshalb waren die rund vierzig Historiker, Politologen und Journalisten, die das gesamte Meinungsspektrum repräsentierten und aus beiden Lagern kamen, in der Lage, anhand von dokumentarischem Filmmaterial die politischen, diplomatischen, kulturellen und militärischen Aspekte des von 1940 bis 1975 während Kon-

---

6 Dazu Patrice de Beer, »Une grande fresque sur le Vietnam«, *Manière de voir* 26 (Leçons d'histoire), Mai 1995.

flikts um Vietnam sowie die Kriege in Laos und Kambodscha nachzuzeichnen.

Die zum Thema gedrehten Spielfilme – selbst die herausragendsten wie *Deer Hunter* von Michael Cimino, *Platoon* von Oliver Stone, *Good Morning Vietnam* von Barry Lewinson, *Apokalypse Now* von Francis Coppola und vor allem *Full Metal Jacket* von Stanley Kubrick (nach dem Meisterwerk von Michael Herr »An die Hölle verraten«[7]) – erschienen an dem Tag, als dieser Dokumentarfilm fertig gestellt war, weniger tief schürfend und weitaus pathetischer als zuvor.

26 Jahre sind seit dem Ende des Vietnamkriegs vergangen. In vielen Ländern bekunden Staats- und Regierungschefs ihr Bedauern über die Untaten ihrer Vorgänger. Bedauern die Vereinigten Staaten die Verbrechen, die sie in Vietnam begingen? Clintons Verteidigungsminister William Cohen hat kurz vor seinem historischen Staatsbesuch in Hanoi am 11. März 2000 erklärt, er beabsichtige nicht, sich für das Vorgehen der US-Streitkräfte im Vietnamkrieg zu entschuldigen.

7 Michael Herr, *An die Hölle verraten*, Rowohlt Verlag, Reinbek bei Hamburg 1987.

Politische Metaphern im Italowestern

Jede Generation muss ihren Auftrag erfüllen oder ihn verraten.
FRANTZ FANON

Die lange Agonie des amerikanischen Western begann eigentlich 1955 in Bandung. Die jungen Völker, die damals aus der Nacht des Kolonialismus auftauchten, das Recht einklagten, ihre eigene Kultur zu studieren, und sich stolz vom Komplex des Kolonisierten befreiten, zerstörten auch die rustikale Unschuld des amerikanischen Filmgenres schlechthin. Nicht wenige Cineasten mussten sich eingestehen, dass der Stoff, aus dem ihre Lieblingsfilme sind, bei näherer Analyse und ungeachtet der Tatsache, dass es auch in diesem Genre unbestreitbar Meisterwerke gibt, die unangnehmsten politischen Implikationen mitführt: Er ist rassistisch, militaristisch, kolonialistisch, machistisch, imperialistisch. Wie so viele andere westliche Werte auch stand der Western ab sofort unter Generalverdacht.

Zerstörte Träume

Dass der Western seine ideologischen Schwächen hatte, war einigen Filmemachern schon vorher aufgefallen. Sie waren seit einiger Zeit bemüht, der Wahrheit in vielen Punkten zumindest ansatzweise ans Licht zu verhelfen.

So erinnerte Delmer Daves in seinem bekannten Western *Der gebrochene Pfeil* (1950) daran, dass der Zug nach Westen nichts anderes war als ein koloniales Enteignungsunternehmen, in dessen Verlauf den indianischen Gemeinschaften das vertragsmäßig zuerkannte Land wieder geraubt wurde.

Im Anschluss an Daves restituierten Samuel Fuller und Anthony Mann den Indianer in seiner historischen Würde. Es folgten die großen Reumütigen John Ford, Howard Hawks und Raoul Walsh.

John Huston suchte 1951 den Mythos vom »militärischen Heldentum« zu demontieren. Sein Film *Die rote Tapferkeitsmedaille* nach einer 1895 erschienenen Novelle von Stephen Crane (1871–1900), die im Sezessionskrieg im Jahr 1862 spielt, wurde auf alle nur erdenkliche Weise zensiert. Es war die Zeit des Koreakriegs, und die »Blauhemden« standen militärisch in hohem Ansehen. Metro Goldwyn Mayer verlangte solch einschneidende Veränderungen, dass John Huston den Film nicht als den seinigen anerkannte. In der Hauptrolle spielte übrigens Audie Murphy, der höchstdekorierte US-Soldat des Zweiten Weltkriegs. Erst nachdem die mörderischen Entgleisungen von Teilen der US-Armee in Vietnam bekannt geworden waren, konnte Ralph Nelson mit *Das Wiegenlied vom Totschlag* und Arthur Penn mit *Little Big Man* an die traurige Tradition der Massaker während der Indianerkriege erinnern, ohne Zensur oder Verbot gewärtigen zu müssen.

Um 1958 bröckelte der hartnäckigste aller Westernmythen: der Mythos von der »Männlichkeit« des Cowboys. Arthur Penn enthüllte in *Einer muss dran glauben* die historisch verbürgte Homosexualität von Billy the Kid. Der Maler und Filmemacher Andy Warhol machte sich in *Lonesome Cowboy* (1968) über die immer wieder beschworene Männlichkeit dieser affektierten Kuhhirten lustig. Und John Schlesinger wagte mit *Asphaltcowboy* (1969) den Hinweis, dass die Fetischeffekte der

Filmcowboys vielfach nur das eine bezwecken, Männer in die Kinos zu locken.

Am Ende dieses langen Wegs wird sich der Westernheld seines kolonialistischen Verhaltens bewusst. Da ist kein Indianer mehr, den er skalpieren könnte, keine rettende Fanfare der »heroischen« Kavallerie, auf die zu warten sich lohnte, sogar an seiner Männlichkeit beginnt er zweifeln, entdeckt er doch mit Schrecken – und der Zuschauer entdeckt es mit ihm –, dass sich die Geschichte Amerikas durchaus nicht mit seinem Traum von Demokratie und Freiheit deckt, dass die Zeit der ungenierten Identifikation vorüber ist.

Verlorene Unschuld

Unter diesen Umständen kann heute wohl kein Regisseur mehr unbeschwert einen Western in Angriff nehmen. Im Übrigen haben die Zuschauer dem Genre den Rücken gekehrt, wie zumal die großen US-Sender feststellen mussten, die die einst obligatorischen Streifen praktisch aus dem Programm gestrichen haben. Auch die Zeit ist nicht mehr nach Western.

Das epische Genre war den Vereinigten Staaten so lange auf den Leib geschneidert, wie sie politisch und militärisch an ihr Schicksal und ihr imperiales Projekt glaubten. Nicht dass dieser Glaube verschwunden wäre – er ist zu Beginn des neuen Jahrtausends vielleicht stärker denn je –, verschwunden aber ist die Idee, dass die amerikanische Weltherrschaft notwendig die Form von militärischer Eroberung und kolonialer Besatzung annehmen müsse.

Der Western versorgte diese »Nation von Auswanderern und Siedlern« mit einem Gründer- und Ursprungsmythos, aber dieser archaische, in der Landwirtschaft wurzelnde Mythos galt nur für die (protestantischen) Weißen. Die amerikanische Gesellschaft von heute aber ist eine urbane Gesellschaft von wesentlich höherer Komplexität.

Ihre multikulturelle Färbung erfordert den Respekt der anderen Gemeinschaften, die Teil der amerikanischen Gesellschaft sind: die Afroamerikaner, die Hispanos, die Indianer, die Asiaten, die Katholiken, die Juden, die Moslems und viele andere. Dies erklärt auch, dass in einem der letzten Western des 20. Jahrhunderts – *Shanghai Noon* von Tom Dey (2000) – erstmals ein Chinese in der Hauptrolle zu sehen ist, gespielt von Jackie Chan, einem der populärsten Filmdarsteller Asiens.

Im Übrigen wandte sich Amerika seit Beginn der achtziger Jahre von der Vergangenheit ab und stürzte sich Hals über Kopf ins futuristische Projekt der »Informationsgesellschaft«, der neuen Technologien, des Internets.

Wen wunderts da, dass der einzige Erfolgswestern der letzten Jahre, der in parodistischer Manier Science-Fiction-Elemente mit einer Hommage an den traditionellen Western verbindet – die Rede ist von *Wild Wild West* (1998) –, dieselben Initialien im Titel führt wie das World Wide Web?

Zweckentfremdete Codes

In seinen ideologischen Gewissheiten gebrochen, blieb dem Western nur noch die Möglichkeit, die Zeichen und Codes, die er im Laufe seines über vierzigjährigen Bestehens ausgearbeitet hatte, in anderer Weise zu realisieren.

Dieser Aufgabe, den Western zu recyceln, nahmen sich im Wesentlichen italienische Regisseure an. Für sie besaß der amerikanische Westen keinerlei historische Konsistenz und war nicht patriotisch besetzt. Wie für die meisten Europäer, die mit

Indianer- und Cowboygeschichten aufgewachsen sind, war der amerikanische Westen auch für sie eine rein filmische Konvention. Bestenfalls bezogen sich die italienischen Filmemacher auf die Filmgeschichte des Western, in keinem Fall jedoch auf die Realgeschichte des Far West. Von der Notwendigkeit befreit, sich eines epischen Tons zu befleißigen und der historischen Wahrheit Tribut zu zollen, entwickelten die transalpinen Regisseure eine »Erzählmaschine«, die allein fiktionalen Notwendigkeiten gehorchte. Die Westernthematik, ihre Figuren und Kulissen dienten einzig als Rohmaterial zur Inszenierung von Gewaltopern[1], deren Hauptmotiv nur noch die Lust am Erzählen war. So dachten sich die Italiener die ungewöhnlichsten Handlungen und Situationen aus, die der in dieser Hinsicht auf wenige Modelle beschränkte amerikanische Western so nicht kannte. Ihr anfänglicher Erfolg beim Publikum verleitete einige US-Regisseure zur Nachahmung, woraus die Reihe der *dirty western* entstand, deren hervorragendstes Beispiel wohl Sam Peckinpahs Film *The Wild Bunch – Sie kannten kein Gesetz* von 1969 ist.

Versteckte Botschaften

Viele linke Filmautoren nutzten den kommerziellen Erfolg und die formale Struktur des Italowestern, um versteckte Botschaften einzuschmuggeln und heimlich Gegenpropaganda zu betreiben. Hier bot sich für sie eine Gelegenheit, sich wirklich auszudrücken, ein breites Publikum zu erreichen und das Wes-

---

1 Dazu Laurence Staig u. Tony Williams, *Italian Western. The Opera of Violence*, Lorrimer Publishing, London 1975.

terngenre für ganz bestimmte, fortschrittliche Ideen zweck-
zuentfremden.

Das Werk dieser Regisseure (und ihrer Drehbuchschreiber)
wurde bislang nicht hinreichend gewürdigt, ja verächtlich bei-
seite geschoben. Wir halten es daher für angebracht, die Bedeutung einiger dieser Filme herauszustellen und den eigentlichen
Gehalt des Italowestern etwas eingehender zu analysieren.

Als Genre seit langem erschöpft, zog sich der italienische
Western während seiner rund zehnjährigen Geschichte
(1965–1975) den Hohn des linksintellektuellen Publikums zu.
Nur fünf als grundlegend anerkannte Spielfilme von Sergio
Leone aus den Jahren 1964–1970 entgingen dem Spott: *Für eine
Handvoll Dollar* (1964), *Für ein paar Dollar mehr* (1965), *Zwei
glorreiche Halunken* (1966), *Spiel mir das Lied vom Tod* (1968)
und *Todesmelodie* (1970). Die anderen Filme galten im Allgemeinen als Abfall, weil sie den Werken Leones, die sich – wie es
ungeachtet aller Wertschätzung hieß – ebenfalls zu sehr am
amerikanischen Vorbild orientierten, nicht das Wasser reichen
konnten.

Teratologie

In Wirklichkeit kann von Imitation keine Rede sein. Hätte man
sich diese Western ein wenig näher angesehen, so hätte auffallen
müssen, dass im Medium der Zitate und Anleihen, der Abwei-
chungen vom und Unterschiede zum Original ein völlig neues
Filmgenre Gestalt annahm. Was sich herausbildete, war der
Korpus einer anderen Erzählung, die durch die disparate Über-
fülle an Verballhornungen eher auf eine fiktionale Teratologie
verweist.

Nur Äußerlichkeiten erinnerten noch an den amerikanischen Western, alles Übrige war reines Simulacrum. Aufmerksame Zuschauer bemerkten, dass sich der Italowestern zum US-Western verhält wie Mr. Hyde zu Dr. Jekyll: als auftrumpfender, triebhafter, auf Ausleben erpichter Doppelgänger.[2] Nach und nach verfestigten sich die Unterschiede zwischen den beiden Genres zu obligatorischen Konstanten, die den italienischen Filmen ihre habituelle Struktur, ihre repetitiven Ticks, ihre etablierten Figuren verliehen.

Sämtliche Unterscheidungsmerkmale des Italowestern verweisen auf eine Theatralität und Künstlichkeit, die in prägnantem Kontrast steht zur (konventionellen) Natürlichkeit der amerikanischen Filme. Der Italowestern hat einen Hang zum Falschen und Überladenen, zur Maske und Kulisse, zur Täuschung und Übertreibung, kurz: zum Barocken. Der exzessive Realismus der (verstrubbelten, verdreckten, stinkenden) Körper, der Kleidung (lange Mäntel, ungewöhnliche Ponchos, Lederhüte) und der Gegenstände (Kult der Schießeisen) soll vor allem kompensieren, dass der Ort der Handlung und die Herkunft der Handlungsfiguren völlig unwirklich und realitätsfern wirken. Was aus den amerikanischen Western nicht wegzudenken ist – grüne Weiden, eine Ranch, Vieh –, weicht in den italienischen Filmen verlassenen Steinwüsten (die in Süditalien oder Spanien liegen). An die Stelle der Indianer treten Mexikaner (die dem mediterranen Menschenschlag zum Verwechseln ähnlich sehen). Weibliche Darsteller – die in die amerikanischen

2 Anfangs zeichneten die italienischen Regisseure ihre Western noch mit englisch klingenden Pseudonymen. Als aber deutlich wurde, dass die Operation »Nachahmung« gescheitert war und das Publikum gerade auf das Spezifische (Italienische) der Italowestern ansprang, zeichneten dieselben Filmemacher ostentativ mit ihrem italienischen Namen (siehe Sergio Leone).

Western recht spät Eingang fanden, um dem sakrosankten Prinzip der Geschlechtermischung Genüge zu tun – werden nun noch seltener, sodass Gefühlshändel und Liebesgeschichten praktisch verschwinden.

Schelmengeschichten

Die Welt des Italo-Western ist eine Männerwelt, eine Welt von Machos, und der Held, der sich ausnahmslos durch Zynismus, Schläue, Gerissenheit und Listenreichtum auszeichnet, scheint nie von epischer Großherzigkeit getragen. Der Individualismus hat stets die Oberhand, von Bürgersinn keine Spur. Die Hauptfigur bewegt sich wie im Schelmenroman (an dessen Modell sich der Italowestern ohne Zweifel orientiert) selbstsicher durchs Labyrinth ihres Abenteuers, wobei die Suche nach Geld – der Held ist häufig ein Kopfgeldjäger – das eigentlich vorwärts treibende Moment der Handlung darstellt.

Die Geschichte, die in diesen Italowestern erzählt wird, ist für gewöhnlich recht verworren und bizarr, reich an unvorhergesehenen Zwischenfällen und Wendungen, und ihr eigentliches Thema ist nichts anderes als der Held selbst, dessen außergewöhnliche Qualitäten und Leistungen in möglichst spektakulärer Weise immer und immer wieder vorgeführt werden.

Beschreibende Filmtitel finden sich in diesem Genre nur selten. Meist spielen sie nicht auf die Erzählung selbst an, sondern setzen sogleich die Hauptfigur in Szene, vielfach durch einen markanten Spruch aus ihrem Mund. In vielen Fällen schleicht sich klammheimlich der Filmheld in unser Sprechen ein (ein schönes Beispiel für Subjektivismus und erzwungene Identifikation), wenn wir den Filmtitel aussprechen: *Mein Name ist*

Nobody (1973), *Ich bin ein entflohener Kettensträfling* (1968), *Gott vergibt … Django nie* (1967), *Lauf um dein Leben* (1968), *Adios Sabata* (1970), *Man nennt mich Halleluja* (1971), *Meine Kanone, mein Pferd … und deine Witwe* (1972). Aus solchen Filmtiteln ist sofort ersichtlich, dass im Mittelpunkt der Geschichte ein namenloser Held steht, der sich durch zügellose Großsprecherei auszeichnet.

Ungeachtet der ironischen und parodistischen Stoßrichtung des Italowestern gelang es einigen italienischen (und spanischen) Regisseuren gleichwohl, eine Reihe von eindeutig politischen Aussagen einzubauen: Es war die Zeit, als die Vereinigten Staaten in Lateinamerika und Vietnam besondere Brutalität an den Tag legten.

Als Anhänger versteckter Gegenpropaganda suchten die engagierten Filmemacher radikale Botschaften in ihre Werke einzuschmuggeln und den bei einem breiten Publikum Anklang und Sympathie findenden Italowestern zum Vehikel antikolonialistischen Gedankenguts umzufunktionieren, wobei sie sich namentlich auf Frantz Fanon (1925–1961) und sein bekanntes Werk *Die Verdammten der Erde* (1961) bezogen.

Symbolik

Wie in einem Puppenspiel illustrieren die Auseinandersetzungen zwischen falschen Mexikanern und nachgemachten Yankees nur den schwierigen Dialog zwischen Dritter Welt und industriellen Metropolen, zwischen Süden und Norden. Die Filmemacher bedienten sich dieser Symbolik oder schlichten Metapher, um das Scheitern der euroamerikanischen Kultur, ihren misslungenen Anspruch auf Allgemeingültigkeit hervorzuheben. Sie wollten die antikolonialen Kämpfe der Völker Lateinamerikas, Afrikas und Vietnams sowie die der ethnischen Minderheiten in den Vereinigten Staaten (Schwarze, Indianer, Hispanos) ins Gedächtnis rufen.

Die Filmemacher, die den Italowestern auf diese Weise zweckentfremdeten, waren international renommierte Linksintellektuelle, darunter der Drehbuchschreiber Franco Solinas, der unter anderem für Francesco Rosi *(Wer erschoss Salvatore G.?)*, Gillo Pontecorvo *(Schlacht um Algier* und *Queimada)*, Constantin Costa-Gavras *(Der unsichtbare Aufstand)* und Joseph Losey *(Monsieur Klein)* arbeitete. Letzterer schrieb auch das Drehbuch zu einem der hervorragendsten politischen Italowestern, *Töte Amigo* von Damiano Damiani (Damiani zeichnet für zahlreiche Politthriller verantwortlich, darunter *Der Clan, der seine Feinde lebendig einmauert* und *Das Verfahren ist eingestellt: Vergessen Sie's).*

Damianis Film *Töte Amigo* spielt in Mexiko zur Zeit der Revolution von 1910. Ein junger Amerikaner (Lou Castel) versucht erfolgreich, sich in eine Bande »revolutionärer Banditen« einzuschleichen, gewinnt das Vertrauen ihres Anführers El Chuncho (gespielt von Gian Maria Volontè) und kann sich auf diese Weise einem General der Aufständischen nähern, um ihn umzubringen. Als Belohnung für den Mord erhält er von der Bundesregierung eine hübsche Summe, die er mit seinem unfreiwilligen Komplizen El Chuncho teilen möchte. Angewidert von der Frechheit des Amerikaners, für den offenbar alles käuflich ist, lehnt El Chuncho das Angebot ab und tötet seinen falschen Freund. Das Kopfgeld gibt er einem Bettler, mit dem Auftrag, nicht Brot davon zu kaufen, sondern »Dynamit für die Fortführung des Aufstands«.

Kaum verhohlen klingt hier eine Kritik an der US-Politik in

Lateinamerikas an, wobei insbesondere an die CIA-Interventionen in den mittelamerikanischen Ländern zu denken ist. So spontan und gefühlsgeleitet El Chunchos Reaktion sein mag, spiegelt sich in ihr doch auch die Revolte und Würde der lateinamerikanischen Völker.

Sichel und Guerilla

Dieselbe Aussage transportiert Sergio Sollimas Film *Colorado* von 1968, zu dem ebenfalls Franco Solinas das Drehbuch schrieb. Die Geschichte ist folgende: Der Kopfgeldjäger Colorado Corbett, ein gerechter und fortschrittlich gesinnter Mensch (»colorado« heißt im Spanischen »rot«), ist auf der Suche nach einem Mexikaner, der von einem Großgrundbesitzer beschuldigt wird, ein kleines Mädchen vergewaltigt zu haben. Im Laufe der langen Verfolgungsjagd lernt Corbett den Mexikaner gut kennen. Cuchillo Sánchez, so sein Name, ist in Wirklichkeit ehemaliger Weggefährte eines der mexikanischen Revolutionsführer und hat es sich zur Aufgabe gemacht, die *Peones* (landlose Landarbeiter) in ihrem Kampf gegen die Großgrundbesitzer zu unterstützen.

Schließlich findet Corbett heraus, dass Cuchillo zu Unrecht beschuldigt wird und das Mädchen in Wirklichkeit von niemand anderem als dem Schwager des besagten Großgrundbesitzers vergewaltigt wurde. Der Film denunziert Gesetz und Ordnung als Institutionen einer bestimmten sozialen Schicht, als Privateigentum der Privilegierten, die die Erfordernisse einfacher Gerechtigkeit mit Füßen treten und die Justiz missbrauchen, um ihre wirtschaftlichen Interessen durchzusetzen.

In *Saludos, Hombre!* (1969) lässt Sergio Sollima seinen Helden Cuchillo Sánchez in einer zeitlich vorgelagerten Episode auftreten. Chuchillo erfährt vom Versteck des Goldes, das die mexikanische Revolution finanzieren soll, widersteht aber der Versuchung, es für sich zu behalten. Die Forderungen der Bauern und die Agrarreformprogramme gewinnen ihn für die Sache der Revolution, und so gibt er das Gold schließlich zurück. Das in zahllosen Western ausgeschlachtete Thema der Schatzsuche findet sich hier in zweifacher Weise politisiert: zum einen, weil der Erfolg der Revolution davon abhängt, ob der Schatz entdeckt wird; zum anderen, weil das Gold, zur Sichel umgeschmolzen, die Gestalt eines vertrauten und höchst symbolischen Werkzeugs annimmt.

Im traditionellen Schlussduell tritt ein zerlumpter Cuchillo mit dem Messer (»chuchillo« heißt Messer) gegen einen herausgeputzten Amerikaner an, der mit einem Revolver bewaffnet ist. Die Metapher verweist auf das Einmaleins revolutionärer Guerilla und bedarf wohl keiner weiteren Erläuterung.

In einem anderen Drehbuch – das Sergio Corbucci als Vorlage für seinen Film *El Mercenario* (1968) diente – denunziert Franco Solinas die kapitalistische Misere, die ein unmenschlicher Killer über ein lateinamerikanisches Dorf bringt (in der Rolle des Killers der auf Bösewichte spezialisierte US-Schauspieler Jack Palance).

Palance spielt auch in dem ebenfalls von Sergio Corbucci gedrehten Film *Compañeros* von 1970 mit, der die Besetzung der mexikanischen Provinz Texas durch die Vereinigten Staaten thematisiert. Dort verkörpert Palance einen einarmigen Killer, der seine Adler (sic!) mit dem Fleisch seiner mexikanischen Opfer füttert, offenkundig eine Anspielung auf den Staatsadler der US-Flagge, der sich sozusagen vom Reichtum der Drittweltländer ernährt. Im Übrigen demonstriert der Film die Absurdität des Ansinnens, der Aggressivität der Vereinigten Staaten mit pazifistischen Mitteln beikommen zu wollen.

Es lebe die Revolution!

Immer wieder machen sich die politischen Italowestern für die noblen Ideen der mexikanischen Revolution stark, immer wieder kritisieren sie die militärischen Interventionen des westlichen Auslands – der Vereinigten Staaten, Frankreichs, Großbritanniens und Deutschlands – im 19. Jahrhundert.

1966 drehte der langjährige Direktor des Filmfestivals von Venedig und kommunistische Filmemacher Carlo Lizzani *Mögen sie in Frieden ruhn.* Darin spielt der berühmte Schriftsteller und Regisseur Pier Paolo Pasolini einen revolutionär gestimmten Priester im Kampf gegen ausländische Financiers, die die mexikanische Bundesregierung gegen die aufständischen Bauern unterstützen.

In Sergio Corbuccis Film *Bete, Amigo!* (1973) verkörpert der hervorragende Schauspieler Vittorio Gassman einen Komödianten, der von einem konservativen Colonel gezwungen wird, sich als Emiliano Zapata, den historischen Revolutionsführer der armen Bauern Südmexikos, zu verkleiden. Der Wanderschauspieler steigert sich in seine Rolle hinein, gewinnt die Überzeugung, dass die Sache der Bauern eine gerechte sei – man fühlt sich an Roberto Rossellinis Film *Der falsche General* (1959) mit Vittorio de Sica in der Hauptrolle erinnert –, und wirft sich für den Umsturz schließlich so ins Zeug, dass er tatsächlich einen Aufstand der Tagelöhner auslöst.

Die gegenrevolutionäre Verquickung von lokaler Feudalordnung und ausländischem Kapitalismus verkörpert sich in *Et viva la Révolution!* von Duccio Tessari (1971) einigermaßen naiv in der antipathischen Figur eines russischen Emigranten, der erklärt: »Vorher schwor ich auf den Zaren, jetzt schwöre ich auf Henry Ford, meinen neuen Zaren.«

Antifaschismus

Eine weitere Konstante der politischen Western bildet der Antifaschismus. Selbst der enttäuschende Film von Damiano Damiani *Nobody ist der Größte* von 1974 (Produktion: Sergio Leone) lässt es sich nicht nehmen, das Militär als Institution lächerlich zu machen. Und in einem Film von Sergio Corbucci fällt folgender anthologiereifer Spruch: »Militärische Gerechtigkeit verhält sich zu wirklicher Gerechtigkeit wie Militärmusik zu wirklicher Musik.«[3]

Nicht alle politischen Anspielungen beziehen sich auf die Vereinigten Staaten und deren Haltung gegenüber Lateinamerika, auch Verweise auf die europäische Politik sind relativ häufig. So erinnern etwa die mit falschen Papieren ausgestatteten und in Kutten gekleideten Gesetzlosen, die in Sergio Corbuccis Film *Leichen pflastern seinen Weg* (1968) durch eine verschneite Alpenlandschaft laufen, an die italienischen Bauernaufstände des beginnenden 19. Jahrhunderts, die in anderer Weise auch den Stoff von Bertoluccis *1900* bilden.

In *Todesmelodie* (1970) lässt es sich Sergio Leone nicht nehmen, Situationen zu zitieren, die von der üblichen Westernszenerie recht weit entfernt sind. So beginnt der Film, der auf dem Höhepunkt der chinesischen Kulturrevolution gedreht wurde, mit folgendem Zitat von Mao Tse-tung: »Die Revolution ist ein

---

3   Der Spruch stammt wahrscheinlich vom französischen Politiker Georges Clemenceau.

Akt der Gewalt im Geiste des Volkes.« Das rote Halstuch des von James Coburn gespielten irischen Sprengstoffspezialisten wiederum erinnert natürlich an die IRA Nordirlands und deren explosive Methoden. Die standrechtlichen Erschießungen im Bahnhofsgraben schließlich verweisen auf das deutsche Massaker an italienischen Widerstandskämpfern am 8. September 1943 in den Ardeatinischen Höhlen bei Rom.

Der Faschismus wird zwar recht häufig zitiert, aber nur ein einziger Western – *Von Angesicht zu Angesicht* von Sergio Sollima (1967) – setzt sich mit dieser Zeit explizit auseinander. Der Film erzählt die Geschichte eines lungenkranken Geschichtsprofessors, gespielt von Gian Maria Volontè, und eines gefährlichen Gesetzlosen. Der Intellektuelle ist fasziniert von der triebhaften Brutalität des Banditen, von seiner Energie und seinem Willen zum Bösen. Er möchte es ihm gleichtun und nur durch Einsatz seiner Intelligenz dieselben Resultate erzielen wie der Verbrecher.

Der Regisseur beschreibt, was den Faschismus am Triebhaften fasziniert und wie er versucht, dies Triebhafte für seine eigenen Zwecke zu instrumentalisieren. Darüber hinaus spielt der Plot darauf an, dass der Faschismus systematisch im Lumpenproletariat, unter dem Abschaum der Gesellschaft, rekrutierte.

Der Professor formuliert seine Geschichtstheorie mit den Worten:»Tötet ein Mensch allein, ist es ein Mord; töten zehn Menschen gemeinsam, ein Akt der Gewalt; aber mit tausend Gleichsinnten wird daraus eine organisierte Tat, ein wahrer Krieg, eine Notwendigkeit.« Dieses kaltblütige, methodische Denken erschreckt schließlich sogar den Banditen, der am Ende beschließt, den Intellektuellen in der Wüste zur Strecke zu bringen.

Der spanische Bürgerkrieg

Die direkteste Anspielung auf ein politisches Ereignis in Europa findet sich in dem recht ungewöhnlichen Western *Der Teufel kennt kein Halleluja* (1972) des spanischen Regisseurs Mario Camus (der für Carlos Sauras Film *Cordoba* [1963] das Drehbuch schrieb).

Ein andalusischer (!) Großgrundbesitzer beauftragt den von Terence Hill gespielten Killer »Trinità«, einen anarchistischen Anführer zu töten, der in den ärmlichen Gegenden Südspaniens die Revolution predigt.

Die Erzählung wirkt einigermaßen verworren, zweifelsohne weil die Produzenten den Film zusammenschnitten und zensierten, handelt er in erster Linie doch von einem eminent politischen Thema. *La colera del viento,* wie der Originaltitel lautet, schildert erstmals in der Filmgeschichte die großen Aufstände der anarchistischen Bauern gegen die Großgrundbesitzer Andalusiens zu Beginn des 20. Jahrhunderts.

Obgleich Camus sich bemüht, für seinen Filmhelden irgendwie ein Abenteuer zu zimmern – schließlich handelt es sich um einen Western –, verweilt er doch vor allem bei der Beschreibung des Aufstands, der Organisation von Streiks, der Zerstörung von herrschaftlichem Eigentum. Insbesondere die Sequenz mit dem anarchistischen Theoretiker ist höchst bemerkenswert. Vor den versammelten Dorfbewohnern weiß der alternde Intellektuelle die richtigen Worte zu finden, um sein politisches Projekt zu erklären: »Wir wollen eine klassenlose Gesellschaft, ohne Ausgebeutete und ohne Ausbeuter. Wir dürfen die Ungerechtigkeit nicht länger hinnehmen, wir müssen aufstehen und für Freiheit, Gerechtigkeit und Würde kämpfen. Wir tragen eine neue Welt hier in unseren Herzen.

Wir haben nicht die geringste Angst vor Ruinen, denn wir können auch bauen. Wir sind es, die diese Paläste und Städte bauen, hier in Spanien und in Amerika und überall. Wir, die Arbeiter, können andere bauen, die ihren Platz einnehmen, und bessere.«

Diese genuin revolutionären Aussagen sind weitgehend identisch mit einer Passage aus dem Interview, das der bekannte spanische Anarchistenführer Buenaventura Durruti (1896–1936) kurz vor seinem Tod am 19. November 1936 in Madrid dem Journalisten Pierre Van Paasen gab (es wurde im September 1936 in der Torontoer Zeitung *The Star* veröffentlicht).[4]

Im selben Jahr, in dem das Franco-Regime den spanischen Anarchisten Salvador Puig Antich mit der Würgschraube hinrichten ließ, wagte es ein spanischer Regisseur, einer seiner Filmfiguren Durrutis Worte in den Mund zu legen. Mehr noch: Er zeigte einen erfolgreichen Streik und schilderte, was proletarische Solidarität heißt. Er denunzierte die Brutalität der Kapitaleigentümer und prangerte die polizeiliche Gewalt an.

Camus lieferte ein Meisterstück vom trefflichen Gebrauch des Western in despotischen Zeiten und führte das Franco-Regime beherzt an der Nase herum. Indes, nur der Code eines populären Filmgenres, das als oberflächlich, wenig glaubwürdig und verachtenswert galt, erlaubte es Mario Camus, seine geheime Botschaft zu platzieren, Gegenpropaganda zu betreiben und die im Übrigen äußerst pedantische Zensur zum Narren zu halten.

4 Zitate aus diesem Interview in: Felix Morrow, *Revolution und Konterrevolution in Spanien,* Gervinus-Verlag, Essen 1986. Dieses Buch bestätigt, wie ernsthaft Mario Camus bei den Dialogen und historischen Bezügen zu Werke ging. Unseres Wissens wurde dies bisher von keinem Filmkritiker bemerkt.

Einmal mehr gelang es engagierten Filmemachern, Botschaften und Überlegungen im Dickicht des Italowestern zu verstecken, die nicht nur den Anspruch hatten zu unterhalten, sondern vor allem darauf abzielten, soziale Ungerechtigkeit und politische Missstände zu denunzieren – und Forderungen zu formulieren, die die großen Menschheitsanliegen thematisieren.

Krieg und Komödien

Es ist ein merkwürdiges Unterfangen,
ehrbare Leute zum Lachen zu bringen.
MOLIÈRE

Lachen ruiniert den Respekt. Es stimmt den Lachenden spöttisch, vermag eine steife Situation aufzulockern, lässt selbstgefälliges Verhalten hohl erscheinen und unterminiert die Autorität einer Person, einer Aussage oder eines Themas. Selbst der Krieg kann sich ungeachtet seiner tragischen und grausamen Aspekte nicht den Spitzen und Sticheleien des satirischen Humors entziehen. Ungezählte Male wurde er in Spottschriften, Epigrammen und Pamphleten scharfzüngig aufs Korn genommen, wurde dumm machende Kasernierung verhöhnt und Missbrauch angeprangert, wurden Offiziere verlacht und Feindbilder denunziert.

Indes, soll der Hieb richtig sitzen, muss der Angreifer von aufrichtiger Empörung getragen sein, es zumindest radikal ablehnen, sich zum Komplizen irgendeiner kriegerischen Handlung zu machen. Gleichmut und Duldsamkeit sind hier fehl am Platz: Die Antikriegssatire ist wesentlich pazifistisch motiviert und zieht ihre Kraft aus der Empörung.

Rasende Komik

Die Wechselfälle des Zweiten Weltkriegs boten den Komikern genügend Stoff, um ihre politische Meinung und ihre moralischen Vorbehalte gegen Militarismus und Kriegstreiberei kundzutun. In den Vereinigten Staaten zum Beispiel knüpften einige – vielfach jüdische – Filmemacher an die Slapstick-Tradition an und bekämpften mit viel Witz und Humor die Gefahren der Nazipolitik – und dies von Anfang an.

Kaum war Hitler 1933 zum Kanzler ernannt, da denunzierten die Marx Brothers bereits seinen Rassenwahn, seine annektionistischen Ziele, seine Kriegsabsichten. In Leo McCareys ahnungsvollem Film *Die Marx Brothers im Krieg* (1933) steigert sich »Diktator Groucho« wild gestikulierend und einer derben Sprache sich befleißigend in eine zerstörerische Hysterie hinein. Die Komik dreht ab in Raserei; Lug und Trug, List und Tücke beherrschen die Szenerie – absurde Metaphern, die die höchst konkrete Bedrohung durch den Militarismus und die Wiederbewaffnung Deutschlands illustrieren.

Kurz nach Kriegsbeginn erhebt sich Charly Chaplin in *Der große Diktator* (1940) zum öffentlichen Ankläger und enthüllt die verwerflichen Absichten und die geistige Verwirrung eines recht eigentlich paranoischen »Führers«. Am Ende des Films richtet der mit dem Diktator verwechselte jüdische Barbier einen flammenden Appell für Menschlichkeit, Freiheit und Frieden an alle Menschen guten Willens.

Ernst Lubitschs Film *Sein oder Nichtsein* von 1942 spielt im Jahr 1939 in Warschau. Eine Schauspielertruppe probt ein Anti-Hitler-Stück – es trägt den Titel *Gestapo* –, als der Krieg ausbricht und die Deutschen das Land besetzen. Es kommt zu einer Reihe von Verwechslungen zwischen den als Nazis verkleideten Schauspielern und den Nazis selbst, wobei letztere den Kürzeren ziehen. Mit dem zersetzenden Spott des jiddischen Humors denunziert Lubitsch in diesem Film die kriminelle Dummheit der hitlerschen Weltanschauung und die mörderische Realität der antisemitischen Verfolgung.

Diese drei Komödien sind das Werk betroffener Beobachter, leidenschaftlicher Zeitzeugen, empörter Moralisten, die sich mit dem Zynismus und der abwartenden Haltung der Welt nicht abfinden wollen. Ihre Filme zeugen von Bitterkeit und Angewidertsein, sie versprühen Gift und Galle. Aber es sind auch die einzigen, die mit einem bewundernswürdigen Sinn für Humor Zorn und Wut äußern.

Schwank und Klamotte

Die zahllosen Militärkomödien, die zwischen 1940 und 1945 herauskamen und im Zweiten Weltkrieg spielen, basieren demgegenüber eher auf derbem Menschenverstand und den tausendfach erprobten Klischees traditioneller Schwänke und Klamotten.

Der Krieg fungiert in diesen Filmen nur noch als Vorwand und Kulisse, als Handlungsrahmen, der bestenfalls die allgemeine Richtung vorgibt. Einige Schauspieler finden hier jedoch ihr bevorzugtes Betätigungsfeld.

Das Komikerduo Bud Abbot und Lou Costello zum Beispiel kommt mit *Buck Privates* von Charles Lamont (1940) groß heraus, wo sie zwei junge Kriegsdienstleistende spielen, die mit dem Militärreglement aneinander geraten. In derselben Rolle kann man die beiden auch in Arthur Lubins Film *In the Navy* von 1941 bewundern, mit dem sie in den Vereinigten Staaten zweifellos zum beliebtesten Komikerduo der Kriegszeit aufstiegen. Im US-Box Office überrundeten sie selbst das geniale Tandem Stan Laurel und Oliver Hardy, die sich im Übrigen genötigt sehen, die »beiden Einfaltspinsel« in ihren abgeschmackten Kriegsabenteuern zu imitieren.

Weder *Dick und Doof – Schrecken der Kompanie* (Monty

Banks, 1941) noch *Bombenkerle* (Edward Sedgwick, 1943), wo Laurel und Hardy einen nicht allzu riskanten Posten in der Etappe ergattern, fügen der Slapstick-Vision des Kriegs irgendetwas Neues hinzu. So stolpern »der Dicke und der Dünne« von einer banalen Situation in die nächste, ein Film ohne jeden Biss.

Antimilitarismus

Die Bilanz am Ende des Zweiten Weltkriegs fällt daher eher mager aus: Nur wenige amerikanische Filmemacher hatten eine scharfsinnige Satire auf den besiegten Nazismus zu Wege gebracht. Bereits zwei Jahre später, 1947, bestimmt der Kalte Krieg die Stimmung in Hollywood, und der »Ausschuss für antiamerikanische Umtriebe« von Senator McCarthy nötigt manchen Komödienfilmer zur Mäßigung, der zumindest im Nachhinein gegen Intoleranz, Rassismus und Unterdrückung zu Felde ziehen möchte.

Die Hexenjagd ist eröffnet, und Charly Chaplin höchstpersönlich muss sich vor dem McCarthy-Ausschuss für seinen antinazistischen Eifer in *Der große Diktator* rechtfertigen. Die Zeit ist durchaus nicht zum Lachen, und Lachen ist nicht an der Zeit.

Erst in den sechziger Jahren beschäftigten sich die großen US-Komiker erneut mit dem Zweiten Weltkrieg. Es war die Zeit, als sich die Vereinigten Staaten in Vietnam festritten. Ein bedeutender Teil der amerikanischen Öffentlichkeit war mit diesem schmutzigen Krieg nicht einverstanden, und gewisse »Ausrutscher« wie das Massaker von My Lai erinnerten durchaus an die Exzesse der Nazis. In der Folge fassten einige Filmemacher und Schauspieler eine Aktualisierung der Militarismuskritik ins Auge.

Eine überzeugende Probe seines Talents lieferte in dieser Hinsicht der Pazifist Danny Kaye im *Unternehmen Pappkamerad* von Melville Shavelson (1960), einer Verwechslungskomödie, in der die Doppelgänger-Thematik wiederauflebte, die bereits das Rezept von *Der große Diktator* und *Sein oder Nichtsein* ausmachte und die Jerry Lewis in *Wo, bitte, geht's zur Front* (1970) auf die Spitze trieb.

Auch Buster Keaton beteiligte sich nach einer langen Filmpause an der neuen Antikriegs-Kampagne. In dem leider etwas langweiligen italienischen Film *Ein General und noch zwei Trottel* (1966) spielt er einen dümmlichen deutschen General zur Zeit der Alliiertenlandung in Sizilien.

Patriotismus und Versöhnung

Die französische Kriegskomödie hat keinen Lubitsch oder Chaplin vorzuweisen. Grund hierfür ist, dass die Erfahrungen mit dem Zweiten Weltkrieg in Frankreich ganz andere waren als die der Vereinigten Staaten. Als Bürgerkrieg zwischen Widerstandskämpfern und Kollaborateuren, zwischen Demokraten und Vichy-Anhängern besaß der Krieg immer schon eine innenpolitische Dimension, die unmöglich außer Acht gelassen werden konnte. Eine burleske Satire hätte das konfliktreiche Verhältnis zwischen den beiden Gruppen zusätzlich vergiftet, wo der Wiederaufbau nach der (diskreten) Säuberung der politischen Instanzen doch Einheit und Eintracht erforderte. Henri Calef (*Jéricho*, 1946), Marcel Carné (*Pforten der Nacht*, 1946) und Jean Dréville (*Le Grand Rendez-Vous*, 1950) widmeten sich in ihren sehr ernsten Filmen der Aufgabe, die Kollaboration im Namen von Patriotismus und nationaler Versöhnung zu denunzieren. Dabei hüteten sie sich wohlweislich, die politische Analyse allzu weit zu treiben und verschiedene Gruppen von »Collabos« zu unterscheiden. Am weitesten aus dem Fenster lehnte sich in dieser Hinsicht *Pforten der Nacht* nach einem Drehbuch von Jacques Prévert – kaum verwunderlich daher, dass der Film beim Publikum durchfiel.

Als der Kalte Krieg Ende der vierziger Jahre Europa erreichte, weigerte sich der französische Filmverleih, Edward Dmytrycks Film *Hitler's Children* von 1942 in die Kinos zu bringen. Der Grund: »übertriebener Antifaschismus«.

Erst 1956 kam mit Claude Autant-Laras Film *Zwei Mann, ein Schwein und die Nacht von Paris* (Drehbuch: Jean Aurenche und Pierre Bost) ein Film heraus, der es sich erlaubte, über die tragischen Kriegsereignisse zu lachen. Vor allem aber stellte *La Traversée de Paris*, wie der Originaltitel lautet, eine Reihe von eingeschliffenen Vorstellungen über die Résistance und die deutsche Besatzung in Frage. Die beiden Hauptfiguren – ein berühmter Maler (Jean Gabin) und ein arbeitsloser Taxifahrer (Bourvil) – beteiligen sich an einem nächtlichen Schwarzmarktgeschäft im deutsch besetzten Paris. Im Laufe ihrer finsteren Irrfahrt quer durch die Stadt entdeckt der Zuschauer die Schäbigkeit und Niedertracht von Menschen, die in ihrer Angst nur ans eigene Wohlergehen denken. Keine der Figuren wird positiv gezeichnet, und genau diese schweigende Mehrheit, die sich in allzu oft beschworener Ehrbarkeit durch die Besatzungszeit mogelte, hatte Autant-Lara im Auge – er liebäugelte damals noch nicht mit Jean-Marie Le Pens »Front National« –, als er Jean Gabin das Scheltwort in den Mund legte, das das verdutzte Publikum wie ein Donnerschlag traf: »armselige Saubande« *(salauds de pauvres).*

La Traversée de Paris zeichnet von der französischen Bevölkerung ein alles andere als heroisches Bild. Ihre Kardinaltugenden während der deutschen Besatzung hießen: Invidualismus, Durchwursteln und Jeder für sich. Autant-Laras Film sollte die Vorstellungen, die in der französischen Öffentlichkeit über den Zweiten Weltkrieg und die deutsche Besatzung Frankreichs kursierten, nachhaltig verändern.

Nationalismus und Versöhnung

Die französischen Komödienfilmer sahen sich durch diesen Wandel leider berechtigt, die konfliktreiche Kriegszeit als Kasperletheater zu inszenieren.

Nach der Rückkehr von General De Gaulle an die Schalthebel der Macht im Jahr 1958 kamen in Frankreich erheblich mehr Filme heraus, die die Kriegszeit thematisierten (und vor allem die Rolle der Londoner Gaullisten und nichtkommunistischen Widerstandskämpfer hervorhoben).[1] Während sich 1957 nur ein einziger, 1958 zwei Filme mit dieser Zeit beschäftigten, stieg die Zahl 1959 plötzlich auf acht, 1960 waren es sechs, 1961 wieder acht und 1962 sieben.

Der politische Gehalt dieser Filme ist jedoch nicht sonderlich ausgeprägt; meist reduziert er sich auf eine einzige Idee: den Nationalismus. Ein recht simpler, elementarer Nationalismus, der nicht viel mehr zu sagen weiß, als dass jeder in seinem Land bleiben soll: Frankreich den Franzosen, die Deutschen in Deutschland.

Den Komödien kam in dieser lawinenartigen Filmproduktion besondere Bedeutung zu: Zum einen, weil sie die Interpretation der Kriegsereignisse noch weiter simplifizierten; zum

---

1 Dazu Joseph Daniel, *Guerre et Cinéma*, Arnaud Colin, Paris 1972.

anderen, weil sie beim Publikum auf großen Anklang stießen. Was De Gaulle so sehr am Herzen lag – dass an einer Versöhnung mit Deutschland kein Weg vorbeiführt –, dieser Idee schlugen die Komödien auf humorvolle Weise eine Gasse. Die erste Komödie über den Krieg, die in der Fünften Republik gedreht wurde – *Babette zieht in den Krieg* (1959) –, war ein leicht verdauliches Prestigeprojekt, das auf höchstmögliche Zuschauerzahlen zielte. Der Produzent Raoul Lévy engagierte zu diesem Zweck den renommierten Regisseur Christian-Jaque (der 1951 *Fanfan, der Husar* drehte), den populären Dialogschreiber Michel Audiard, die schon damals im Rang eines Mythos stehende Schauspielerin Brigitte Bardot (die hier ihren ersten für alle Altersstufen zugelassenen Film drehte), ihren damaligen Lebensgefährten Jacques Charrier und den herausragenden Komödienschauspieler Francis Blanche. Und damit bei diesem ersten in Farbe gedrehten Kriegsfilm der französischen Filmgeschichte auch niemand fehlte, trugen auch die Streitkräfte das Ihre bei.

Die Geschichte könnte schlichter nicht sein. Ein kleines Dienstmädchen, beim Exodus 1940 von seinen Herrschaften zurückgelassen, gelangt auf gewundenen Wegen nach London. Dort wird sie im Hauptquartier des Freien Frankreich rekrutiert und mit einem jungen Offizier in wichtiger Mission nach Frankreich geschickt, um einen deutschen General zu entführen – was ihnen nach tausend heldenhaft-komischen Abenteuern schließlich gelingt.

Bei einem solchen Plot fällt es nicht schwer, die Beziehungen zwischen »bösen« Deutschen und »guten« Franzosen in gewohnter Manier vorzuführen und die überkommenen deutschfeindlichen Stereotypen zu bedienen: Die Deutschen sind brutal und borniert, halten sich eisern an die Vorschrift und äußern sich nur brüllend. Allein unter den Offizieren finden sich manchmal Ausnahmen, wie etwa jener preußische Aristokrat, der mit seinem Monokel offensichtlich an Erich von Stroheim aus Jean Renoirs Film *Die große Illusion* von 1937 erinnern soll. Ein gebildeter Mann von Welt und Musikliebhaber, repräsentiert er, der nach eigenem Bekunden durchaus Vorbehalte gegen die Nazis hegt, die »guten« Deutschen. So ist der Film sorgsam darauf bedacht, ihn nicht mit den richtigen, fanatischen Nazis in einen Topf zu werfen. Letztere porträtiert in diesem Film Francis Blanche, der in seiner Rolle als Papa Schultz eine geniale Himmler-Karikatur zu zeichnen weiß, den filmischen Archetypus des »bösen Deutschen«: glatzköpfig und bierbäuchig, manisch und lüstern, grotesk, grausam und dumm – sämtliche deutschfeindlichen Klischees sind hier versammelt. Fast hat man den Eindruck, eine expressionistische Zeichnung von George Grosz sei zum Leben erwacht.

Große Ferien

Dass man das Publikum in einer Zeit, in der Frankreich einen grausamen Krieg in Algerien führte, ausgerechnet mit Kriegsgeschichten zum Lachen bringen wollte, verfolgte natürlich noch einen anderen Zweck. Regisseur Jacques Donio-Valcroze erblickte darin die Absicht, »dem Volk ein trikolores Opium zu liefern, das glauben macht, die Résistance habe wie in einer wohl geschürzten Klamotte gesiegt, sodass es keinen Grund gebe, weshalb der Algerienkrieg nicht mit Chansons zu gewinnen sei«[2].

2 *France Observateur*, 24. September 1959.

Der kommerzielle Erfolg von *Babette zieht in den Krieg* zeigt, dass sich auch der Krieg vermarkten lässt, wenn man die politische Seite ausblendet, die Kollaboration nicht über die Maßen strapaziert und sich damit begnügt, drei einfache Dinge abzufeiern: heldenhaftes Handeln, Patriotismus und – auch das muss sein – pazifistische Gesinnung. Alle Menschen sind im Grunde gut, und auch die Bösen sind nur aus Versehen böse. Außerdem sind die Deutschen Menschen wie alle anderen auch, und die Nazis bilden nur die Ausnahme.

In den ernsten Kriegsfilmen kämpfen die Helden für ihre Überzeugungen (Antifaschismus, Verteidigung der Demokratie, Antirassismus), in den Komödien werden die Hauptfiguren nur durch Zufall zu Widerstandskämpfern und bleiben politisch gleichgültig, unentschlossen, skeptisch gegenüber allen Weltanschauungen.

Im Laufe der sechziger Jahre schien die Erinnerung an die Kriegszeit vor allem bei den jüngeren Franzosen zu verblassen. Bernard Blier drehte 1963 einen Dokumentarstreifen über die neue Generation, mit dem bezeichnenden Titel: *Hitler, kenn' ich nicht.* Da die patriotischen Empfindlichkeiten in der Bevölkerung nachließen und die Codes oder Verdrängungsmechanismen der Kriegskomödie aufs beste funktionierten, jagte eine Farce die nächste.

Nun rückten gar die Kriegsgefangenen in den Mittelpunkt der Kriegskomödien. Als Beispiele seien genannt: *Ich und die Kuh* von Henri Verneuil (1959), *Der Korporal in der Schlinge* von Jean Renoir (1962), *Les Culottes rouges* von Alex Joffé (1963) und *Alles in Butter* von Gilles Grangier (1963). Die Versöhnung mit Deutschland stand auf der Tagesordnung, und so ließen es sich die Filmemacher im Dienst der Politik De Gaulles angelegen sein, das schreckliche Bild der nazistischen Vernichtungslager aus der Erinnerung zu tilgen und stattdessen die erstaunliche Ansicht zu transportieren, der Aufenthalt im Kriegsgefangenenlager Stalag sei für viele Franzosen wie *große Ferien* gewesen.

Einige andere, handwerklich besser gemachte Filme deuteten den Krieg zum Spektakel um und erhoben die fundamentale Mittelmäßigkeit der Handlungsfiguren – sie sind kleinlich, jämmerlich, dümmlich, ängstlich und chauvinistisch – zur eigentlichen Ressource ihres Heldentums und Erfolgs. In diese Rubrik fallen namentlich Michel Devilles Film *General Fiaskone* von 1966 und Jean-Paul Rappeneaus *Leben im Schloss* von 1965.

Durchschnittsfranzosen

Der eigentliche Prototyp der französischen Kriegskomödie ist und bleibt jedoch Gérard Ourys Film *Drei Bruchpiloten in Paris* von 1966, der die soeben genannten Eigenschaften mit der allgrößten Selbstverständlichkeit zur Schau stellt. Wie *La Traversée de Paris* von Claude Autant-Lara ist auch dieser Film nach dem Prinzip des Schelmenromans organisiert und profitiert von den urkomischen Qualitäten der beiden Schauspieler Bourvil und De Funès.

Die Geschichte beginnt mit folgender Szene. Drei britische Kampfpiloten werden von der Luftabwehr abgeschossen und springen mit dem Fallschirm über Paris ab. Der erste setzt sich zu den Robben im Zoo von Vincennes, der zweite fällt einem Maler, der gerade die Fassade der Kommandantur streicht (Bourvil alias Auguste Bovet), in die Farbrolle, und der dritte landet während einer Orchesterprobe unter Leitung von De Funès auf dem Dach der Oper.

Ourys Film krönt den Triumpf des »Durchschnittsfranzosen«, der sich rein zufällig, durch die Launen des Schicksals, in einer bisweilen gefahrvollen Ausnahmesituation wiederfindet, sich aber – gewitzt und gerissen, wie er ist – zu helfen weiß. Für den Zuschauer ist dieser Film höchst schmeichelhaft, zeigt er doch, wie schnell man aus sozial unbedeutender Stellung zu öffentlichem Ruhm gelangen kann. Jeder Bürger, so die Botschaft, ist, wenn das Schicksal ihn mit ähnlichen Gefahren konfrontiert, in der Lage, außergewöhnliche Fähigkeiten zu entwickeln, die einen wahren Helden aus ihm machen. Mit jedem Lacher, den die *drei Bruchpiloten in Paris* provozieren, überzeugt sich der Zuschauer, dass auch er Nichtalltägliches leisten könnte.

Ourys Filmkomödie wurde ein Kassenschlager. Innerhalb eines Jahres zog er 1,3 Millionen Zuschauer in die Kinosäle. Nie zuvor hatte ein französischer Film solche Besucherzahlen erreicht. Und schon bald darauf kamen weitere Filme heraus, die dieselben Argumente, dieselben Figuren oder dieselben Gags verwendeten, die Oury in *Drei Bruchpiloten in Paris* popularisiert hatte. So spielte zum Beispiel Francis Blanche in Stenos *Die große Aktion* (1969) abermals den Papa Schultz, während Bourvil in Marcel Camus *Leo, der Kriegsheld* (1970) wieder die Uniform anzog. Ende der sechziger Jahre hatte es allerdings den Anschein, das Genre habe sich durch ständiges Wiederholen derselben Klischees und Abrutschen ins Vulgäre totgelaufen.

Vergessen machen

1969 kam ein vierstündiger Dokumentarfilm heraus, der mit der einschläfernden Legendenbildung aufräumte, einige unangenehme Wahrheiten ins Gedächtnis rief – und weh tat. *Le Chagrin et la Pitié* von Marcel Ophüls und André Harris ist eine Chronik des Alltags in Clermont-Ferrand in den Jahren 1940 bis 1945. Das Fernsehen wollte den Film nicht zeigen, er kam in die Kinos und schien hier durch seine eindringliche Machart der bisherigen Begeisterung für Kriegskomödien ein Ende zu setzen. Doch schon wenig später, Mitte der siebziger Jahre, erlebte das Genre ein erstaunliches Come-back. Es war die Zeit, als »Europa« allmählich Gestalt annahm, als der 1975 gewählte französische Staatspräsident Valéry Giscard d'Estaing engere Zusammenarbeit mit der Bundesrepublik Deutschland anstrebte und das »Modell Deutschland« zum Vorbild für Frankreich hochjubelte. Dass die Komödienfilmer unter diesen Umständen nicht die Absicht haben konnten, alte Hassgedanken wieder aufzurühren (oder auch nur die Geschichte ins Gedächtnis zu rufen), vielmehr alles daran setzen mussten, die Vergangenheit vergessen zu machen, versteht sich fast schon von selbst.

Die Deutschen – so erzählen uns die liberalen Kriegskomödien – waren in den Jahren zwischen 1939 und 1944 ohne Zweifel die Stärksten und Mächtigsten in Europa, aber die Franzosen haben ihnen das Leben ganz schön schwer gemacht. Letztere werden als ungezogene Kinder dargestellt. Gegenüber dem Besatzer, dessen Überlegenheit in keiner Weise in Frage gestellt wird, führen sie sich auf wie die »Lümmel von der letzten Bank«, wie Pennäler, die dem Internatspersonal einen Streich nach dem anderen spielen.

Der Krieg, die Résistance, der Befreiungskampf werden auf Kasperletheater heruntergebracht, wirkliche Bosheit oder Feindseligkeit gibts da nicht. Politische Überzeugungen sucht man in beiden Lager vergebens, und dass die Kriegsparteien überhaupt aneinander geraten, ist eher dem Zufall geschuldet. Der erste Film nach diesem Rezept hieß *Wo bitte ist die 7. Kumpanie geblieben* von Robert Lamoureux (1973). Die Handlung spielt im Mai 1940, während des Zusammenbruchs der französischen Armee. Die 7. Kompanie des 108. Fernmelderegiments wird von Deutschen gefangen genommen. Nur drei Soldaten – Pierre Mondy, Jean Lefèvre und Aldo Maccione – können entwischen, weil sie sich gerade nicht bei ihrer Kompanie aufhalten.

Die drei Männer beschließen, in den Tag hinein zu leben und die Freuden der Natur zu genießen. Doch da läuft ihnen ein französischer Offizier über den Weg, der sich unter allen Umständen zum Generalstab durchschlagen will. Widerwillig folgen die drei Soldaten seinen Befehlen, bringen einen Panzer-Abschleppwagen in ihre Gewalt und verursachen in den Reihen der deutschen Truppen einiges Durcheinander.

Der ganze Film beruht auf zwei Widersprüchen. Der erste lautet: »Sie finden den Frieden, indem sie in den Krieg ziehen.« In der Tat können sich die drei Soldaten im Laufe ihres Abenteuers gar nicht oft genug dazu beglückwünschen, dass sie eingezogen wurden, ist der Krieg – wie sie nicht müde werden zu wiederholen – doch das reinste Spaßvergnügen im Vergleich zur »ehelichen Hölle«.

Der zweite Widerspruch ließe sich dahingehend zusammenfassen, dass die drei Soldaten »auf ihren Rückzugsgefechten den Feind überrennen«. Nur weil sie sich zu den Resten der südwärts fliehenden französischen Armee durchschlagen wollen, werden sie ja in Auseinandersetzungen mit den Deutschen verwickelt.

Gespickt mit den unglaublichsten Ungereimtheiten (die deutsche Armee fährt amerikanische GMC-Lastwagen), erhebt diese Komödie den teils ängstlichen, teils nörgelnden Charakter der Hauptfiguren in den Rang von Heldentugenden. Die Niederlage Frankreichs lässt diese tapferen Soldaten völlig gleichgültig, sie sind weder verbittert noch enttäuscht, und mit Politik können sie schon gleich gar nichts anfangen. Sie kämpfen nur noch, weil man sie dazu zwingt oder um sich aus der Patsche zu ziehen, aber im Grunde genommen fühlen sie sich durch die deutsche Besatzung in keinster Weise betroffen.

Der Riesenerfolg dieser Klamotte veranlasste Robert Lamoureux, zwei Jahre später eine Fortsetzung nachzulegen: *Hurra, die 7. Kompanie ist wieder da* (1975). Als hochrangige französische Offiziere verkleidet, werden die drei Kameraden von den Deutschen verhaftet und in einem als Gefängnis dienenden Schloss untergebracht, wo sie zusammen mit anderen Offizieren auf ihren Abtransport ins deutsche Kriegsgefangenenlager Stalag warten. Die drei organisieren die gemeinsame Flucht.

Die für das Genre typische Fluchtthematik bietet dem Regisseur hier die Gelegenheit, die Lebendigkeit, den Einfallsreichtum und den Mut des einfachen Soldaten mit der Feigheit, dem Formalismus und der Trägheit der Offiziere zu kontrastieren. Letztere werden als die alleinigen Verantwortlichen der Niederlage hingestellt. Mehr denn je werden die Deutschen als gutmütige Menschen gezeichnet, wohl auch deshalb, weil der Film in Zusammenarbeit mit einer deutschen Produktionsfirma gedreht wurde und auch jenseits des Rheins in die Kinos kommen sollte.

Zwei Jahre später drehte Wiederholungstäter Lamoureux den dritten Abenteuerfilm mit den drei »kleinen Soldaten«:

Drei Schlappschwänze auf großer Tour (1977). Die Handlung spielt unter der deutschen Besatzung. Pierre Mondy alias Chaudard ist wieder zuhause und unterhält die denkbar besten Beziehungen zum örtlichen Chef der Vichy-Miliz, während seine Frau ohne sein Wissen den Widerstand unterstützt. Seine beiden Freunde von der 7. Kompanie kommen ihn besuchen, und nach einigen Verwechslungen finden sich alle drei wider Willen als Widerstandskämpfer wieder.

Der Film ist nach demselben Muster gestrickt wie seine beiden Vorgänger. Nur durch Zufall und getrieben durch die Umstände kommen die drei dazu, die Souveränität ihres Landes zu verteidigen und den als ungeschickt und tollpatschig dargestellten Feind zu besiegen.

Der Humor dieser Filme basiert auf der unerwarteten Umdeutung der schlimmsten Charakterschwächen in außerordentliche Qualitäten. Feigheit, Großsprecherei, Nachlässigkeit und Achtlosigkeit mutieren zur unerlässlichen Vorbedingung für unabsichtliche Großtaten. Wer bei diesen Filmen lachen muss, lacht über das Paradox, dass der größte Feigling sich als Ausgeburt an Mut, der unterwürfigste Kollaborateur als vortrefflicher Widerstandskämpfer entpuppt.[3]

Es gab keinen Krieg

Seinen Höhepunkt erreichte der Konformismus der Kriegskomödie jedoch mit Philippe Clairs *Le Führer en folie* (1974) und Gilles Grangiers *Gross Paris* (1974), zwei Spielfilme, die die

3 Interessant ist in diesem Zusammenhang, dass sich diese Komödien systematisch die drei Parolen zu eigen machen, die die totalitäre Einheitspartei in George Orwells *1984* ohne Unterlass übers Fernsehen schickt: Krieg ist Frieden, Freiheit ist Sklaverei, Dummheit ist Stärke.

Schwächen der oben besprochenen Streifen zu Regeln des Genres erheben. Mit ihnen feiert das Seichte, Triviale, Gemeinplätzige seinen hässlichsten Triumpf. Wie um zu beweisen, dass man vorm Krieg keine Angst zu haben braucht, lassen diese beiden Filme jeden politischen oder historischen Bezug fahren. Der Krieg mutiert zur bloßen Konvention, zum realitätslosen Gemeinplatz und konsistenzlosen Erzählvorwand. Die nur aus der Ferne und von außen betrachteten Deutschen spielen nur noch eine untergeordnete, fast schon überflüssige Rolle, und ihre politischen Beweggründe erscheinen als vollkommen belanglos und nichtig.

In *Le Führer en folie* herrscht zwischen Deutschland und Frankreich nicht einmal Krieg. Die militärische Auseinandersetzung weicht einem endlosen Fußballspiel mit Hitler in der Rolle des Schiedsrichters (gespielt von Henri Tisot, der sich lange Zeit als Imitator De Gaulles betätigte). Dargestellt als lächerlicher Hampelmann, brüllt er immer wieder »Acht!«, gibt widersprüchliche Anweisungen und flieht schließlich – man glaubt es kaum – mit einem Schlauchboot nach Amerika.

Jeder Vorwand scheint recht, um den Handlungsrahmen zu aktualisieren und glauben zu machen, das Leben unter der Besatzung sei eigentlich gar nicht so anders gewesen als heute, weshalb aller Grund bestünde, sie in guter Erinnerung zu halten. In Grangiers *Gross Paris* zum Beispiel herrscht zwischen Franzosen und Nazis reinste Harmonie, begeistern sich doch die einen wie die anderen für Pferdewetten. Nur der Résistance, die dieser unschuldigen Kollaboration ein Ende zu bereiten droht, mangelt es an Humor. Und damit sich der Zuschauer wie zuhause fühlt, tritt König George VI. als »Königin von Großbritannien« verkleidet auf, auch sie eine passionierte Pferdewetterin. Um keinen Zweifel darüber aufkommen zu lassen, dass die beiden Hauptfiguren – ein Journalist und ein Metzger – kein Interesse an Politik haben, heißt es im Exposee wortwörtlich:»Für sie sind Sedan, Tobrouk, Stalingrad und Pearl Harbor nur noch leere Worte ohne Sinn.«

Retro-Mode

Der filmhistorische Kontext, in dem diese die Geschichte umdeutenden Komödien erscheinen, lässt sich als »Retro-Mode« beschreiben. Man wird sich erinnern, dass sich in den Jahren 1970 bis 1975 nicht wenige Regisseure auf geradezu krankhafte Weise von der Zeit des Faschismus und Nazismus angezogen fühlten und in ihren nostalgisch zweideutigen Filmen immer wieder die damaligen politischen Ereignisse und Symbole zitierten.

Emblematisch sind hierfür *Die Verdammten* von Luchino Visconti (1968), *Der Nachtportier* von Liliana Cavani (1973), *Lacombe, Lucien* von Louis Malle (1973) und *Stavisky* von Alain Resnais (1974). In all diesen Filmen werden unterschiedliche Realitätsebenen willkürlich zusammengerührt: die Wirtschaftsdepression der dreißiger Jahre, der Vamp-Kult, die Krise der Demokratien, der Höhepunkt des *art déco*, der Aufstieg der Totalitarismen, die Magie des Tonfilms, die Erinnerung an die Todeslager, die Sehnsucht nach starken Gefühlen.

Mit affektierter Eleganz lassen diese Filme den eitlen Trug mythischer Dekaden im trüben Weichzeichner flirren. Ohne jede Bitterkeit blicken sie zurück, die rechte Gesinnung und Mentalität hinterfragen sie mit keinem Bild. Ihre politische oder historische Absicht scheint zweitrangig, verliert sich in nichtiger Ästhetisierung, geht unter im ungewöhnlichen Dekor.

Auf dass die Schauseite einer Welt sichtbar werde, deren Kehrseite schon genug dargestellt wurde – glauben sie jedenfalls. Preziös und manieriert ventilieren die »Retro«-Filme renommierter Regisseure dieselben Ideen, denselben Sinn wie jene versöhnlerischen Klamotten. Sie verwirren die Erinnerung, bügeln Gegensätzliches glatt, lassen unterschiedliche Prinzipien ineinander fließen, leisten allgemeiner Skepsis Vorschub, mit einem Wort: Sie betreiben ideologische Geschichtsklitterung.

In manchen Fällen prägt das versöhnlerische Projekt bereits die Herstellungsbedingungen, wenn der Film in Zusammenarbeit mit deutschen Firmen produziert wird, die den Vertrieb im deutschsprachigen Raum organisieren (*Lacombe, Lucien* wurde beispielsweise von der Münchener Firma Hallelujah mitproduziert).

Französisch-deutsche Kollaboration

Leicht verdaulich und apolitisch wie die Kriegskomödien dieser Zeit waren, kamen sie zunehmend auch in Deutschland in den Filmverleih. Die Zahl der Koproduktionen stieg. Dass *Hurra, die 7. Kompanie ist wieder da* in Zusammenarbeit mit einer Berliner Gesellschaft produziert wurde, haben wir schon erwähnt. Weitere Beispiele sind Robert Lamoureux' Film *Operation Lady Marlene* von 1975 (eine Gemeinschaftsproduktion mit T.I.T. München) und Jacques Besnards Klamotte *Ein Priester, ein Panzer und ein Haufen müder Landser*, die in Zusammenarbeit mit der Berliner Firma Tele-Cine gedreht wurde.

Die Geschichten dieser deutsch-französischen Filme sind im Übrigen höchst bezeichnend. *Operation Lady Marlene* zum Beispiel spielt während der Besatzung. Im Handumdrehen verwandelt der Regisseur zwei miese Einbrecher, die bei Flieger-alarm die Wohnung der vorübergehend abwesenden Mieter ausräumen, in Helden der Résistance – was sie nie werden wollten.[4]

Die Klamotte *Ein Priester, ein Panzer und ein Haufen müder Landser* spielt gegen Ende des Krieges in einem kleinen Dorf, in dem sich die Wehrmacht einquartiert hat. Als ein deutscher Offizier umgebracht wird, drohen die Deutschen mit Repressalien, falls ihnen der Schuldige nicht ausgeliefert wird. Daraufhin bieten die Dorfbewohner ihre ganze Heimtücke und Niedertracht auf, um einen aus ihren Reihen, der wohlbemerkt nicht aus der Gemeinde stammt, zu zwingen, die Rolle des Sündenbocks zu übernehmen.

Wie man sieht, legen die beiden Koproduktionen besonderen Wert auf das Unrecht, das die Franzosen selber einander zufügten. Der Deutschenhass hingegen wird bieder überspielt und dient nur noch als Vorwand für unschuldige Streiche, die bei aller Grobheit nicht weh tun.

Trotz dieser ideologischen Vorkehrungen, Zugeständnisse und politischen Nichtigkeit wurden die französisch-deutschen Kriegskomödien in Deutschland nur ein bescheidener Erfolg, und schon bald zogen sich die deutschen Produktionsfirmen aus diesem Geschäft wieder zurück.

Abgründe

Dreieinhalb Jahrzehnte nach der Befreiung Frankreichs schien der Kriegskomödie endgültig die Luft auszugehen. Die letzten

---

4 Umgekehrt funktioniert das Schema auch: Der junge Lucien Lacombe wird ebenfalls ungewollt und aus Zufall zum Milizionär des Vichy-Regimes.

beiden Exemplare des Genres – *Le mille-pattes fait des claquettes* von Jean Girault (1977) und *Général ... nous voilà!* von Jacques Besnard – sind an politischer Schändlichkeit nicht mehr zu überbieten. Der erste offenbart uns, dass der Obligatorische Arbeitsdienst in Deutschland (STO) vielen jungen Franzosen die vergnüglichsten Abenteuer bescherte und die Deutschen dabei ziemlich dumm aussahen. Der andere – dessen Titel De Gaulle und Pétain mal eben gleichsetzt – belehrt uns, dass nicht antifaschistische Überzeugung, sondern Ehestreitigkeiten der Grund waren, wenn Vichy-Gendarmen desertierten.

So ließen die Kriegskomödien zwanzig Jahre lang nichts unversucht, die allzu schmerzhaften Erinnerungen an die Niederlage, die Besatzung und die Deportation aus dem Gedächtnis zu tilgen. Mitunter gelang es ihnen, die kollektive Erinnerung zu trüben und die tragischen Jahre zwischen 1940 und 1944 nostalgisch zu verklären.

Ihr einzigartiger Erfolg zumal bei den jüngeren Generationen hat zweifellos dazu beigetragen, den traditionellen Deutschenhass zu mildern. Doch mit ihrem konstanten Verschweigen unangenehmer Tatsachen und der ständigen Weichzeichnung politischer Konflikte blendeten sie immer wieder die historische Realität des Nazismus aus.

Landser und Ausgemusterte

1979 verschwanden die französischen Komödien über den Zweiten Weltkrieg und die deutsche Besatzung wie von Wunderhand, mit zwei qualitativ hochwertigen Ausnahmen: Jean-Marie Poirés *Papy fait de la résistance* (1983), ein Film von umwerfender Komik, der die Besatzungskomödien burlesk parodiert, und Claude Berris *Uranus* (1990) nach einem Roman von Marcel Aymé, der alle Register des schwarzen Humors zieht. Ansonsten standen nun die Rekruten im Mittelpunkt der französischen Militärkomödien, und die Zahl dieser Spezies nahm gegen Ende der siebziger Jahre sprunghaft zu. Noch 1975 und 1976 kam jeweils nur ein Film dieser Art heraus, 1977 gar keiner – aber 1978 waren es schon vier, 1979 fünf.

Das Genre blickt in der französischen Filmgeschichte auf eine lange Tradition zurück.[5] Der Kriegsdienst erscheint hier als lustige Zeit der Initiation zum Mann. Der erste Film dieser Art, übrigens ein Kassenschlager, war Claude Zidis *Die tollen Charlots: Die Trottel von der 3. Kompanie* (1974), dessen französischer Originaltitel *Les bidasses s'en vont en guerre* das Wort »bidasse« (zu deutsch: Landser) wieder aufgreift, das der Komiker Bach 1910 mit seinem Truppenlied *Avec l'ami Bidasse* in Umlauf brachte.

Dass das alte Wort nun abermals Karriere machte, ist schon erstaunlich. Innerhalb weniger Jahre kamen nicht weniger als sechs Filme heraus, die es im Titel führten *(Les bidasses s'en vont en guerre, Les bidasses en cavale, Arrête ton char, bidasse, Embraie, bidasse, ça fume, Les bidasses au pensionnat, Les bidasses en vadrouille).*

Daneben gabs die Serie mit den »Ausgemusterten« *(Comment se faire réformer, Les réformés se portent bien,* usw.) und andere Klamotten wie *Ç'est dingue mais on y va, Et vive la liberté* oder *Bête mais discipliné.*

Dieser derbe Kasernenhumor gibt sich bisweilen als irgend-

---

5 Dazu Jacques Demeure, »Les bidasses, ou la continuité du cinéma français dans la débilité«, *Positif* 211. Siehe auch Jean-Pierre Jeancolas, *Le Cinéma des Français,* Stock, Paris 1979.

wie antimilitaristisch gemeint aus, aber das Einverständnis mit dem angeblich persiflierten Gegenstand ist doch zu groß, als dass man diese Filme mit wirklicher Satire verwechseln könnte. Authentischer Antimilitarismus im Film denunziert vielmehr die radikale Differenz zwischen militärischer und ziviler Gesellschaft.

Im Gegensatz dazu hüten sich die neuen Militärklamotten wohlweislich, die Armee als geschlossene Mikrogesellschaft zu denunzieren, in der die Prinzipien der Demokratie nicht gelten, weil sie die militärische Institution aus dem Gleichgewicht bringen und ihre Macht ruinieren würden. Nicht Freiheit heißt hier die Regel, sondern Unterordnung und Gehorsam. Nicht Gleichheit lautet der Grundsatz, sondern Rangordnung und Hierarchie. Ihr Verständnis von Fortschritt und Moderne nimmt vielfach die Form von Macht, Aggression und Zerstörung an – ein Sachverhalt, den so viele antimilitaristische Filme denunziert haben, darunter *Wege zum Ruhm* (1957) und *Full Metal Jacket* (1985) von Stanley Kubrick, *Bataillon der Verlorenen* von Francesco Rosi (1970) und *Johnny zieht in den Krieg* von Daton Trumbo (1971).

Als Kehrseite der liberalen Gesellschaft und Hort des Konservatismus klammert sich das Militär in vielen Ländern an die Werte der Vergangenheit. Gründe, um gewisse antidemokratische Prerogative des Militärs an den Pranger zu stellen, gibt es zuhauf, doch die Landserkomödien käuen bis zum Überdruss die kanonisierten Stereotype, Idiolekte und Allgemeinheiten wieder, die das Genre einmal ausgebildet hat. Sie folgen versteinerten Konventionen und unterscheiden sich nur durch verschämte Wiederholung des Immergleichen (identische Struktur, leichte Veränderung des Plots, dieselben Gags) oder durch wechselnde Zusammenstellung derselben Schauspieler (manche sind auf die ach so witzige Uniform geradezu abonniert, wie zum Beispiel Pierre Tornade oder Charles Gérard).

Die Militärklamotten wollen die Leute bei Laune halten, gar unterhalten, doch sie sind ausgepowert und schon am Ende, noch bevor der Film begonnen hat. Ihre Sprache ist von einer solchen Lobhudelei, einer solchen Eintönigkeit und Äußerlichkeit, so ohne jede Überraschung, dass einem fast das Herz stehen bleibt. Diese Regisseure sind absolute Meister der absoluten Verflachung.

Corrector morum

Es ist gewiss möglich, in anderer, offensiverer Weise über das Militär zu lachen, doch dies würde voraussetzen, dass die Regisseure an ihrer Analyse feilen, ihre derben Stilmittel überdenken und sich mit einer gehörigen Portion Respektlosigkeit wappnen. Im Land von Molière und Beaumarchais, von Max Linder und Jacques Tati verstehen sich viele Regisseure überhaupt nicht auf diese Übung, sodass ihre Militärklamotten jede Inspiration vermissen lassen. Ihr Witz schöpft aus abgedroschenen Dialogversatzstücken, nicht aus dem Widerspruch der Situation, nicht aus der Realität des Konflikts. So wollen – mit der bemerkenswerten Ausnahme von *Papy fait de la résistance* – die meisten Kriegskömodien und Rekrutenklamotten schon lange keine Satire mehr sein, und die Empörung als Muse liegt ihnen denkbar fern.

Über die Jahre hinweg wandten sich die kriegskomischen Filme in überaus nostalgischer Manier einer Geschichtsepoche zu, deren Schwierigkeiten sie zwar nicht in Abrede stellen wollen – militärische Niederlage, Besatzung, Razzien, Lebensmittelrationierung, Deportation, Widerstand –, die aber trotz alledem angeblich die gute alte Zeit war.

Und wenn sie sich bisweilen zur Persiflage bereit fanden, so eher aus Konformismus denn aus wirklichem Widerstandsgeist. Sie bebilderten die jämmerliche Revanche jener »armseligen Saubande«, wie sie Claude Autant-Lara in *Zwei Mann, ein Schwein und die Nacht von Paris* beschimpfte, jener Mitläufer, die – betrogen, geschlagen und verraten, wie sie wurden – sich nun nachträglich einbilden durften, ihre Ichbezogenheit und Verschlagenheit habe gereicht, wenn nicht die Deutschen zu besiegen, so doch, um sich aus der Affäre zu ziehen.

Wenn die Regisseure dieser Filme die französischen Zuschauer dafür bauchpinseln, dass sie sich gewitzt durchzuwursteln verstanden, wenn sie, ganz im Gegensatz zu Chaplin, Lubitsch und den Marx Brothers, alle wesentlichen politischen Dimensionen ausblenden, so spricht daraus nur Verachtung fürs Publikum und Missbrauch desselben. Sie haben vergessen, dass die Komödie ihr Wesen als *corrector morum* findet – und im Lachen eines mit seiner Gestik und seinem Witz, aber auch seinem profunden politischen Streben versöhnten Volks.

Der Shoah-Effekt

Nach zwanzig Jahren Militärkomödien, als die Uniform und die Stahlhelme der Wehrmacht für ein breites Publikum nur noch Clownskostüme und Hanswurstklamotten waren, als die SS und die Gestapo als brüllende Possenreißer und dumme Auguste galten und der hitlersche Repressionsapparat nur noch als Prügelknabe wahrgenommen wurde, dem jeder gewitzte kleine Franzose einen Streich spielen konnte, da flimmerte die Serie *Holocaust* über den Fernsehschirm, gefolgt von Claude

Lanzmanns meisterhaftem Dokumentarstreifen *Shoah* und Steven Spielbergs Spielfilm *Schindlers Liste*. Diese so radikal anderen Versionen des nazistischen Wütens lösten beim jahrelang mit Militärklamotten gefütterten Publikum Betroffenheit und Staunen aus.

Die Intensität dieser Verwunderung und dieser Wahrnehmung des Nazismus als eines kannibalistischen Systems lässt ermessen, wie groß die Entfremdung war und wie perfekt die Ablenkung funktionierte, die die in unterbrochener Folge erschienenen Militärkomödien ins Werk setzten. Dreißig Jahre lang führten diese Possenspiele das Publikum hinters Licht, versuchten die Bilder von Alain Resnais' *Nacht und Nebel* (1956), Armand Gattis *Der Verschlag (Herzchen)* (1961) und Marcel Ophüls' *Le Chagrin et la Pitié* (1969) aus dem Gedächtnis zu tilgen und dem Publikum weiszumachen, der Krieg sei eine große Sause gewesen. Dreißig Jahre lang begruben sie die Wahrheit unter einem Berg von Klamauk, verschwiegen die Gefahren, missbrauchten ihr Publikum.

Dass sich manche Soziologen nun über die ungeheure Wirkung von *Holocaust, Shoah* und *Schindlers Liste* wunderten, liegt wohl daran, dass sie der methodischen Arbeit der Erinnerungszerstörung, die die Komödien über die Jahre hinweg betrieben, nicht genügend Aufmerksamkeit geschenkt hatten.

Nicht zuletzt bewirkten diese drei Filme, dass einem die Lust, über den Krieg und seine tragischen Ereignisse zu lachen, radikal vergangen ist. Die Ausnahme, die diese Regel bestätigt, ist natürlich Roberto Benignis Meisterwerk *Das Leben ist schön* von 1998.

Der Politfilm: Krise eines Machtdiskurses

Ich nenne Machtdiskurs jeden Diskurs,
der den Empfänger ins Unrecht setzt
und ihm folglich Schuldgefühle einflößt.
ROLAND BARTHES

Was beim Politfilm im Vergleich zum Spielfilm wegfällt, ist das Vergnügen. Das garantiert einen ernsten, besonnenen, überlegten Ton, denn der Politfilm, wie er in den siebziger Jahren in Europa blühte, ist ein seriöses, ein nachgerade langweiliges Genre. Er versperrt dem Eros – dem hedonistischen Überbleibsel des Mai 68 – den Zugang zum eigenen filmischen Diskurs, dessen Fundament Ungerechtigkeit, dessen Stütze Emotion, dessen Medium Schmerz heißt. Ein um seine spielerische Funktion verkürzter Diskurs, der, so politisch er sein will, immer wieder in klebriges Pathos abgleitet.

Als Ideologiekritik glaubt der Politfilm über einen reinen, würdevollen und unschuldigen Topos zu reden. Doch das Eintreten für eine »große Sache« (die Machtergreifung des Proletariats) rechtfertigt (in unseren Augen) nicht den arroganten und überaus dogmatischen Stil dieses Gegendiskurses – der sich für gewöhnlich darauf beschränkt, auf der Oberfläche der Ideologie zu navigieren, die er zu durchdringen vorgibt. In keiner Weise stellt er jedenfalls die syntaktischen, rhetorischen und szenografischen Darstellungsmittel in Frage.

Die Wirklichkeit als wichtigster Bürge der Wahrheit dient dem Politfilm geradezu zwanghaft als Bezugspunkt – und als Alibi. In dessen Schutz wähnen sich die Politfilmer zu Unrecht in Sicherheit vor der »bürgerlichen Kultur«, die sie an den

Pranger zu stellen beabsichtigen. Anstatt die Realität zu verfremden, funktionieren schlecht zentrierte Einstellungen und schmutzige, verwackelte, unvollkommene, über- oder unterbelichtete Aufnahmen, wie sie den Politfilm kennzeichnen, meistens nur als genrespezifische Verfahren und Multiplikatoren von Realitätseffekten (deren mystifizierende Wirkung die Semiologie dargelegt hat). Sie kratzen an der geleckten Oberfläche kommerzieller Produktionen, leisten an ihrer Sprache aber keine Verschiebungsarbeit. Sie sezieren diese Sprache nicht und halten das Symbolische außen vor, lassen es nicht zu.

Realitätssegmente

Die Politfilmer klammern sich an die Realität, sie ist ihr Anker, von dem sie nicht lassen können. Eine Archäologie des politisch engagierten Films würde uns über den »sozialkritischen Dokumentarfilm« zurückführen bis zu jenen Arbeitern aus Montplaisir, wie sie auf den allerersten Filmbildern der Gebrüder Lumière die Fabrik verlassen – ein Streifen, der uns über die Lage der Arbeiterklasse in Lyon Ende des 19. Jahrhunderts ebenso informiert wie über die Erfindung des Kinematografen.

Seit die Bilder laufen lernten, gab es immer wieder Filmemacher, die für die historische Dimension der Lumière-Streifen empfänglich waren, für ihre Schattenspiele, die soziale Ungleichheit und soziales Elend offenbarten. Denn mit dem Kino und seinen Bildern von schlagender Evidenz erfanden die Lumières (wider Willen) das Stilmittel der »Verfremdung«. Mehr noch: Um »Realitätssegmente« abzufilmen, schlüpften die Dokumentarfilmer in die Rolle von Reportern (denn das Ereignis muss ja wirklich vor der Kamera geschehen). Sie mussten an die

Menschen herangehen, um sie in ihrer alltäglichen Anstrengung, in ihrer Mühe zu erfassen, und diese Herangehensweise konnte gar nicht anders als politisch sein. »Schminkende« Inszenierung und »trickreiche« Fiktion wurden erst später erfunden, um die Massen zu verführen, abzulenken – und zu entfremden, wie die Sprachregelung der Politfilmer lauten sollte. Der Sowjetbürger Dziga Vertov war der erste, der die »dokumentarische Entzifferung des Sichtbaren« nach 1917 theoretisierte. Er konzipierte sein »Filmauge« als »durch den Blick realisiertes Band zwischen den Arbeitern der ganzen Welt, auf der Basis des Austauschs von Fakten, mit dem Apparat fixierter Filmdokumente. […] Alle Produktionen des Filmauges werden außerhalb des Studios aufgenommen, ohne Schauspieler, ohne Kulissen, ohne Drehbuch und ohne Spiel. Es handelt sich um Dokumentarfilme, die in der sich fortentwickelnden Geschichte des Films, dessen Gegenstand nicht das ›Spiel‹ ist, neue revolutionäre Wege eröffnen sollen. Das Filmauge ist Kino vom kommunistischen Standpunkt aus.«[1]

Der US-Amerikaner Robert Flaherty personalisierte die dokumentarische Inszenierung in unangeahnter Weise, vor allem seit seinem Film *Die Männer von Aran* (1934), den er in Zusammenarbeit mit Filmemachern der britischen Dokumentarfilmschule um John Grierson drehte. Diese Gruppe war der Auffassung, dass »das Imaginäre sich auf dem Bild wie ein ihm innewohnendes Krebsgeschwür ausbreitet«[2], und schenkte den »ästhetischen« Experimenten der französischen Avantgarde (Jean Vigo, Luis Buñuel, Jean Epstein) ebenso viel Aufmerk-

1   Dziga Vertov, Le Ciné-Œil in: Pierre Lherminier, L'Art du cinéma, Seghers, Paris 1961.
2   Edgar Morin, Le Cinéma ou l'Homme imaginaire, Gonthier, Paris 1965.

samkeit wie dem »sozialen Bewusstsein« eines Vertov. Ihre Filme sind »lyrische Widerspiegelungen« der bitteren gesellschaftlichen Realität in Großbritannien während der Wirtschaftskrise der dreißiger Jahre.

Die soziale Not, die diese Krise in den Vereinigten Staaten heraufbeschwor, veranlassten den Fotografen Paul Strand, die New Yorker Gruppe »Frontier Film« zu gründen, deren Dokumentarstreifen die repressive Brutalität einer mit dem Rücken zur Wand stehenden Arbeitgeberschaft mit den rhetorischen Mitteln des Hollywoodfilms denunzieren.

Ebenfalls in den dreißiger Jahre wurden in allen Ländern mit starken linken, vor allem aber mit starken kommunistischen Parteien – Deutschland, Frankreich, Vereinigte Staaten, aber auch Kuba – Produktions- und Verleihgesellschaften gegründet, die sich der Gegenpropaganda widmeten und damit als unmittelbare Vorfahren der Politfilme der siebziger Jahre gelten können.

Kommunistische Propaganda

Frankreich zum Beispiel. Als sich die Volksfront anbahnte, gründeten die in der Kommunistischen Partei Frankreichs organisierten Filmemacher 1934 die »Alliance du Cinéma Indépendant« (Allianz des unabhängigen Kinos). Erstmals bewilligte das KPF-Zentralkomitee Gelder zur Produktion eines propagandistischen Spielfilms, der die kommunistischen Thesen veranschaulichen sollte. Die verantwortliche Leitung wurde Jean Renoir übertragen, der für das Drehbuch unter anderen Jacques Becker, Jean-Paul Le Chanois und Henri Cartier-Bresson engagierte.

Das Leben gehört uns (1936) von Jean Renoir inszeniert den

Bericht, den Generalsekretär Maurice Thorez im Januar 1936 unter dem Titel »Eine Politik französischer Grandeur« auf dem 7. Kongress der KPF in Villeurbanne vorlegte.

Für die französischen Politfilmer ein Streifen von quasi mythischer Gestalt, wurde *La vie est à nous* von der Zensur verboten. Aus diesem Grund beschloss die Kommunistische Partei, ein Untergrundnetz namens Ciné-Liberté zu organisieren, um den dokumentarischen Spielfilm möglichst weit zu verbreiten. Im Umkreis des klandestinen Netzwerks entstand auch die Idee, einen weiteren Film anlässlich des 100. Todestages von Rouget de Lisle, des Komponisten der französischen Nationalhymne *La Marseillaise,* zu drehen, über die Maurice Thorez sagte: »Sie ist der brennende Ausdruck des Willens, des Elans und des Heldentums des Volkes; sie ist die Revolution selbst.«[3] Auch *Die Marseillaise* (1938) wurde von Jean Renoir gedreht. Der Film, der durch Spenden aus der Bevölkerung finanziert wurde, stellt die Revolution von 1789 gemäß der versöhnlich gestimmten Analyse dar, die die KPF von der damaligen politischen Situation hatte (die Parole lautete: »Für die Einheit des französischen Volkes«). Der Film fiel beim Publikum durch. Und Ciné-Liberté stellte mit der nachlassenden Begeisterung für die Volksfront und dem Rückgang der gewerkschaftlichen Aktivitäten die Tätigkeit ein.

Die kurze, an Filmen wenig ergiebige Zeit der Volksfront nimmt in der Erinnerung politisch engagierter Filmemacher einen besonderen Stellenwert ein. Sie erscheint als eine Art Goldenes Zeitalter des politischen Films und prägte eine Zeit

3   Maurice Thorez, *Fils du peuple,* Éditions sociales, Paris 1948 (der Satz wurde in der überarbeiteten und aktualisierten Auflage von 1960 gestrichen).

lang das Verhalten der engagierten Filmemacher Frankreichs. Ungeachtet ihrer politischen Richtung, teilten sie mit ihren Vorbildern mehrere Dinge. Erstens suchten sie Anschluss an eine politische Organisation, die die »Linie« vorgibt. Zweitens beschränkten sie sich darauf, Letztere mit den Mitteln des Films darzustellen, das heißt, sie akzeptierten unbesehen die übliche Arbeitsteilung: Die Ideologie ist Parteisache, die praktische Umsetzung Aufgabe der Filmprofis. Drittens finanzierten sie ihre Filme mit Spenden aus der Bevölkerung; das »Volk« tritt an die Stelle des »kapitalistischen« Produzenten. Viertens verbreiteten sie ihre Filme über alternative Verleihnetze, um die mit »bürgerlichem Bildmaterial« verseuchten Kanäle zu umgehen.

Nur in einem Punkt folgten die neueren Politfilmer nicht dem Vorbild der älteren »Parteiproduktionen«: im Professionalismus des Regisseurs. Der Politfilmer war nicht mehr unbedingt vom Fach, und zwar aus dem einfachen Grund, dass die beschleunigte technologische Entwicklung die Produktionsmethoden nachhaltig umwälzte.

Cinéma direct

Einen dramatischen Einschnitt bildete in dieser Hinsicht das gegen Ende der fünfziger Jahre entstandene »Cinéma direct«. Die leichteren Kameras und vor allem die synchrone Tonaufnahme brachten für den Dokumentarfilm erhebliche Veränderungen. In den Vereinigten Staaten entwickelten Richard Leacock, die Brüder Maysles und Donn A. Pennebaker das »Direct Cinema«[4], dessen Entdeckungen auch die Quebecer Schule

4 Dazu Gilles Marsolais, L'Aventure du cinéma direct, Seghers, Paris 1974.

stark beeinflussten. In Frankreich nutzten Jean Rouch und Mario Ruspoli die neuen Techniken für ihre alltagsethnologischen Studien.

Während das Fernsehen die neue Stilrichtung zur Live-Sendung banalisierte, nahm das Cinéma direct im Anschluss an den Mai 68 eine radikal politische Wendung. Eine Reihe von Filmemachern, darunter insbesondere Jean-Luc Godard, reflektierten über die sowjetische Dokumentarfilmtradition und bezogen sich unmittelbar auf die exemplarischen Arbeiten des niederländischen Regisseurs Joris Ivens. Aus dem Schmelztiegel des Mai 68 ging der neue Politfilm hervor.

Mit dem Mai 68 ging in Westeuropa bekanntlich eine Epoche zu Ende. Die Filmemacher jedoch zeigten sich außer Stande, diesem Einschnitt durch veränderte Produktionsnormen gerecht zu werden. Trotz vielfältiger Versuche – erinnert sei an Jean-Luc Godards *Alles in Butter* (1972) und Marin Karmitz' *Coup pour Coup* (1971) – gelang es nicht, einen neuen Ton zu finden, der den Themen und Gegenständen einer so grundlegend gewandelten Epoche gerecht geworden wäre. Auch die politischen Spielfilme nach Art von Costa-Gavras' *Z* oder *Der unsichtbare Aufstand* brachen in keiner Weise mit Althergebrachtem und beugten sich den rhetorischen Regeln und ökonomischen Imperativen des Mainstream. Folgenlos blieb, dass ein bestimmter Typus politischer Erzählung den Zeitumständen nicht mehr angemessen war.

Der Politfilm geht in die Offensive

In der Folgezeit entfaltete sich im Medium sozialer Konflikte eine neue Art des offensiven Politfilms, als eine Reihe von Filmprofis ihre Technik und ihr Fachwissen in den Dienst von

Fabrik- und Streikkomitees stellten. Mit einem abgespeckten Team und leichtem Equipment – Videokamera oder Super-8 – analysierten sie die Ursachen einer Konfliktsituation, die Organisation und Entwicklung eines Streiks, die Gründe eines sozialen Kampfs.

Der offensive Politfilm konzentrierte sich auf zwei Themen: die soziologischen Missstände in der Arbeitswelt und den Streik als krisenhafte Zuspitzung der Arbeitsbeziehungen. Vor allem der Streik, der in diesen bewegten Jahren eine außerordentliche Dynamik entfaltete, faszinierte die neuen Politfilmer.

Wenn es ihnen möglich war, nahmen sie persönlich an den Streiks teil und verfolgten das Geschehen, um wirklichkeitsnah über die konkrete Organisation der Aktionen berichten zu können. Sie filmten und zeigten den Streik *in vivo*, nicht das Resultat. Manchmal beeinflusste der Film selbst den Ablauf der Aktionen, denn die Dreharbeiten waren als kollektive, die Entfremdung aufbrechende Tätigkeit der Streikenden konzipiert. Schnitt und Vorführung des Films verlangten von den zugleich als Akteure und Zuschauer auftretenden Arbeitern eine gewisse Distanz zu ihrem Handeln und förderten somit die kollektive Reflexion über die politische Richtigkeit ihrer Forderungen.

Die Stunde der Hochöfen

Die ersten Filmemacher, die das Kino derart eng mit den sozialen Kämpfen verzahnten, den Film so intim mit Streikaktionen verwoben, waren die Argentinier Fernando Solanas und Octavio Getino mit ihrem Dreiteiler *Die Stunde der Hochöfen* (1968).

In Europa gehört zu den einflussreichsten Streifen dieser Machart der 1969 in Italien gedrehte Film *Apollon – eine be-*

setzte Fabrik von Ugo Gregoretti über den elfmonatigen Konflikt zwischen den Arbeitern und dem Eigentümer einer Druckerei, ein Film, in dem die Arbeiter sich selbst »spielen«. Der erste Teil endet im siebten Monat der Fabrikbesetzung. In den anschließenden Diskussionen konnten die Arbeiter den Ablauf ihrer Aktionen rekonstruieren, die verschiedenen Phasen des Kampfs neu überdenken, die Ursachen des Konflikts klären und sich in der Hoffnung bestärken, dass sie ihre Klassenforderungen durchsetzen würden. Der zweite Teil ist weniger chronologisch aufgebaut, eher politisch strukturiert. Er umfasst weitere Diskussionen, neue Überlegungen und verleiht dem Ganzen eine erstaunliche analytische Kraft.

Apollon – eine besetzte Fabrik fand in Frankreich weite Verbreitung und avancierte zum Modell für viele ähnliche Filme, die jedoch nicht immer dieselbe Zurückhaltung an den Tag legten, mit der Ugo Gregoretti zu Werke ging. Es folgte eine Lawine von überpolitisierten Filmen, die sich in Arroganz übten.

Gegeninformation

In derselben Zeit entstand das *spanische Untergrundkino*. Franco-Spanien war zweifellos das ideale Versuchslabor, um bestimmte Ambitionen des Politfilms zu überprüfen, vor allem was den Anspruch auf Gegenpropaganda und Gegeninformation anbelangt. Das Land lag seit dem Ende des Bürgerkrieges 1939 unter dem Trommelfeuer der franquistischen Medien. Letztere besaßen das Informationsmonopol und verbreiteten pausenlos ihre eingeschliffenen Parolen, um die Bevölkerung zu entpolitisieren und jeden Gedanken an Widerstand gegen soziale Ungleichheit, Polizeiterror und gesellschaftliche Missstände zu ersticken.

Unter solchen Umständen erwiesen sich Gegeninformation und Gegenpropaganda als unerlässlich, um der Wahrheit ans Licht zu verhelfen, vor allem der Wahrheit über Widerstandsaktionen, Streiks, die Kämpfe gegen den franquistischen Staat. Nach der Gründung und Konsolidierung der »Arbeiterkommissionen« (kommunistische Untergrundgewerkschaft) im Jahr 1962 konnte sich die Opposition sicherer bewegen und die Untergrundarbeit wirksamer vorantreiben. Nach und nach verließen die politischen Arbeiterorganisationen ihre Rückzugspositionen und beschlossen, Informationen über ihre Kämpfe zu verbreiten. In Zeitungen und Flugblättern erklärten sie die Ziele ihrer Aktionen, berichteten über ihre Diskussionen, schilderten ihre Schwierigkeiten, beschrieben die Repression und stärkten auf diese Weise den Zusammenhalt der Arbeiterklasse.

Mit dem argentinischen Film *Die Stunde der Hochöfen*[5] im Hinterkopf beschlossen 1969 einige junge spanische Filmemacher, ein Kollektiv zu gründen, um Filme zur Gegeninformation zu drehen, die Anstöße zur Reflexion liefern und zur Mobilisierung der Bürger beitragen sollten. Die Untergrundgewerkschaften griffen diesen Vorschlag auf und stellten dem Kollektiv ihre Dossiers und Aktivisten zur Verfügung. So entstanden die Voraussetzungen für ein antifranquistisches Kino, das gesellschaftlich in die Offensive ging. In zahlreichen Städten und Regionen Spaniens, in Madrid, Barcelona und Bilbao,

---

5 *Die Stunde der Hochöfen,* dessen Co-Regisseur, der Spanier Octavio Getino, damals im argentinischen Exil lebte, wurde in ganz Spanien in Cinematheken gezeigt. Die peronistische Stoßrichtung dieses revolutionären Films – Francos ehemaliger Verbündeter Perón lebte damals in Madrid im Exil – verwirrte die franquistischen Zensoren: Sie genehmigte die Vorführung mit Auflagen.

in Asturien, Galicien und Andalusien wurden Basiskomitees gegründet. Ihre Aufgabe bestand im Wesentlichen darin, Bild- und Tonmaterial zu beschaffen, auf dem das Regime auf faschistischer Tat ertappt wird. Aus Sicherheitsgründen arbeiteten die einzelnen Komitees, die nur über eine rudimentäre Ausrüstung verfügten, relativ unabhängig voneinander. Dadurch waren sie in der Lage, selbst zu entscheiden, welche politischen Vorfälle am treffendsten die Widersprüche des Regimes zum Vorschein brachten und folglich gefilmt oder fotografiert werden sollten. Die Tontechniker und Kameraleute waren also gleichzeitig politische Aktivisten. Wenn irgendwo eine Protestkundgebung stattfand oder ein Konflikt ausbrach, wurden sie von den Gewerkschaften alarmiert, eilten vor Ort und nahmen heimlich, so gut es eben ging, Ton- und Bildmaterial auf. In den folgenden Tagen brachte ein Mitglied des lokalen Komitees das Material nach Rom oder Paris, wo die kleine Koordinationsgruppe tätig war – die besonders aktive Pariser Gruppe wurde von Miguel Ibarrondo geleitet –, die die Filmrollen entwickelte und den Schnitt besorgte.

Nach der Endbearbeitung, bei der vielfach nordeuropäische Länder oder sozialistische Staaten Osteuropas behilflich waren, wurden mehrere Kopien gezogen und nach Spanien geschmuggelt. Dort wurde der Film heimlich in Arbeiterzirkeln, Studentenwohnheimen und kirchlichen Cinematheken gezeigt, um die Diskussion über die politische Situation in Spanien anzuregen.

Manche dieser Filme wurden auf diese Weise von Zehntausenden Personen gesehen. Darüber hinaus zirkulierten auf demselben Wege Klassiker des politischen Kinos wie Sergej Eisensteins *Streik*, Herbert Bibermans *Das Salz der Erde* und Frédéric Rossifs *Sterben für Madrid*.

Unter den zahlreichen spanischen Untergrundfilmen wurden einige unter recht heroischen Bedingungen gedreht – ein Beweis dafür, mit welcher Unerschrockenheit die filmenden Aktivisten zu Werke gingen, um soziale Ungerechtigkeiten durch besonders aussagekräftiges Bildmaterial zu veranschaulichen.

Der Dokumentarfilm *Arbeiterkämpfe in Spanien* von 1974 zeigt zum Beispiel einige Gewerkschafter, die beim berühmt-berüchtigten Prozess 1001 verurteilt wurden (namentlich der Leiter der Arbeiterkommissionen, Marcelino Camacho), in ihren Zellen und beim Hofgang im Gefängnis von Carabanchel, wie sie die Internationale singen und mit erhobener Faust in die Kamera blicken. Um diese Szenen ablichten zu können, schmuggelten die Politfilmer eine japanische Minikamera in das Untersuchungsgefängnis, wo sich ein sympathisierender Wärter bereit erklärt hatte, die außergewöhnlichen Aufnahmen zu drehen. Zahlreiche Fernsehstationen rund um die Welt zeigten den Film.

Auf zu neuen Ufern

In den anderen europäischen Ländern steckte der Politfilm in diesen Jahren bereits in einer schweren Identitätskrise. Eine Krise, die vor allem folgende drei Filme auf spektakuläre Weise hervortreten ließen: *Milestones* von Robert Kramer (1975) und *Hier und anderswo* (1970) sowie *Numéro 2* (1975) von Jean-Luc Godard. Gerade im Kontrast zu diesen drei Filmen sprang ins Auge, was die Politfilme vor allem anderen auszeichnet: die brüchige Arroganz ihrer engstirnig dogmatischen Beweisführung, der erhobene Zeigefinger, die im Brustton der Überzeugung vorgetragene Gewissheit, ihr unbelehrbarer Voluntarismus.

Weder Godard noch Kramer traten gegen die Übermacht des Fernsehens auf dessen eigenem Terrain an. Das Fernsehen mit seiner angeblichen Fähigkeit zur Gehirnwäsche bildete mitnichten ihr Überich, und sie bildeten sich nicht ein, ein Film allein könnte wie ein ganzes Massenmedium wirken. Vielmehr verschoben sie die Fronten des politischen Diskurses und entfernten sich von plattem Gewerkschaftlertum. Sie wandten sich neuen Ufern zu und befassten sich – politisch, aber leicht – mit Themen, die die Politfilmer stets außen vor gelassen hatten: die Sexualität, die Frau, der Körper, die Kinder, die Erinnerung des Einzelnen, die Familie, Mann und Frau und so weiter. Damit setzten sie in uns als Bürgern Bewusstseinsprozesse in Gang und bereiteten uns als Zuschauer gleichzeitig Vergnügen.

Diese und viele spätere Filme ließen die substanzlose Härte und blasse Eintönigkeit der alten Politfilme hinter sich und bedienten sich auch der Fiktion. Sie verknüpften eine lockere Erzählung mit einem neuen politischen Diskurs, der bei aller Lückenhaftigkeit Platz für strategische Konzepte ließ, dem taktische Überlegungen aber gleichgültig waren: ein undogmatischer, radikal subversiver Diskurs.

So arbeiteten die neuen Politfilmer an einem gesellschaftlich eingreifenden Kino, das sich durch die Wirklichkeit – die normative Kraft des Faktischen – nicht mehr beeindrucken ließ und sich vielmehr dem Subjekt zuwandte. Sie brachten frischen Wind in die Debatte über revolutionäre Kunst und Ästhetik und stellten radikal in Frage, was die bisherige Herangehensweise der Politfilmer auszeichnete: der erhobene Zeigefinger, Agitprop, Proselytenmacherei – Charakteristika, die unterstreichen, dass die Politfilmer den Einfluss des Films ebenso überschätzten wie die Werbefachleute.

Einige der Neueren erinnerten sich an den marxistischen Theoretiker Antonio Gramsci, der den Verfechtern der »pädagogischen Kunst« ins Stammbuch geschrieben hatte: »Wenn die Kunst erzieht, so tut sie es als Kunst, nicht als Kunst der Erziehung, denn wenn sie Erziehung sein will, hört sie auf, Kunst zu sein, und eine Kunst, die sich selbst negiert, kann niemanden erziehen.«

Viele offensive Filme predigten nur noch politische Glaubenssätze und vernachlässigten die filmästhetische Spekulation. Sie verbarrikadierten sich in ihrem Autismus und verschlossen die Augen vor der Tatsache, dass sie bei politisch engagierten Zuschauern nur noch auf Ablehnung stießen.

Gegen Ende der siebziger Jahre trat eine neue Generation politisch engagierter Filmemacher auf den Plan, die sich vom schwerfälligen Diskurs der Parteiapparate und ihrer Dogmen befreiten und sich weniger als Politfilmer denn als »eingreifende« Filmemacher verstanden. Ihre Werke sollten eher persönliche Zeugnisse sein, die der Wahrnehmungsweise des Regisseurs einen breiteren Raum gewährten, nicht die allein gültige Wahrheit zu vermitteln suchen, eine poetische Dimension aufweisen, eine gewisse Zerbrechlichkeit nicht scheuen.

Die blaue Luft

Chris Markers Film *Rot ist die blaue Luft* von 1978, der die revolutionären Ereignisse der zurückliegenden zehn Jahre behandelt, ist in dieser Hinsicht überaus interessant, weil er den Seelenfrieden der eingefahrenen politischen Diskussion störte und eine belebende Kontroverse auslöste. Da dieser Film zweifellos einen bedeutenden Bruch in der Geschichte des europäischen Politfilms darstellt, verdient er eine etwas ausführlichere Behandlung.

Seit seinen ersten Filmen hatte uns Chris Marker daran gewöhnt, die dokumentierte Realität durch den sensiblen Filter seiner persönlichen Gefühle wahrzunehmen. Er brachte nie den Standpunkt einer Organisation oder einer Partei zum Ausdruck. Das Fortschreiten der Geschichte erfasste er im Zögern der Menschen, in der Fragilität ihrer Gesten. Er versteht sich als betroffener Zeitzeuge, und sein Werk trägt mit anerkannter Eleganz die Einsamkeit des gründlichen Filmemachers. Dem eisigen Positivismus marxistischer Analysen erteilt Chris Marker eine Absage. Er widersetzt sich einem gewissen Geschichtsoptimismus der Mainstream-Linken und fängt in schmerzlichen Bildern die politischen Verletzungen seiner Generation und seiner eigenen Person ein. Vier Stunden lang schildert er die Geschichte zerbrochener Hoffnungen, die Geschichte von Träumen, die mit einem grauenvollen Erwachen endeten. Um die Zeitspanne zwischen 1960 und 1975 zu erklären, führt er uns im Detail vier exemplarische Kämpfe vor Augen – Kuba und Vietnam, Prag und Chile –, vier Kämpfe, die in gewisser Weise alle anderen mit einschließen.

Auf der einen Seite sehen wir den ungleichen heroischen Kampf zweier armer Länder gegen den amerikanischen Imperialismus, auf der anderen Seite den tastenden Aufbau eines demokratischen Sozialismus, der in Prag im August 1968, in Chile im September 1973 gestürzt wurde, im einen Fall durch neostalinistische Intervention, im anderen durch US-amerikanische Manipulation. Die Widersprüche, die diese vier Experimente prägten, trafen Chris Marker zufolge bereits im brodelnden Aufbruch des Mai 68 aufeinander.

Rot ist die blaue Luft enthüllt kompromisslos die Gefahren von Imperialismus wie Stalinismus. Schonungslos wird der Zynismus der beiden Superideologien bloßgestellt, und man weiß nicht, wovor man sich mehr fürchten soll: vor den Fleischfresser-Tiraden eines Hubschrauberpiloten im Vietnamkrieg oder vor dem Plädoyer des kommunistischen Anklägers im Prager Slansky-Prozess 1952. Der imperialistischen Maschinerie antwortet die stalinistische Logik. Wer sich der einen entzieht, um sich der anderen zu überantworten – wie Kambodscha unter Pol Pot –, gerät Marker zufolge unweigerlich vom Regen in die Traufe.

Diese eigentlich selbstverständliche Erkenntnis veranlasste Chris Marker zu einigen schmerzhaften Korrekturen, namentlich mit Blick auf Kuba und Fidel Castro, dessen Regime damals eine immer stärkere »Faszination für das sowjetische Modell« zeigte. Die veränderte Perspektive auf Kuba muss den Filmemacher hart angekommen sein, hatte er doch lange Zeit in überaus brillanter Weise den generösen Charakter der kubanischen Revolution verteidigt (*Cuba Si* und *Die Schlacht der zehn Millionen*). Wenn er mit »Wackelkamera« darstellt, wie Fidel Castro dem Einzug russischer Panzer in Prag applaudiert, dann wissen wir, aus welchem Anlass ihm über Kuba die Augen aufgingen.

Seine höchste dramatische Dichte erreicht der Film während der Lamentos, etwa der beeindruckenden Eröffnungssequenz über die Repression, untermalt von Luciano Berios Nachtmusik, oder der Szenen mit den Begräbnissen der »Märtyrer des Volkes« aus allen Kontinenten. Gleichwohl lässt Marker auch in diesen Film seinen trockenen Humor einfließen – man denke an die Szene mit Fidel Castro und seinen Mikros, an das urkomische Kikeriki von André Malraux und Michel Debré oder wie Stalin bei der Stimmabgabe gegen die Wahlurne hämmert.

Insgesamt schlägt der Film jedoch einen pessimistischen Ton an, und die Schlusssequenz mit der fürchterlichen Wolfsjagd zeigt metaphorisch, dass freien Menschen kein Ausweg bleibt – denn wer wollte sich zwischen der todbringenden Flugmaschine und dem ungezähmten Hass des Wolfes entscheiden.

Ungeachtet des Scheiterns all dieser freiheitsliebenden Männer und Frauen – Marker sagt in seinem Präsentationstext: »Alle sind auf ihrem jeweiligen Terrain gescheitert« –, bleibt die blaue Luft rot. Die Zeit der Frontalauseinandersetzungen sei zwar vorbei, aber Stellvertreterkriege hätten noch eine Zukunft. Leider widmet Marker dieser Maulwurfsarbeit an allen Fronten nur wenige Bilder gegen Ende des Films, über Themen wie Frauenoffensive, Kriegsdienstverweigerung, Umweltschutz, Bruch mit überkommenen Moralvorstellungen, städtische Kämpfe.

Nur diese Vielfalt wäre in der Lage, die ineinander verwobenen Machtstrukturen aufzubrechen und gleichzeitig den Imperialismus wie den Stalinismus zu ruinieren, gegen deren Gewaltpotenzial der Film mit aller Leidenschaft aufbegehrt.

Die Sache der Frau

In derselben Zeit kam Coline Serreaus Film *Mais qu'est-ce qu'elles veulent?* (1978) heraus, der sich durch die gelassene Überzeugung, mit der er die feministischen Errungenschaften darstellt, ebenfalls von vorangegangenen Politfilmen abhebt. Überdies bestätigte er die filmische Intelligenz der Filmemacherinnen, deren Intervention das selbstzufriedene Geblubber der männlichen Politaktivisten gehörig störte. Diese Frauen retteten den politischen Film, indem sie zeigten, was eingreifende Praxis bedeutet: eine Form politischen Handelns, die eine gewisse Leichtigkeit, Zartheit und Poesie in sich schließt (siehe auch die US-Filmemacherinnen Cinda Firestone, Barbara Kopple und Lorraine Gray).

Was im Übergang vom Politaktivismus zur eingreifenden Praxis also fällt, ist der Alp der Gewissheiten. Zugegebenermaßen entstand diese neue Sensibilität zum Teil aus den Ruinen des Linksradikalismus, namentlich aus enttäuschten Illusionen angesichts von Gulag, Kambodscha und Entmaoisierung. Insbesondere die Radikalität, mit der die Roten Khmer ein ganzes Land als Arbeitslager organisierten und die Bevölkerung teils versklavten, teils ausrotteten, versetzte der lebensbejahenden Begeisterung der Politgenerationen nach 68 einen harten Schlag. Die letzten Träume des Mai, zumal diejenigen, die um die Idee der Machtergreifung kreisten, zerschellten an der Radikalität des kambodschanischen Alptraums. Viele Aktivistinnen und Aktivisten sahen sich durch den Wahnsinn der Roten Khmer plötzlich in ihrer Befürchtung bestätigt, dass »gerechte Gewalt« im Dienst des Staates ein autoritäres Potenzial birgt. Nicht länger konnten sie mit revolutionärer Ungeniertheit »historische Prioritäten« abzirkeln und die so genannten formellen Freiheitsrechte hintanstellen. Die gewaltfreie Aktion, die Umweltschutzbewegung, das Streben nach Differenz und das Plädoyer für gegenseitige Toleranz – all diese sanften Kämpfe erbten etwas von der politischen Erfahrung der »harten« Kaderorganisationen, die nach dem Mai 68 entstanden waren.

Ich bin ein Autarkist

Einige der ehemaligen Politaktivisten gingen, wie ihre recht eigenwilligen Filme bezeugen, mit der einstigen Intoleranz hart ins Gericht. Am symptomatischsten hierfür ist sicherlich der Streifen *Ich bin ein Autarkist* des italienischen Regisseurs

Nanni Moretti (dem später mit *Liebes Tagebuch...* [1994] ein Meisterwerk an Humor gelang).

Als der Film im Frühjahr 1977 vor dem Hintergrund der schleichenden Krise und des »historischen Kompromisses« in Italien herauskam, bildete er im Protestmilieu ein kulturelles Off-Event von vergleichbarem Format wie später das urkomische Buch von Rocco und Antonia über den italienischen Linksradikalismus: *Schweine mit Flügeln.*

Mit *Ich bin ein Autarkist* fand erstmals ein von Amateuren gedrehter Super-8-Streifen in Spielfilmlänge den Weg in ein römisches Studio für Experimentalfilme. Von der Filmkritik ebenso begeistert gefeiert wie vom intellektuellen Publikum, wurde der Film auf 16-Millimeter gebracht und in ganz Italien gezeigt. Auch auf bedeutenden europäischen Filmfestivals – in La Rochelle, Taormina, San Sebastián – war er zu sehen.

Es war der vierte Film des damals 23-jährigen Filmemachers[6], der sowohl für die Produktionskosten aufkam – sie beliefen sich auf lächerliche 30 000 Dollar – als auch die Hauptrolle[7] spielte.

Ich bin ein Autarkist schildert den jämmerlichen Alltag eines selbsternannten linken Intellektuellen namens Michele, der zu Beginn des Films von seiner Frau, einer aktiven Feministin, verlassen wird und sich gezwungen sieht, für die Erzie-

6 Seine ersten drei Filme *Pâté de bourgeois* (1973), *La Sconfitta* (1974) und *Come Parli Frate* (1975) wurden auf dem Festival Mondial du Super-8 gezeigt.

7 Nanni Moretti ist ein Schauspieler mit einem sehr persönlichen Stil, bitter und sanft zugleich, mit einem Schuss Komik, irgendwo zwischen Rufus und Bernard Menez. In *Padre, Padrone* von den Brüdern Taviani spielt er den diplomierten Soldaten Cesare, der den jungen sardischen Schäfer in das logische Vergnügen der Linguistik einführt.

hung seines kleinen Sohns zu sorgen, der in mancher Hinsicht
»erwachsener« wirkt als sein Vater. Letzterer übt sich in Ar-
beitsverweigerung – um die Kapitalisten, wie er sagt, nicht
durch den Mehrwert seiner Arbeit zu bereichern –, was er sich
leisten kann, da er von seinen vermögenden Eltern großzügig
ausgehalten wird.

Schließlich lässt er sich von einem seiner Freunde, einem
»Underground-Theater«-Regisseur, dazu überreden, bei einer
Produktion mitzuspielen. Damit nimmt das »Drama« seinen
Lauf: pseudotheoretische Diskussionen bis zum Erbrechen,
körperliche Ertüchtigung in Form von Gewaltmärschen durchs
Gebirge, die alle Züge militärischen Drills tragen (der Regisseur
rechtfertigt diese Methoden mit Aphorismen vom Schlage:
»Kein Avantgarde-Theater ohne Brustmuskulatur«), Mara-
thonproben, in denen auf Teufel komm raus die neuesten Thea-
termoden umgesetzt werden (»Ich will ein gestenreiches, kör-
perbetontes Theater, mit einem Wort: Bataille, Begehren,
Wahnsinn, Tod …«, brüllt der Regisseur wie rasend), byzanti-
nisch anmutende, esoterische Auseinandersetzungen mit der
Theaterkritik und schließlich eine klägliche Vorstellung, gefolgt
von einer Enttäuschung nach der anderen.

Es versteht sich, dass die Theatergruppe in diesem Film
metaphorisch für eine linksradikale Organisation oder ein Kollektiv von Politfilmern steht. Michele und seine Freunde verkörpern sämtliche Ticks und all die Besserwisserei gealterter
68er-Nostalgiker. Im Brustton der Überzeugung verkünden sie
ihre Platitüden über Politik und Kino, Sexualität und Gesellschaft, Ökologie und Macht.

Sie sind aggressiv, beklagen sich über alles und jedes, zitieren
unablässig die Frankfurter Schule, lesen Pornohefte, die sie in

Büchern über Semiotik verstecken, stets eine Gitarre oder eine Freejazz-Platte in Reichweite, eine Spritze oder einen Joint zur Hand. Sie sind antriebsarm, schlafen zu viel, blicken nie nach links – so sehr sind sie überzeugt, das Extrem der Extreme zu verkörpern –, sie terrorisieren einander mit dem Vorwurf, sich nicht deutlich genug gegen die Gesellschaft abzugrenzen, sie merken nicht, wie sie langsam älter werden, überall sehen sie Anzeichen drohender »Verbürgerlichung«, doch für ihren eigenen Konformismus sind sie völlig blind.

So gelang es Nanni Moretti besser als jedem anderen Filmemacher, die abgeschottete[8] Funktionsweise eines linksradikalen Grüppchens zu beschreiben, das sich theoretisch wie militärisch – das Training in den Bergen spielt auf die japanische Rote Armee an – auf eine punktuelle Aktion vorbereitet, die kläglich scheitert.

Die Geschichte erinnert an den Plot von Mario Monicellis Meisterwerk *Diebe haben's schwer* von 1958, vor allem wenn man bedenkt, dass sich Moretti vorgenommen hatte, die altersschwache Arroganz der Altachtundsechziger, jener *cani sciolti* (herumstreunenden Hunde) der römischen Szene, mit den rhetorischen Mitteln der »italienischen Komödie« zu kritisieren.

Gerade ihr Mangel an Humor ist das komische Zentralthema von Morettis Film. Er ironisiert über die Schizophrenie der Protestbewegung durch parodistische Anleihen bei den historischen Vätern des italienischen Underground: Vasilico Perlini, Carmelo Bene, Marco Bellocchio, Marco Ferreri und vor allem Alberto Moravia, der den Film gleichwohl in den höchsten Tönen lobte.

8 »Autarkistisch« ließe sich hier auch mit »autistisch« übersetzen.

Ich bin ein Autarkist ist zwar kein Politfilm im strengen Sinn, besitzt aber einige Hauptmerkmale des Genres (zumal mit Blick auf die Produktionsweise). Vor allem aber verstand er es besser als alle anderen, im Zerrspiegel seiner Bildersprache und im Ton der Farce die Gründe für das Scheitern des neueren Politfilms herauszuarbeiten.

Einen Film sehen

Auf der anderen Seite muss man einräumen, dass das linksradikale Kino und der Politfilm den politischen Reichtum der gruppeninternen Diskussionen nie angemessen wiederzugeben wusste. Daniel Cohn-Bendit meint hierzu: »Richtig ist, dass die revolutionäre Bewegung von heute unfähig ist, das Kino in ihre Praxis zu integrieren.« Und dieses Unvermögen wiege umso schwerer, als es unvorstellbar sei, »in allen Bereichen der Gesellschaft einen nachhaltigen Einfluss ohne das Medium Film zu gewinnen«[9].

Glücklicherweise begriff der zum gesellschaftlich *eingreifenden* Kino gewandelte Politfilm, dass er sich in einer Sackgasse befand, und glücklicherweise nahm er sich ein Beispiel an Filmemachern wie Jean-Luc Godard, Robert Kramer, Peter Watkins, Jean-Louis Comolli, Jean-Michel Carré, Alain Tanner, Francis Reusser, Chris Marker, Coline Serreau und Yann Le Masson. Letztere verstanden es, die linksradikale Hoffnung auf eine menschlichere Gesellschaft und die gelassene Einsicht in das Ende einer Epoche ohne Bitterkeit zu reflektieren. Ihre

9 Daniel Cohn-Bendit, *Der grosse Basar. Gespräche mit Michel Lévy, Jean-Marc Salmon, Maren Sell,* Trikont Verlag, München 1975, insbesondere Kapitel 4, das sich unter der Überschrift »Johnny Weissmüller« mit dem Film auseinander setzt.

Werke beschließen ein Genre, und dieser Schlussakkord flechtet das affektive Gedächtnis in die politische Reflexion ein, um ihr die fragile Dimension eines gewissen Humanismus zu verleihen. In ihrer Praxis und in ihren Filmen – ebenso wie in den neueren Produktionen von Ken Loach (*Land and Freedom, Carla's Song*), Robert Guédiguian (*Marius und Jeannette, À l'attaque*) und Michael Morre (*Roger and me, The Big One*) – schreiben sie die beste Tradition der politischen Protestbewegung fort.[10]

Ein weiterer Grund für das Scheitern des Politfilms ist sicherlich auch darin zu sehen, dass die Politfilmer immer nur auf die *Macht der anderen* starrten und kaum über ihre eigene Macht reflektierten, die immer dann zum Tragen kommt, wenn (politisch) eingeschüchterte Zuschauer im Saal sitzen. Augenscheinlich haben sich die Politfilmer nie die Frage vorgelegt, was es eigentlich heißt, vor allem was es unter ganz bestimmten Bedingungen heißt, »einen Film zu sehen«.

Anders als oft behauptet, hat »einen Film sehen« unter bestimmten Umständen nichts mit Träumen oder Träumerei zu tun. Als kulturelle Praxis geht die Betrachtung eines Films bisweilen mit Zwang einher und kommt mitunter einer regelrechten Einkerkerung gleich. Wenn ein Film zum Beispiel langweilt, auf die Nerven geht oder einfach nicht gefällt, wandelt sich der Kinosaal für den Zuschauer, der sich aus den verschiedensten Gründen[11] genötigt sehen mag, den Saal nicht zu verlassen, in

---

10 Siehe auch Laurent Cantets Film *Ressources humaines* von 1999.
11 Zu den kulturellen oder sozialen Gründen, einen Kinosaal nicht zu verlassen, gehört zum Beispiel die Anwesenheit des Regisseurs, den man nicht kränken will, der Ernst des Themas, bei dem man nicht den Eindruck mangelnder Solidarität erwecken will, oder einfach dass man seine Nachbarn aus Schüchternheit nicht stören will.

eine veritable Gefängniszelle, mit allen Merkmalen, die eine Strafgefangenschaft kennzeichnen: geschlossener Raum, Dunkelheit, eingeschränkte Bewegungsfreiheit, Stille, Dauer. Unter solchen Umständen wird eine Filmvorführung im Wortsinn zur Qual. Wichtig ist in diesem Zusammenhang auch, dass ein Kinosaal in seinem Aufbau ein verkehrtes Panoptikum darstellt: Nicht »einer sieht alle«, sondern »alle sehen einen«. In diesem Sinn nötigt der Kinosaal hinzusehen, und das kann sehr schmerzhaft sein, wie Stanley Kubrick in *Clockwork Orange* vorführte, oder gar faschistisch, wie Barthes an der Sprache aufzeigte.

Der Politifilm hat lange Zeit nicht erkannt, dass er, indem er sich selbst autoritär setzte, ungeachtet seiner ideologiekritischen Absichten oder gegenpropagandistischen Stoßrichtung als Machtdiskurs auftrat und langfristig daher in dieselbe Krise geraten musste wie alle anderen Ausdrucksformen der Macht.

Ignacio Ramonet
Die neuen Herren der Welt
Internationale Politik
an der Jahrtausendwende.

186 Seiten, Broschur
2. Auflage, Zürich 1999
Fr. 34.–/Euro 18,–
ISBN 3-85869-148-8

Eine dreifache Revolution hat stattgefunden: der Quantensprung einer global vernetzten Information und Kommunikation, die Globalisierung der Wirtschaft und die Dominanz der Finanzmärkte sowie die Krise der Politik und der Substanzverlust der demokratischen Systeme.

»Ramonet überrascht durch anregende Erklärungsimpulse außerhalb der üblichen Denkschemen.«   die tageszeitung – taz

Rotpunktverlag.

Ignacio Ramonet
Die Kommunikationsfalle
Macht und Mythen der Medien.

192 Seiten, Broschur
Zürich 1999
Fr. 34.–/Euro 18,–
ISBN 3-85869-185-2

Kriegslügen, Medienmythen, die neuen Formen der Zensur, Fäl-
schungen, Manipulationen und der alles überschwemmende Mainstream ... die Kommunikation boomt und wird immer mehr
zur Falle. Ein Plädoyer für die Information.

*»Ramonet liebt es, zu provozieren. Er will Unruhe in ein weit-
verbreitetes Denken bringen, das sich mit dem Zustand der Welt,
so wie er nun mal ist, abgefunden hat.«*   Deutschlandfunk

Rotpunktverlag.